**묵경에 대한 철학적 이해**

**Philosophical Understanding of Mo-jing**
by Chaehyun Chong

Copyright ⓒ Chaehyun Chong, 2025
All rights reserved.

ACANET, PAJU, KOREA 2025.

이 책은 저작권법에 따라 보호를 받는 저작물이므로 무단 전재와 무단 복제를 금하며
이 책 내용의 전부 또는 일부를 이용하려면 반드시 저작권자와 아카넷의 동의를 얻어야 합니다.

대우학술총서 653
# 묵경에 대한 철학적 이해

정재현 지음

아카넷

차례

| | | |
|---|---|---|
| **서론** | | 7 |
| | 『묵경』이란? | 9 |
| | 방법론에 대한 고려: 철학적 이해 | 26 |
| **1장** | **논리학** | 39 |
| | 형식논리학 | 49 |
| | 언어철학 | 63 |
| | 통합적 해석 | 69 |
| **2장** | **윤리학** | 89 |
| | 규범윤리 | 94 |
| | 덕 윤리 | 101 |
| | 통합적 해석 | 121 |
| **3장** | **과학** | 129 |
| | 인과론적 과학 | 141 |
| | 상관주의적 세계관: 명(名)과 실(實)의 상관성 | 174 |
| | 통합적 해석: 과학과 형이상학 | 180 |
| **결론** | 현상을 넘어 본질로 | 195 |

주석  207
참고 문헌  227
찾아보기  241

# 서론

『묵경』이란?

이 책은 후기 묵가의 저술이라고 알려진 현행본 『묵자(墨子)』[1] 40~45장의 『묵경(墨經)』 혹은 『묵변(墨辯)』[2] (이하 『묵경』[3]으로 통일함)에 대한 철학적 이해를 목표로 한다. 『묵자』는 71편으로 이루어졌으나, 18편은 손실되어서 현재는 53편(15권(卷))으로 이루어져 있다. 전체 『묵자』 문헌은 당나라 시기 이후에는 단지 악대(樂臺)(혹은 악일(樂壹))의 주(注)가 달린 13편만이 유통되었다. 이것이 명대에 이르러 『도장경(道藏經)』에 포함되어 있던 전체 『묵자』 문헌이 발견되면서 비로소 『묵경』을 포함한 대부분의 『묵자』 문헌이 드러나게 되었다.[4]

『묵경』에 해당하는 편명은 40장 「경상(經上)」, 41장 「경하(經下)」, 42장 「경설상(經說上)」, 43장 「경설하(經說下)」, 44장 「대취(大取)」, 45장 「소취(小取)」이다. 이 여섯 편은 주로 윤리적, 정치적 주장이 담겨 있는 『묵자』전체 71편의 다른 편장과는 달리 논리학, 윤리학, 그리고 기하학, 광학, 역학 등과 같이 과학으로 분류할 수 있는 비교적 이질적 내용이 담겨 있고,[5] 그 체제도 『이아(爾雅)』와 같은 용어 해설의 형식을 띠고 있어서, 서구의 학문에 경도되어 중국의 학문 전통에서 서구 학문에 비견할 것을 찾았던 청 말과 민국(民國)의 주석가들과 지식인들의 시선을 끌었다. 예컨대 청 말의 사상가 량치차오(梁啓超)는 묵자의 가르침은 크게 애(愛, 다른 사람에 대한 사랑)와 지(智, 지식)의 개념으로 양분될 수 있는데, 이 지(智)에 해당하는 것이 『묵경』 중의 경과 경설 부분이고, 나머지 편은 애(愛)에 해당하는 것이라고 하였다.[6] 민국의 철학자 후스(胡適)도 『주비산경(周髀算經)』이나 『황제내경(黃帝內經)』과 같은 책을 제외하고는 『묵경』 중의 「경상」, 「경하」, 「경설상」, 「경설하」가 고대 중국에서의 과학적 성취를 드러내 주는 유일하게 남아 있는 것들이라고 하였다.[7] 하지만 『묵경』의 독해는 쉽지 않은데, 왜냐하면 오랫동안 학자들은 『묵경』의 텍스트가 방행(旁行)으로 쓰인 것을 몰랐고, 또 『묵경』은 「경상」과 「경설상」, 「경하」와 「경설하」가 서로 별개의 편장으로 떨어져 있었으며, 『묵경』의 원문 중 상당수가 손상되거나 탈락되었고, 애초에 그 언어적 표현이 간략했을 뿐 아니라, 그 내용이 추상적이고 전문적인 것으로 매우 난해했기 때문이다.[8] 이 까닭에 그 내용을 모르는 필사가들이 기계적으로 필사를 하게 되었고, 이는 다시 원문이 손상되는 악순환을 불러와 지금은 많은 사람들이 『묵경』을 통하여 무엇을 얻으려고 하기보다는 차라리 무시하는 입장을 보이기도 한다.[9] 편장의 제목이 암시하듯이 40장 「경상」과 42장 「경설상」이 서로 짝을 이루고, 41장 「경하」와 43장 「경설하」가 서로 짝을 이루며,[10] 44장 「대취」와 45장 「소취」

는 기존의 문헌들을 편집한 결과로 보인다. 이『묵경』을 쓴 사람들은『묵자』의 원천적 저자라고 할 수 있는 묵자[11] 자신이나 전기 묵가라기보다는 기원전 3, 4세기에 활약했던 묵자의 계승자들, 즉 흔히들 후기 묵가라 일컬어지는 이들로 짐작된다.

『묵경』의 저자들이 다루는 주제들은 흔히 명가의 사람들이 다루는 주제들, 즉 인식론과 논리학의 추상적 주제들과 유사하고, 우리는 후기 묵가도 명가와 함께 일종의 변자, 즉 궤변가가 아닐까 의심해 볼 수 있다. 그러한 궤변가, 변자들에 대한 그 당시의 반응을 살펴보면 다음과 같다.

> 공자가 노담에게 물었다. "도를 연구하면서, 허용할 수 없는 것을 허용할 수 있는 것이라고 하고, 그렇지 않은 것을 그러한 것으로 다루는 자들이 있습니다. 마치 그것들이 상호 의존해 있는 것처럼 말이죠. 변자들이 하는 말 중에 이런 말이 있습니다. '단단한 것과 흰 것을 분리하는 것은 마치 그것들을 허공에 따로따로 매달아 놓는 것과 같다.' 우리가 이런 자들을 성인이라고 불러야 하나요?"[12]

공자의 입을 빌려서 장자는 변자들에 대해서 상당히 부정적 견해를 표현하고 있다. 그런데『장자』등에서 보이는 변자들의 궤변에 대해서는 우리는 그들의 결론만 가지고 있지, 그 근거들을 알 수 없다. 그래서 변자들의 궤변에 대한 엄밀한 역사적 연구는 불가능해 보인다.[13] 그러나 설사 그러하다고 해서, 즉 논증적 체계가 부족하다고 해서 이를 무시하면 중국철학의 이론적 측면을 이해하는 데 어려움을 겪을 수 있다. 그래서 될 수 있는 한 변자들의 궤변적 주장. 이면에 있는 일반적 경향들을 동원해서 궤변들을 이해해 보려 하는 것이 중요하다.

공손룡이 위모에게 말했다. "나는 어려서 선왕의 도를 배웠고 장성하여 인의의 행실을 밝혔습니다. 나는 유사성과 차이성을 통합하고 굳음과 힘을 분리했으며, 그렇지 않은 것을 그렇다고 했고, 그른 것을 옳다고 했으며, 뭇 철학자의 지식을 논박하고 (나를 향한) 뭇사람의 논변을 궁지에 빠뜨렸는바, 이미 지극한 경지에 이르렀다고 자부합니다."[14]

환단, 공손룡 등의 변자 무리들은 사람들의 마음을 현혹하여 그들의 의견을 바꾸어 놓았다. 그러나 사람들의 입은 이겼을지라도 그들의 마음을 승복시키지는 못했으니, 이것이 변자의 한계였다. 혜시는 날마다 지식으로 사람들과 논쟁을 하였지만 그가 비범하게 두각을 드러낸 것은 천하의 저 아래쪽에 있는 변자들과 함께할 때 뿐이었다. 결국 그게 전부이다.[15]

묵자 사후 묵가 학파가 삼등분되어 묵가의 경전을 놓고 충돌하였다는 이야기와 그들이 다툰 내용들이 명가와 유사하다는 것은 『장자』와 『한비자』에 전한다. 『묵경』은 아마 묵자 사후의 묵가들, 즉 후기 묵가들과 관련이 있을 것 같다.

상리근의 제자들과 오후의 무리들 및 남방의 묵가인 고획, 기치, 등릉자의 무리들은 다 같이 묵가의 경전을 읽고 외웠지만, 서로 어긋나 주장이 같지 않게 되어 서로 상대를 별묵(別墨)이라고 공격하였다. 그리고, 견백, 동이의 논변으로 서로 헐뜯고, 서로 어긋나고 이치에 맞지 않는 말로 서로 대응하였다. 그리고 자신들의 우두머리인 거자를 성인이라고 생각하고, 모두가 묵가의 종주가 되어 후세에 묵가의 후계자가 되기를 바라는 상태가 지금까지 계속되고 있다.[16]

묵자가 죽은 뒤로부터 상리씨의 묵가가 있고, 상부씨의 묵가가 있고, 등릉씨의 묵가가 있다.[17]

후기 묵가를 명가의 변자들과 같이 궤변가로 보는 입장은 후기 묵가의 "살도비살인야(殺盜非殺人也, 도둑을 죽이는 것은 사람을 죽이는 것이 아니다)" 주장이 혜시나 공손룡의 궤변적 주장들인 "산연평(山淵平, 산과 연못은 똑같이 평평하다)"과 "유우마비마야(有牛馬非馬也, 백마는 말이 아니다 혹은 소-말은 말이 아니다)"와 같이 『순자』「정명」편의 삼혹(三惑)들의 예로 적시된 것에서도 추정할 수 있다. 그러나 후기 묵가와 명가가 논의한 내용들이 유사하다고 해서 그들을 똑같은 변자들이라고 할 수는 없다. 실제로 펑유란은 『묵경』은 상식을 옹호하고 변자를 반대"[18]하려고 하였다고 주장한다. 적어도 명가식의 상대주의적 변자와 후기 묵가식의 객관주의적 변자를 구분한 것이다.

『묵경』은 대체로 기원전 4세기 말과 3세기 말 사이의 시간에 쓰였을 것이라고 보인다. 『묵경』은 『묵자』의 다른 편장들과는 달리 착간과 오탈자, 그리고 내용의 난해성으로 인해 진(秦)이 전국(戰國)을 통일한 기원전 3세기 이래로 청 말에 이르기까지 오랫동안 해독이 불가능한 텍스트였다.[19] 또한 이런저런 이유로 텍스트가 『도장경』 안에 포함되어 버려, 더욱더 청나라 말 때까지 주목받지 못하였다. 그러다가 18~19세기 청 말의 고증학자들인 왕중(汪中, 1745~1794), 필원(畢沅, 1730~1797), 왕염손(王念孫, 1744~1832), 왕인지(王引之, 1766~1834), 유월(俞樾, 1821~1907), 장혜언(張惠言, 1761~1802) 등의 고증 작업을 거쳐 마침내 20세기 초 손이양(孫詒讓, 1848~1908)의 기념비적 주석서 『묵자간고(墨子閒詁)』가 출간되었고, 이 책의 출간이 『묵경』 연구의 본격적 시발점이 되었다고 할 수 있다. 그러니까 『묵경』은 18세기에서 시작해서 20세기 초에야 겨우 그 연구의 시초가 마련되었다고 할 수 있다. 이후 장빙린(章炳麟, 1868~1936), 후스(胡適, 1891~1962), 량치차오(梁啓超, 1873~1929)[20]의 선구적 업적이 있었고, 그 결과 수많은 대륙의 학자들이 『묵경』에 대한 연구를 쏟아내었다. 그러다가 1978년에 서구권에서 『묵경』 연구에 있어서 기념비적 작품이라고 할 수 있는 그레이엄(Augus C. Graham)의 저서 『후기 묵가의 논리학, 윤리학, 그리고 과학(Later Mohist Logic, Ethics and Science)』이 출간되었는데, 그레이엄은 『묵경』을 비교적 체계적이면서도 원칙에 따르는 방식으로 번역하고, 그에 대한 주석을 달았다. 물론 여전히 『묵경』은 정본 『묵경』을 확정하기가 어려울 정도로 원문에 대한 학자들의 견해차가 크며, 따라서 『묵경』 연구를 통해 의미 있는 내용이 구성될 수 있는가에 대해서는 회의의 시각이 존재하는 것도 사실이었다. 하지만 그레이엄의 저서 이후에 등장한 서구의 몇몇 학자들 즉 존스턴(Ian Johnston)이나 프레이저(Chris Fraser)의 번역과 해석 작업은 적어도 『묵경』이 중국 지성사, 아니 세계 지성사에 새로운 공헌을 할 수 있다는 희망을 품게 해 준다.

    그레이엄은 그의 기념비적 저서에서 『묵경』을 체계적으로 이해하였는데, 그의 체계적 해석은 먼저 A80 "지 친문설 명실합위(知 親聞

**그레이엄이 본 『묵경』의 구조**

| 주제 | 용어의 정의들 | 명제들 | 지식 | 의심의 기원 |
|---|---|---|---|---|
| 기술학(論) | A1~6 | A88~B12 | 이름과 대상을 연결하는 방법(合) | 우연적인 것(逢) |
| 윤리학 | A7~39 | 어경(語經) | 행위하는 방법(爲) | 힘들지 않은 것(循) |
| 지식과 변화 | A40~51 | B13~16 | – | 지나간 것(過) |
| 기하학,[24] 광학, 역학 | A52~69 | B17~31 | 대상(實) | 마주치는 것(遇) |
| 논증(辯) | A70~75 | B32~82 | 이름(名) | – |

(A76~87 정의들의 부록: 모호한 관용구를 지닌 열두 개의 글자들)[25]

說 名實合爲)"[21]의 구절 뒷부분, 즉 "명실합위(名實合爲)"에 주목하는 것이었다. 그레이엄은 이 구절을 후기 묵가가 생각한 지식의 네 종류라고 해석하고[22] 이를 바탕으로 『묵경』의 경과 경설의 구성 내용과 그 구조를 제시하였다. 그에 의하면 후기 묵가가 관심을 가졌던 학문은 윤리적 지식(爲知), 과학적 지식(實知), 논리학적 지식(名知), 기술에 관한 지식(合知)이다.

> A80 지(知)에는 명, 실, 합, 위가 있다.
> 지(知), 그로써 일컫는 것은 명(名)이고, 일컬어지는 것은 실(實)이고, 명과 실이 짝이 되는 것은 합(合)이고, 의도를 가지고 행하는 것이 위(爲)이다.

그레이엄이 보기에 『묵경』의 목적은 네 가지 지식 체계의 기본 개념들을 명료화하는 데 있지만, 경과 경설들은 또한 그 자체, 구조적으로 어느 정도 분량의 논리적이거나 과학적인 논증을 포함하고 있다고 한다. 또한 경상은 주로 용어의 정의들,「경하」는 명제들로 이루어졌으며,²³ 이것은 그 항목들이 문맥에 따라 읽힌다면 확인되어야 하는 구성 원리를 함축한다고 보았다. 위의 표는 그레이엄이 원리에 따라 재구성한 경과 경설의 구조와 그 내용이다.

그레이엄의 네 가지 지식의 분류를 서구의 분류에 빗대어 보면 묵가는 윤리학, 과학, 그리고 논리학을 논했다고 말할 수 있지만, 묵가 고유의 학문 분류도 또한 기억해 두어야 한다. 그레이엄의 주장에 따르면, 특별히 논리학 혹은 선논리학(proto-logic)을 추구한 것처럼 보이는 경과 경설들은 두 개의 매우 다른 기술(art), 즉 '변(辯, argumentation)의 기술'과 '논(論, discourse)의 기술'에 속한다고 한다. 나는 논이나 변이나 사실 다 둘 다 중국 전통의 명학(名學, 이름, 즉 언어에 관한 학문)에 속한 것으로 보고, 일종의 논리학과 관련이 있는 것으로 보지만, 이는 논리학을 어떻게 정의하느냐에 따라 또 얼마든지 다양한 이견이 나올 수 있다.

그레이엄은 나아가 이런 묵가의 지식이나 학문의 분류를『순자』「정명」편에 드러난 삼혹(三惑, 세 가지 궤변적 주장)과 연결한다.²⁶

이 책은 바로 이런 후기 묵가의 네 가지 지식 중에서 명지와 합지의 구분에 대해서만 의문을 제기하고, 나머지는 받아들이면서, 이 각각의 지식의 본성에 대해 논의를 할 것이다. 구체적으로『묵경』의 명지와 합지는 논리학 차원에서 접근하고, 위지는 윤리학 측면에서, 실지는 과학 측면에서 다룰 것이다. 물론 과학을 다루면서, 실지 이외에 앞서 다루었던 합지의 측면도 다시 논의될 것이다. 합지는 명과 실의 부합에 대한 지식이기 때문이다. 여하간 이 책의 주요 구성이 논리학, 윤리학, 과학²⁷으로 되어 있는 것은 바로 이 때문이다.

『순자』에 드러난 삼혹과 묵가 학문

| 구분 | 오류 | 묵가 학문 |
|---|---|---|
| 이름을 갖는 목적 | 이름을 사용하는 데 미혹함이 있어서 그 결과 이름을 어지럽힌다. | 이름과 대상을 연결하는 방법에 대한 앎(論) |
| 동이(同異)의 근거 | 사실을 사용하는 데 미혹됨이 있어서 그 결과 이름을 어지럽힌다. | 대상을 앎(과학) |
| 이름 제정을 위한 필수 요건 | 이름을 사용하는 데 미혹됨이 있어서 사실을 어지럽힌다. | 이름을 앎(辯) |

 그레이엄의 『묵경』 재구성과 그에 따른 번역은 기니(Jane M. Geaney)가 지적했듯 문헌학적 측면에서 불만족스럽지만,[28] 그럼에도 내가 기본적으로 그레이엄의 작업을 따르는 이유는 『묵경』에 대한 문헌학적 문제보다는 철학적 해석의 문제에 주목하고 있기 때문이다. 문헌학적 접근은 텍스트 자체의 훼손이 너무 심해서 단기간에 어떤 성과를 보기가 힘들지만, 철학적 해석의 문제는 이론적 접근이기에 우리가 충분히 조심스럽게 시도해 본다면, 『묵경』에서 더 많은 내용을 구성해 낼 수 있다고 본다. 물론 이런 철학적 접근이 가능한 것은 현대의 다양한 학문 간의 통섭적 연구성과들과 문헌 연구에 있어서 새로운 과학 기술적 접근 방법들의 출현이 있었기 때문이라고 할 수 있다.

 『묵경』을 연구하면서 철학적 접근 방식을 채택하는 것은 『묵경』 자체가 논리와 과학 사상에 관한 것이기에 비교철학적 관점으로도 더욱 의미가 있다고 할 수 있다. 『묵경』 자체가 철학의 토대를 이루는 과학 사상과 논리 사상에 관한 것이므로 그것을 더욱 과감하게 철학적으로 이해하려는 시도가 『묵경』의 수수께끼 같은 구절들을 해석하는 데 도움이 되고, 역으로 이러한 해석들은 동아시아 철학과 문화의 이해에 도움이 되는 것이다. 이처럼 고대 중국의 논리와 과학 사상의 보고라고 할 수 있는 『묵경』에 대한 이해가 고대 중국 철학 이해에 중요한 열쇠가 되고, 더 나아가 서양철학과 비교함으로써 동아시아 혹은 동양 사상에 대한 이해를 진척시킬 수 있다는 점을 고려한다면, 다소 발상의 전환을 통해 『묵경』에 대한 철학적 접근 방식을 취해 보는 것이 단순히 문헌학적 작업에 기대는 것 못지않게 동아시아 문화를 이해하는 데 유효하다는 것을 알 수 있을 것이다. 사실 20세기 뛰어난 중국학자인 그레이엄의 작업이 주목받았던 이유도 그가 단순히 『묵경』의 주석 작업에 머무르지 않고, 이를 토대로 소위 중국의 소피스트라고 일컬어지는 명가의 사상은 물론이고, 동아시아의 핵심 사상이라고 할 수 있는 장자나 순자의 사상을 체계적으로 해석해 낸 공헌을 하였기 때문이라고 할 수 있다. 즉 문헌학적 작업과 함께 적극적인 비교철학의 관점에서 『묵경』 연구를 진척시켰던 성과가 적지 않았다.

『묵경』은 철학사적 맥락을 보자면 명학 혹은 정명 사상의 전통에 서 있다고 볼 수 있다. 정명은 물론 공자 혹은 유가의 정치사상으로 이해될 수도 있지만, 또한 논리 언어 사상으로도 볼 수 있다.[29] 물론 유가의 정명 사상을 굳이 유가의 논리 언어 사상으로 볼 필요는 없지만, 적어도 정명의 주장이 유가를 넘어서 다른 학파에 수용되어 특별히 명가나 변자에 의해 논리 언어 사상으로 변형되어 타 학파에 커다란 자극이 된 역사적 사실은 부인할 수 없을 것이다. 정명 사상이란 일종의 중국 전통의 과학기술 철학인 도기론(道器論)[30]으로 살펴볼 수 있다. 중국 전통의 도기론이란 세계와 삶의 원리인 도

(道, 길)와 그러한 도를 표현하는 수단인 기(器, 그릇) 사이의 관계를 다루는 논의인데, 궁극적으로는 도와 기의 합일을 지향한다. 이 도기론을 중심으로 중국 전통의 사유인 유가와 도가의 차이를 짓자면, 도가는 궁극적 원리인 도에 비해 그것을 표현하는 기는 이차적인 것으로, 전자를 얻는다면 후자는 잊어도 되는 것이라고 주장하지만, 유가는 궁극적 도를 구성하는 것에 기가 그 구성원으로 참여하는 그림을 그렸다. 따라서 유가의 주류 사상에서 기는 수단인데도, 도에 못지않은 중요성을 가진다고 할 수 있다. 엄격하게 말해 도기합일은 도가보다는 유가에 더 적절한 목표일 수가 있는 것이다.

정명은 '언어적 표현'인 명(名)과 '그 표현이 가리키는 대상'인 실(實)의 관계를 따지는 활동 혹은 학문으로 볼 수 있다. 한마디로 기표와 기의의 관계를 다루는 일종의 기호론인 셈이다. 그런데 정명론을 도기론과 연결해보면, 정명론이 지향하는 목표인 명실일치와 도기론이 지향하는 도기합일이 그 구조가 매우 유사함을 알 수 있다. 정명론에서 말하는 명과 실의 관계는 마치 도기론의 기와 도의 관계처럼 일종의 수단과 목표의 관계처럼 볼 수 있다. 명은 실을 드러내는 수단이라는 인식이 있고, 그런 점에서 명은 부차적인 것이라는 의미가 있다. 그런데도 유가는 명을 그저 부차적인 것으로 보지 않고, 즉 실을 얻으면 버릴 수 있는 것으로 여기지 않고, 실을 구성하는 구성물처럼 여긴다. 일반적으로 유가의 정치사상에서도 이상적 정치 상황은 '바른 이름'이나 '바른 의례(禮) 체계'가 떠받치고 있는 상황이지, 이름이나 예가 소홀히 취급되는 상황이 아니다. 정명(正名, 이름을 바로잡는다)의 주장도 어쩌면 그 목표라고 할 수 있는 정실(正實, 실제를 바로 잡는다)과 그렇게 멀리 떨어져 있는 것 같지 않다. 아니, 정실은 오로지 정명을 통해서만 실행 가능하다는 점에서 정명은 정명만큼 상당히 근본적인 것임을 알 수 있다. 바로 이 지점에서 유교를 '기'를 무시하고 그저 그것의 목표인 '도'만을 강조하고 있다고 보는 이상적 해석들이 반드시 유가에 대한 정확한 해석이라고 볼 수 없다. 이름(名)이나 이름으로 이루어진 의례(禮)의 체계들이 그 이름이나 의례를 통해 궁극적으로 이룩하려는 사회적 안정이나 질서만큼 유교를 굳건히 지탱해 주는 요소라고 할 수 있기 때문이다. 어쩌면 위계적 현실을 반영하는 구체적 명이나 예의 체계가 평등적 존엄을 강조하는 추상적 인(仁)의 이념보다 유교의 본질을 더 잘 보여 주는 것일 수 있다.

『묵경』이 정명의 전통에 서 있다고 한다면, 우리는 『묵경』을, 언어를 통해 실상을 이해하거나 교정하는 정명의 작업, 즉 언어를 사용하는 탐구 작업의 고대 중국판 최종 결론이라고 할 수 있다. 따라서 『묵경』에 대한 연구는 고대 중국의 언어 사상을 통해 단순히 후기 묵가는 물론이고, 묵가와 접점을 가지는 다른 여러 학파의 사상을 훨씬 더 심도 있게 이해하는 길을 제시해 줄 것이다. 그레이엄의 관점에서 보자면, 순자의 정명론은 후기 묵가의 논의가 '기술(description)의 학'과 관련이 있고, 혜시의 논의는 과학과 연관이 있고, 공손룡의 논의는 논리학과 연관이 있다는 것을 잘 보여 주고 있다. 나는 부분적으로 이러한 그레이엄의 관점을 수용하여 『순자』「정명」편을 이해하고, 이에 근거하여 『묵경』의 철학적 이해에 도달하려고 한다.

『묵경』의 체계나 내용은 『묵경』이 지식과 언어를 대상으로 하고 있고, 또한 효과적인 논쟁의 방식에 대한 탐구의 결과물이었음을 보여 준다. 사고의 보편적이고 필연적인 법칙 혹은 사고의 형식적 법칙성을 연구하는 것을 넓은 의미의 논리학이라고 한다면,『묵경』은 이런 넓은 의미의 논리학, 즉 수사학을 포함한 넓은 의미의 논리학에 관련된 저서라고 볼 수 있다. 하지만 이것은 주로 형식적 차원에서『묵경』을 보는 것이고, 그 내용적 측면을 보면 윤리와 과학에 관한 내용도 아울러 확인할 수 있다. 즉,『묵경』의 작업이 정치적·윤리적 주장들이 첨예하게 부딪혔던 변(辯, 논변)의 시대에 효과적으로 대응하려 했던 결과라고 한다면, 다양한 학파의 다양한 윤리적 입장에 대해 묵가가 가졌던 윤리적 태도를 확인하는 것도 의미 있는 일일 것이다. 나아가 변자들이 올바른 지식을 갖기 위해 떠난 그들의 여정 중에 세계의 대상들에 가졌던 관심은 그들의 과학적 세계관이 어떠했는지를 보여 준다. 따라서 이 책은 이런 차원에서 기본적으로『묵경』을 논리학, 윤리학, 과학이라는 틀로 접근하려고 한다. 이러한 아이디어는 그레이엄의 책 구성에서만 영향을 받은 것이 아니다. 일반적으로 아리스토텔레스 이래 서구 전통은 학문을 논리학, 윤리학, 물리학으로 구분하여 왔고, 따라서 그레이엄이 시도한 논리학, 윤리학, 과학의 틀은 여러모로 고대 중국 사상가들의 사상, 그중에서도 묵가 특히 후기 묵가의 철학 사상을 보편적 시각에서 이해하는 데 도움이 될 것이다.

『묵경』을 그 형식적, 논리학적 문맥, 혹은 중국 전통에서는 명학적 문맥이라 할 수 있는 측면에서 보았을 때 주목할 만한 것은 고(故, 이유, 원인)와 변(辯, 논변, 논쟁) 개념에 대한 후기 묵가의 강조이다. 변은『묵경』을 다른 말로『묵변』이라고 할 정도로『묵경』이라는 책의 성격을 잘 보여 주는 개념이라고 생각한다. 변은 일종의 논쟁이라고 볼 수 있는데, 전국시대의 사상가들이 각각 자신의 주장들을 다투는 상황에서 『묵경』은 어떻게 하면 효과적인 논쟁을 수행할 수 있느냐는 고심에 대한 해답, 즉 일종의 효과적인 논쟁 방법에 대한 탐구의 결과물이 아니었을까 생각한다. 실제로 『묵경』 안에서 이 개념은 합리적 논쟁술로서 여러 번 강조되고 있음을 볼 수 있다. 고는 이러한 효과적 논쟁술에서 사용되는 가장 중요한 요소이다. 적절한 고를 제시하는 것이 논쟁을 유리하게 이끄는 방법이기 때문이다. 고는 이설출고〔以說出故, 설(說)로써 고(故)를 드러낸다〕[31]라는 표현에서 알 수 있듯 설명으로 드러내는 것이다. 『묵경』의 주된 편장인 「경상」, 「경설상」, 「경하」, 「경설하」가 제시하는 경과 경설의 구조, 즉 「경상」과 「경설상」, 「경하」와 「경설하」가 보여 주는 경과 경설의 구조와, 그리고 「경하」의 "설재(說在)…(설명은 …에 있다)" 구조가 보여 주는 바는 『묵경』이 고(故), 즉 '설명이 보여 주는 것'을 찾는 작업이라는 것이다. 이런 이유로 고는 『묵경』의 제일 처음에 등장하는 개념이다. 그렇다면 고는 무엇인가?

> 1 (경상) 어떤 것의 고(故, 이유/원인)는 그것이 출현하기 위해서 있어야만 하는 것이다.
> (경설상) 소고(小故)는 이것이 있으면 반드시 그렇게 되는 것은 아니지만, 없으면 반드시 그렇게 되지 않는 것이다. … 대고(大故)는 이것이 있으면 반드시 그렇게 되고, 없으면 반드시 그렇게 되지 않는 것이다.[32]

일단 위의 「경상」에서 보이는 고의 의미는 (어떤 것이 성립하기 위한) 필요조건이다. 따라서 『묵경』의 탐구는 '(어떤 것이 성립하기 위한) 필요조건에 대한 탐구'라고 할 수 있다. 「경상」에 대해 「경설상」, 「경하」에 대해 「경설하」, 그리고 「경하」 안에서 경하의 주장에 대해 "설재(說在)…(설명은 …에 있다)"라는 표현이 제시하는 것, 즉 설명을 통해 보여지는 것이 바로 이 필요조건이다. 어떤 것의 필요조건이란, 대체로 어떤 것이 주장인 경우에는 이유이고, 어떤 것이 사실인 경우에는 원인이고, 어떤 것이 행위인 경우에는 의도가 될 것이다.[33] 바로 이 지점에서 『묵경』은 넓은 의미로 논리학에서의 이유, 과학에서의 원인, 윤리학에서의 행위의 의도에 대한 탐구라고 할 수 있을 것이다.[34] 물론 과학의 내용을 다룬 부분에서도 고(故)는 때때로 원인, 때때로 이유, 그리고 때로는 하나의 실례로 기능한다. 과학의 내용이 단순히 현상적 사실이 아니라 이론적 주장일 수 있기 때문이다.

126 (경하) 무게를 실어도 휘어지지 않는다. 설명은 이김에 있다.
(경설하) 무게를 실었을 때 횡목은 휘어지지 않는다. 왜냐하면 '(나무의) 강성 상태(極)'가 무게를 이기기 때문이다. 오른쪽으로 꼬인 끈은 무게를 싣지 않아도 휘어진다. 강성 상태가 더해진 무게를 이기지 못하기 때문이다.[35]

사실 위의 조목에서 「경하」 부분의 "설재(說在)…(설명은 …에 있다)"만 가지고는 충분히 고가 원인이라는 점이 드러나지 않는다. 「경설하」에서 극(極, 강성 상태)의 개념이 동원되어야만 고가 원인이라는 것이 드러난다. 즉 "설재" 이하의 부분은 「경설하」의 부분을 통해 그 의미가 보강되어야 한다. 횡목이 휘어지지 않는 현상에 대해, 그 횡목이 충분히 강성을 가지고 있기에 휘어지지 않는다는 설명을 제시하는 것이다. 여기서 '나무의 강성 상태'의 현상이 '횡목의 휘어지지 않음'의 현상을 가능하게 하는 원인의 역할을 한다.

118 (경하) 그림자는 옮겨가지 않으니, 설명은 다시 만들어지는 데 있다. (경설하) 빛이 이르면 그림자는 없어지니 [마치 (어떤 것의) 실존이 끝나면 그것의 과거가 끝나는 것과 같다].[36]

위의 조목에서 설재와 경설을 통해 제시된 고는 원인이 아니라 이유이다. 이 조목에서 문제가 되는 주장은 '그림자는 옮겨가지 않는다'인데, 이것은 관찰 가능한 현상이 아니고, 일종의 추상적인 이론적 주장이기에, 여기서의 고는 앞의 조목에서처럼 현상의 원인이 아니고, 주장의 이유가 된다. 「경하」의 설재와 경설을 통해 강조하는 내용도 현상과 현삭 간의 인과적 법칙이 아니고, '빛'과 '그림자의 사라짐' 사이의 연관 관계이다. '빛'의 현상은 '그림자의 사라짐'의 현상의 원인이라기보다는 '빛'과 '그림자의 사라짐'은 상호 연관된 현상이라는 것이다. '빛'과 '그림자의 사라짐'이 인과관계라면 '빛'은 '그림자의 사라짐'보다 시간적으로 앞서야 한다. 그러나 '빛'과 '그림자의 사라짐'은 동시에 이루어지는 사건이다.

129 (경하) 기대는 것은 똑바로 서 있을 수 없다. 설명은 사다리에 있다. (경설하) 기댐. 무언가를 뒤로 밀고 있거나, 무언가를 앞으로 밀고 있거나, 무언가를 끌고 있거나, 무언가 아래로 구부려져 있는 경우; 이 모든 경우 그 무언가에 상대적으로 기울어져 있기에, 똑바로 서 있지 않다.[37]

위 조목의 「경하」의 설재가 보여 주는 것은 똑바로 서 있지 않고, 기대어 있는 것 중의 하나의 실례인 사다리이다. 그 사다리는 기대어 있지 똑바로 서 있지 않은 주장을 뒷받침하는 것이다.[38] 「경하」의 설재와 「경설하」가 보여 주는 것은 어떤 '똑바로 서 있지 않고 기대어 있는' 현상의 원인이나 혹은 그런 주장의 이유가 아니고, '똑바로 서 있지 않고, 기대어 있는' 하나의 실례이다. 물론 설재와 「경설하」 부분을 통해 재구성해서, 위의 조목이 결국 말하려는 것은 '기대어 있어서 똑바로 서 있지 않는 현상'을 있게 하는 것은, 즉 그런 현상의 원인은 (수직으로 작용하는 힘 만이 아니고) '수평으로 작용하는 힘이 있다'는 것이라고 말할 수 있는데, 이럴 경우는 설재와 「경설하」는 어떤 현상에 대한 원인을 말했다고 할 수 있다.

그레이엄의 기념비적 저서인 『묵경』 연구서의 제목이 *Later Mohist Logic, Ethics and Science*임을 생각해 볼 때, 이 책은 일견 차례상에서는 서구의 일반적 학문 분류 전통이나 그레이엄의 접근 방식을 따르는 것처럼 보이지만 사실 나는 후기 묵가가 반드시 이런 학문 분류 체계를 분명히 의식하고 『묵경』을 저술하였다고 보지는 않는다. 그보다 후기 묵가에서는 사실상 이런 학문적 구분은 서구 전통의 관습이나 그레이엄의 생각과는 달리 분명히 이루어지지 않았다고 본다. 다만 현대적 학문 분류에 익숙한 우리가 쉽게 이해할 수 있도록 『묵경』을 논리학, 윤리학, 과학으로 나누어 살펴보는 것일 뿐이다. 사실 전혀 다른 문화권의 학문 전통이 어떻게 유사할 수 있겠는가? 차이가 나는 것은 당연한 것이고, 문제는 이런 차이에 경도되어 극단적으로 유사한 학문 전통 자체의 존재를 부인한다든지, 아니면 학문의 보편성을 부정하는 길로 나아가지 않아야 한다는 것이다.[39] 그래서 나의 목표는 서구 전통의 학문 분류와 유사하면서도 차이가 나는 부분을 잘 드러내는 것이고, 그럼으로써 후기 묵가 학문의 보편성과 특수성을 잘 보여 주는 것이다. 이제까지는 『묵경』의 역사적, 이론적 배경이나 성격을 살펴보았다. 다음은 이 책의 간략한 방법론적 가정을 살펴보려고 한다.

## 방법론에 대한 고려: 철학적 이해

이 저술은 기본적으로 『묵경』에 대한 철학적 이해를 추구한다. 즉, 『묵경』과 관련된 철학적 문제들을 발굴하고 그에 대한 해명을 시도함으로써 『묵경』을 보다 철학적으로 이해하려는 것이 목적이다. 이러한 철학적 이해를 도모하기 위한 수단으로 이 저술은 논증적 방식을 채택하고 있다. 논증이란 어떤 주장을 근거가 되는 주장들을 통해 정당화하는 일련의 주장들의 구조를 말한다. 근거가 되는 주장은 정당화하려는 주장에 비해 비교적 논란이 되지 않는, 즉 사실에 가까운 주장이 이상적이므로, 논증은 거칠게 말해서 어떤 논란이 되는 주장을 비교적 덜 논란이 되는 근거들을 통해 옹호하는 방식을 말한다. 철학적 논증 방식이란 문제가 되는 주장이 철학적 주장이라는 의미이다.

그렇다면 무엇이 철학적 주장이고, 무엇이 철학적 논증 방식인가? 철학적 주장은 일종의 해석의 문제와 연관이 있는 주장이다. 그것은 단순한 경험적 문제도 아니고, 또한 단순히 논리적인 문제도 아니다. 사실에 대한 과학적 탐구나 개념 간의 관계를 분석하는 방식으로 해결되는 문제가 아니라는 것이다. 예컨대 인간에게는 자유의지가 있는가? 인간의 정체성은 무엇인가? 정의나 도덕적 선이란 무엇인가? 아름다움은 무엇인가? 등등 수많은 철학적 문제와 연관된 주장들을 우리는 철학적 주장이라고 할 수 있을 것이다. 우리가 『묵경』으로부터 끄집어 낼 수 있는 철학적 문제들은 단적으로 보편 논리라는 것이 있는가, 윤리적 선이란 무엇인가, 그리고 보편 과학이라는 것이 있는가 하는 문제들이다.[40] 이러한 문제들은 현재 우리가 보편적이라고 믿고 있는 과학이나 논리, 혹은 윤리라는 것들이 그저 추상적인 차원에서 이루어지지 않고, 다분히 상대적인 것들로 보이는 문화적 요소들을 많이 포함하고 있기에 생기는 것이다. 한마디로 이것이 보편적 과학이다, 혹은 이것이 보편적 논리학이다, 혹은 이것이 규범 윤리학이다라고 말하기가 쉽지 않기에 떠오르는 문제들이다. 보편적 과학이나 보편적 논리학, 그리고 규범 윤리학인지 아닌지의 문제들은 경험적 발견으로 해결되거나 논리적으로, 혹은 직관적으로 해결해 내기가 불가능하다. 이것을 그런 경험적이거나 논리적인 문제들로 받아들여서, 손쉽게 그런 보편적 과학, 논리학, 규범 윤리학은 없다는 식의 문화상대주의로 나아가거나 그런 문화상대주의를 극단적으로 몰고 가서 문화 간의 소통 불가능성 같은 극단적 주장들이 난무하게 되는 상황은 적절하지도 않고 바람직하지도 않을 것이다. 그렇다고 억지로 특정한 문화에서 발견되는 요소들을 보편적인 것으로 호도하여 그런 모습이 보이지 않는 문명권의 과학과 논리 전통을 열등한 학문 전통으로 매도하는 것도 공정하다고 볼 수 없을 것이다. 그렇다고 아무런 내용이 없는 보편적 형식에 안주함으로써 보다 풍부한 논의가 불가능하게 되는 상황도 만족스럽지 않다. 결론적으로 다양한 학문 전통을 공정하게 다루기 위해서는 더 세심하게 해석의 다양한 차원들을 살펴보는 것이 이상적이다. 이처럼 철학적 주장에는 해석의 문제가 끼어들 수밖에 없으며, 이 책에서 시도하는 철학적 논증 방식이란 이러한 철학적 주장을 옹호하기 위해 덜 논쟁적인 요소들을 동원하는 방식이다.

이러한 가정하에 『묵경』에 대한 철학적 이해를 시도하는 이 글에서 나는 최대한 『묵경』에서 상반된 것처럼 보이는 철학적 주장들과 근거들을 끄집어내고, 이러한 논증들을 공정하게 평가해 보려고 노력할 것이다. 이러한 방식의 장점은 『묵경』이라는 문헌의 현대적 의미를 드러낼 수 있다는 것이다. 2천 년 훨씬 이전에 중국이라는 특정 지역에서 쓰인 『묵경』의 내용을 21세기 한국인, 아니 현대인들에게도 설득력 있는 방식으로 제시하고 동시에 그것을 비판적으로 극복함으로써 변화와 전환의 시대를 사는 현대인들에게 새로운 전망을 제공하려는 시도를 담았다. 따라서 각 장의 내용은 『묵경』의 다양한 측면을 중심으로 기존에 전개되었던 상반된 논제들을 그 근거와 함께 제시하고, 이에 대한 나의 견해를 종합적으로 제시하는 방식으로 구성될 것이다. 더 나아가 각 장에서 수렴되는 입장들이 이 책이 지향하는 하나의 정합적인 전망으로 드러나기를 기대한다.

구체적으로 들어가 각 장의 내용을 살펴보면 다음과 같다. 2장은 『묵경』을 논리학의 입장에서 이해해 보는 것이다. 『묵경』에서 표현된 지식의 분류에서 보자면 명지(名知)와 합지(合知)에 해당한다.[41] 『묵경』을 논리학의 영역에서 다룰 때 논란이 되는 것은, 『묵경』을 형식논리학에 대한 저술로 보아야 하는지 여부이다. 한편에는 『묵경』을 논리에 대한 관심으로 보는 입장이 있고, 다른 한편에는 언어철학 혹은 의미론에 대한 관심으로 보는 입장이 있다.[42] 전자가 의미론 및 구문론과 연관이 있는 논리학적 관점이라면, 후자는 화용론의 관점으로 볼 수 있다.[43] 즉, 전자를 형식논리학의 관점, 후자를 비형식논리학의 관점이라고 할 수도 있을 것이다. 이러한 논란은 해석의 차이에서 나온 철학적인 것들이므로 단순히 문헌적 증거에 입각해 둘 중의 하나를 옹호할 수 없다. 다시 말해서 이 문제는 문헌 확인 작업을 통해 간단히 확인할 수 있는 것이 아니라, 어떤 특정한 관점이나 해석하에서는 그렇게 볼 수 있다거나, 또는 그렇지 않을 가능성도 있다는 식으로 말할 수 있다. 이러한 해석의 문제가 개입될 수밖에 없는 상황에서 철학적 이해의 장점이 나온다. 결론부터 말하자면, 모든 철학적 문제가 그러하듯이 이러한 논란은 사실 양자택일의 문제가 아니다. 객관적으로 하나는 옳고, 다른 하나는 그른 것이 아니다. 둘 다 옳을 수 있고, 또 특정 관점 하에서 하나가 옳은 것으로 택일이 될 수 있는 것이기에, 심층적 해석을 통해서야 드러나는, 즉 본질적인 차원에서 비로소 통합될 수 있는 갈등적 측면들이다. 이러한 갈등적 측면들의 통합은 아마도 암묵적, 잠재적인 것과 명시적인 것의 구분, 정당화의 맥락과 발견의 맥락의 구분들을 통해 이루어질 수 있다.

사실 『묵경』을 형식논리학에 대한 저술로 보는 입장은 그레이엄 등에 의해 문제가 되기 전까지는 크게 의심받지 않았나. 량치치오(梁啓超), 후스(胡適), 펑유란(馮友蘭) 등의 초기『묵경』연구자들은 물론 그 후의 중국이나 대만의『묵경』연구자들은 자연스럽게『묵경』을 서구의 논리학적 전통, 특별히 아리스토텔레스 형식논리학과 비교하여 설명하였다. 물론 선유딩(沈有鼎) 등과 같은 학자들은『묵경』

의 특정 개념, 예컨대 지(止)라는 개념을 들어『묵경』은 단지 아리스토텔레스 논리학에 국한되지 않은 논리적 형식도 제시하였다고 하였고,[44] 흐밀레브스키(Janusz Chmielewski) 같은 학자는 술어 논리나 집합 논리를 통해 단순한 삼단논법이 아닌 논리적 형식들을 제공하여『묵경』등의 저술을 해석하였으며,[45] 후스, 량치차오를 시작으로 많은 학자들은『묵경』이 서양의 귀납법이나 연역법과는 별도의 추론 방법을 제시한다고 주장하였다. 이러한 해석 경향은 서구의 형식논리학 개념들을『묵경』에 바로 대입하는 방식으로 이루어진 것이었다. 이러한 비교 작업의 문제는 그것을 섬세하게 다루지 않으면, 즉 그 한계를 정확히 알고 추진하지 않으면 많은 무리를 낳을 수 있다는 것이다.

그레이엄이 이런 해석의 추이에 조심스럽게 이견을 제기하여『묵경』의 구절들은 일종의 비형식 추리로 볼 수 있다고 주장한 것은 자연스러운 것이었다. 그레이엄 이후, 한센, 프레이저, 기니 등의 학자들도『묵경』은 기존의 형식논리학적 입장처럼 타당한 논증 방식에 관심을 기울인 문헌이 아니라, 언어철학적 입장, 즉 중국의 고유한 의미론이나 형이상학의 요소를 풍부하게 포함하는 문헌이라고 보았다. 그리하여 고대 중국에는 진리(truth)의 개념이 없다거나, 중국은 의미론(semantics)보다는 화용론(pragmatics)에 치중했다거나, 고대 중국어에서 언어 의미의 기본 단위는 문장(sentence)이 아니라 용어(term)이며, 언어는 기본적으로 사물을 기술(description)하는 것이 아니라 사물을 분류(classification)하는 것이라는 입장들을 제출하였다.[46] 나아가 이런 경향이 또 극단적으로 심화되어,『묵경』을 아예 논리학과는 상관없는 문헌으로 보아야 한다는 기니의 주장[47]으로까지 발전되었다는 것이다. 이것은 중국적 논리학을 강조하는 션유딩의 입장에서처럼 언어철학 방면에서 중국 고유의 맥락을 더욱 살리려는 시도라고 할 수 있다. 나도 이전의 논문들에서 '명사의 총칭적 사용(the generic use of nouns)'에 주목해서 『묵경』을 바라보았다.[48] 이것은 이 장의 첫 번째보다는 두 번째 입장, 즉 그레이엄 등의 입장을 따라 『묵경』을 논리학보다는 언어철학적 시각으로 바라본 것이라고 할 수 있다. 하지만 이 저술에서는 조심스럽게 위의 두 가지 입장을 통합하는 길을 따를 것이다. 이러한 통합은 기본적으로 두 입장이 나름의 관점에서 모두 옳다고 주장하는 가운데 시도될 뿐 아니라 각각의 관점에서 지나친 면이 있다는 점 역시 지적하는 가운데 이루어질 것이다. 좀 더 구체적으로 말하면, 그것은 명시적 형식논리학과는 다른 것처럼 보이는 논의가 사실 암묵적 형식을 함유하고 있음을 들어 형식논리학과 의미론, 즉 언어철학의 관계가 매우 밀접함을 보이는 것이다. 이는 우리가 단순히 사실을 기술하는 것처럼 보이는 일련의 언어적 표현들이 상당한 정도의 논증적 구조나 형식을 가지고 있음을 지적하여 기술과 추론이 본질적으로 다른 것이 아니라고 보는 견해[49]와 맥을 같이한다. 이는 흔히 특정 주장을 행할 때 그것을 정당화하는 맥락과 발견의 맥락을 구분하는데, 발견의 맥락을 제시하는 작업이 종종 정당화의 과정에 깊이 관여하고 있다는 사실을 떠올린다면, 이러한 구분이 그리 절대적이지 않다는 것을 알 수 있는 것과 연관이 있는 생각이다.

먼저 이 책은 최근의 영미 중국학계에서 대세로 자리 잡은 두 번째 입장, 즉 『묵경』 중에서도 「소취」 편에서 시도한 작업인 '구문론적 유사성에 따라 비슷한 방식으로 문장들을 진행한 것이 잘못임을

지적하는 것은 형식논리학의 문제가 아니라 언어철학적 문제이다'
라는 입장은 반드시 옳은 것만은 아니라고 지적한다. 따라서 그저
적절한 기술에 대한 논의로 보이는 경과 경설은 물론이고, 「소취」
편도 얼마든지 추론에 대한 논의로 볼 수 있다는 것이다.[50] 즉 「소
취」를 포함한 『묵경』의 저술은 형식논리학의 자원을 통해 이를 이해
하고 정당화하려는 시도가 가능하며, 나아가 이처럼 형식논리학의
틀로 이해 가능하다는 것은 형식논리학에 관한 관심으로도 볼 수
있다고 주장할 것이다. 이러한 통합의 방식은 이병욱의 『묵경』 해석
에서 그 가능성을 보았다. 이병욱은 복수형 바버러(Plural Barbara)
의 서구 정언적 삼단논법의 틀로 『묵경』「소취」 편의 구절에서 시
도한 일마(一馬)와 이마(二馬)의 차이를 설명하였다.[51] 비논리적 방
식을 강조하는 두 번째 방식에 입각한 이 구절의 종래 해석은 단지
「소취」에서의 일마(一馬)와 이마(二馬)의 구절은 형식논리학의 논증
식의 수립에 대한 것이 아니었고, 따라서 논리학이 아니라고 지적
하고 그러한 지적에 만족하는 것이었지만, 이병욱은 한걸음 더 나
아가 형식논리학의 논증식과 개념을 사용하여 일마(一馬)와 이마(二
馬)의 추론 방식을 달라지게 하는 원인을 분석해 내었던 것이다. 다
시 말해 현상의 묘사에 그치지 않고, 그 현상의 배후에 있는 원인을
드러내려 하였다. 이런 해석 방식은 『묵경』에 대한 훨씬 심화된 이
해를 가능하게 해 주었다.

　3장은 『묵경』을 윤리학의 관점에서 해석해 낸다. 『묵경』의 윤리
학에 대한 서술은 『묵경』의 네 가지 지식 중 위지(爲知)에 대한 것으
로, 묵가의 주된 윤리적 주장이었던 겸애의 옹호와 연관이 되어 있
다. 『묵경』이 겸애를 논리적으로 정당화하기 위한 의도에서 만들어

진 저작이라는 생각에서 2장이 논리학적 측면 혹은 형식적 차원에서 『묵경』을 다루었다면, 3장은 『묵경』의 윤리학적 측면을 다루면서 『묵경』의 내용에 초점을 맞추는 것이라고 볼 수 있다. 그레이엄은 『묵경』이 딜레마의 방식과 의미론을 통해 겸애를 옹호하는 시도를 보여 준다고 했지만,[52] 이것은 오히려 2장에서 다룬 논리적 측면, 형식적 측면을 보여 줄 뿐, 겸애의 내용에 대해서는 거의 언급을 하고 있지 않다. 다시 말해 『묵경』에서 제시된 겸애의 내용이 『묵자』의 다른 편장, 예컨대 「겸애」, 「천지」 편들과 같은 전기 묵가의 저술들에서 제시된 겸애의 내용과 어떻게 다른지 말하지 않았다고 볼 수 있다. 사실 내가 이전에 시도한 '명사의 총칭적 사용(generic use of nouns)'을 통한 겸애의 옹호도 구체적으로 "도둑을 죽이는 것은 사람을 죽이는 것이 아니다"라는 구절이 겸애의 난점을 해소하는 방식으로 제시되었다고 말했을 뿐,[53] 겸애의 구체적 의미에 대해서는 별로 말해 주는 것이 없었다. 한마디로 겸애의 의미론적, 형식적 측면만을 말했을 뿐, 『묵경』에서 겸애를 어떻게 전기 묵가에서와는 다르게 접근해 가는지에 대해서는 언급하지 않았다. 이 장에서 내가 하려는 작업은 겸애의 내용이고, 이 겸애의 내용에 주목했을 때, 3장에서 다룰 수 있는 쟁점은 겸애가 '일종의 규범 윤리학에서의 도덕 원칙이다'라는 논제와 혹은 '일종의 덕처럼 이해된다'는 논제 사이의 관계이다. 전자로 이해하는 방식은 겸애를 일종의 벤덤(Jeremy Bentham)과 밀(John Stuart Mill)의 공리주의 내지 결과주의의 틀을 통해 이해하여 행복이나 쾌락의 손익계산을 통해 가장 행복을 많이 주는 방식이 옳은 방식이라는 공리주의의 틀을 가지고 겸애를 해석해 보려는 것이다. 이것은 전기 묵가를 포함하여 후기 묵가가 행위자 개인 내면의 덕보다는 행위자를 둘러싼 주변의 상황을 파악하는 능력 혹은 행위자의 행위가 가져오는 결과에 더 관심을 가진다고 보는 방식이다. 겸애라는 활동의 동기나 태도보다는 그런 태도나 행위가 불러들일 손익계산에 더 비중이 있고, 또한 이러한 손익계산의 원칙은 우리의 행동에 대해서 일종의 추상적 도덕 원칙처럼 기능한다고 보는 것이다.[54] 하지만 다른 한편으로『묵경』의 윤리학을 이해해 볼 수도 있다.『묵경』에서 겸애는 전기 묵가에서와는 달리 개인의 의도나 충(忠)과 효(孝) 같은 개인의 덕성처럼 해석된다. 즉 겸애는 충과 효의 미덕처럼 손익계산의 원칙에서 이루어지지 않고, 마치 덕처럼 즉 공동체에 이로운 가치로 상정되어 옹호된다. 충과 효를 포함하는 겸애는 단순히 추상적 도덕 원칙이 아니고, 또 단순히 주위 사람들에 대한 감정적 집착도 아니며, 일종의 시간을 두고 쌓아야 할 덕성으로 보아야 할 측면이 있다. 겸애는 한마디로 이성과 감정의 융합, 가장 보편적이면서도 또한 가장 구체적인 행동을 옹호한다. 이렇게 이해하면,『묵경』이 주장하는 겸애의 의미는 칸트의 자선(benevolence)처럼 '그 적용 범위로 보면 가장 크지만, 정도 면에서 보면 가장 작다'(MS 6:452)[55]라고 할 수 있다. 그렇다면 겸애의 윤리적 입장은 단순히 공리주의나 의도 공리주의를 벗어나서 심지어 의무론자들도 얼마든지 수용할 수 있는 덕의 측면을 가지고 있다고 할 수 있다.

특별히 나는『묵경』의 많은 구절들이 겸애의 또 다른 표현인 애인(愛人)과 묵가의 윤리적, 정치적 목표인 이인(利人)의 관계 해명에 바쳐지고 있음에 주목했다. 또한 후기 묵가는 의도(志)와 성취(功)라는 개념을 통해 특정 시공에 위치한 개별 인간이 모든 사람에 대한 사랑을 뜻하는 겸애에 도달할 수 있다고 보았다. 후기 묵가의 작업은 이익과 손해를 인간의 심리적 상태로 정의함으로써 얼핏 쾌락적 공리주의를 함축하고 있는 것 같지만, 그들이 말하는 심리적 상태는 모든 정보가 주어진 이후에 도달한 감정 상태에 가깝고, 따라서 대단히 세련된 덕윤리학의 체계를 완성했다고 볼 수 있다. 나는 이러한 묵가의 덕윤리학이 공리주의 윤리학과 상충되지 않고, 적절히 통합될 수 있다고 주장하려 한다. 그 형태는 아마도 의도 공리주의에 해당할 것이다.

4장에서 다루게 되는 『묵경』의 과학 사상은 『묵경』의 분류대로라면 실지(實知)에 해당하는데, 여기서는 구체적으로는 『묵경』이 다루는 기하학, 광학, 역학 등에서 펼쳐지는 과학적 실재관을 다루어 보려고 한다. 이것은 특히 공간적이고 물질적 연장, 지속, 운동, 측정, 모델, 상, 무게 등의 개념과 연관이 되는 것들이다.[56] 나는 이 부분에서 위의 개념들과 연관되는 과학적 실재관과 고대 중국의 대표적 세계관이라고 할 수 있는 오행론에서 보이는 상관적 세계관의 관련을 살펴보려고 한다.[57] 이것은 근대과학의 인과론적 세계관과 중국이나 동아시아의 전통적 세계관인 유기체론과의 차이를 보여 준다고 할 수 있다. 『묵경』의 저자들은 성곽의 축성이나 수레와 같은 각종 기구를 생산하는 공인 출신답게 기하학, 역학, 광학 등에서 전문적 지식을 보여 주고 있다. 예컨대 기하학에서 점이니 선 같은 각종 추상적 기하학적 대상들을 통해 드러나는 실재적 공간 개념, 광학의 영역에서 그림자, 평면거울, 볼록거울과 오목거울에서의 상의 형성과 그 형태의 원리 개념, 역학에서의 중력, 저울, 지렛대의 원리 개념 등은 이들이 가진 구체적 과학기술의 지식은 당시의 음양가와 같은 자연주의자들의 세계관인 음양오행 이론과 조우되지 않았다. 이러한 세계관의 충돌을 보여 주는 예로는 오행의 상극설이 양을 고려하지 않았기에 항상 성립할 수 없다고 주장하는 『묵경』의 구절이다. 우리는 이러한 『묵경』의 입장을 당시의 주도적인 사유인 상관적 사유에 대한 인과적 사유의 도전, 혹은 형이상학에 대한 과학의 도전, 혹은 유사과학에 대한 과학의 도전으로 해석할 수 있을 것이다.

하지만 정말 『묵경』의 과학적 세계관은 인과론적인 것일까? 여기서 흥미로운 점은 『묵경』의 실(實)이, 즉 『묵경』의 세계관을 떠받치고 있는 가장 기본 단위로 볼 수 있는 실의 개념이 단순히 구체적인 경험 대상만이 아니고 인간의 평가나 관점이 들어간 사회적, 경제적 실상도 가리키는 것으로 볼 수 있기에 유기체적 세계관이나 상관적 세계관이 전적으로 『묵경』과 상관없는 것은 아니라는 것이다. 다시 말해 『묵경』의 실은 객관적 대상이기도 하지만, 명(名)의 영향을 받아 구체화되는 것이기에 상관적인 성격을 지닌 것이라 할 수 있다. 이처럼 동아시아의 대표적 세계관, 혹은 천인합일로 표현되는 상관적 사고의 관점이 『묵경』에서도 완전히 배제될 수는 없는 것으로 보인다.

사실 4장이 『묵경』의 과학 사상을 다룬다고 하고, 이것을 인과론의 과학이라고 부르지만, 『묵경』의 기하학을 다룬 부분은 역학이나 광학과는 달리 물리 대상을 직접적으로 다루고 있는 것은 아니다. 점이나 선 등은 기하학적 대상이고, 물리 대상이 아니다. 따라서 기하학을 과학 사상의 하나라고 보는 것은 무리가 있다. 하지만 일반적으로 『묵경』에서 말하는 실지(實知)에서의 실이 반드시 물리 대상에 국한될 필요가 없다는 것을 생각하면, 기하학을 과학의 범주에 두지 않을 이유도 없을 것이다. 따라서 기하학은 논리학과 과학의 두 영역에 걸쳐서 중복하여 다루고 있다.

또한 광학, 역학이 어떤 점에서 인과론의 과학이라고 칭할 수 있는지도 좀 더 살펴보아야 한다. 동아시아 지적 전통에서 음(陰)과 양(陽), 정(靜)과 동(動), 도(道)와 기(器), 이(理)와 사(事), 체(體)와 용(用), 리(理)와 기(氣)는 일종의 상관적 개념들인 것처럼 보인다.[58] 인과론이 시간상으로 떨어진 두 사건의 필연적 연결 관계에 주목하는 관점이라면, 상관론은 같은 층위에 있지 않는 사건들의 우연적인 것처럼 보이는 대응 관계에 주목하는 관점이라고 할 수 있다.[59] 다시 말해, 상이한 시간상의 두 사건들을 각각 독자적인 것으로 파악해서 서로 원인과 결과로 구분해서 보는 인과론과는 달리 상관론은 처음부터 다양한 힘이나 원리들의 상호 연결 내지 상호 영향을 강조하는 체계이다. 인과론이 개별자나 개별 현상과 같은 요소들의 독자성을 강조한다면, 상관론은 요소들 사이의 대응, 상보, 그리고 상호 영향을 강조한다고 할 수 있다. 앞서의 음과 양이나 오행, 즉 목, 화, 토, 금, 수의 개념들은 그것들을 각각 독자적인 것으로 바라보기보다는 관계적이고 상호 의존적인 에너지나 힘으로 본다는 점에서 일종의 상관적 사유에 가깝다고 할 수 있다. 상관적 사유 내에서 초점은 개별자들이라기보다는 개별자나 개별 현상들 간의 특정한 관계에 주어진다. 개별자나 개별 현상들도 독자적인 것이라기보다는 다른 개별자나 다른 개별 현상들과의 관계에서 생겨나는 것들로 이해된다. 이처럼 어떤 요소의 의미나 행동은 관계망 안에서의 위치로 정의되기에 상관적 사유는 실체론적 체계보다는 다분히 관계론적인 체계를 제시한다고 할 수 있다.

　이 책에서 시도하고 있는 『묵경』에 대한 심화된 이해는 묵자 사상에 대한 정확한 이해를 가져올 것이고, 이는 유가 사상에 치중한 우리 동양 철학계에 연구 다변화를 가져다 줄 것이다. 묵가의 사상은 논리 분야에 강점이 있고, 그 논리란 다른 학파들도 묵가를 공격할 때 사용하는 방법이었기에 『묵경』의 이해는 명가, 도가, 유가, 법가 등등의 이해에도 커다란 영향을 줄 것이다. 그리고 이러한 『묵경』 논리의 이해는 서구 사상과의 비교를 통해 단지 고대 사상만이 아니고 중국 사상 아니 동아시아 사상의 본질을 이해하는 데에도 커다란 기여를 할 것이다. 2장에서 논리학을 먼저 다루는 이유이다.

# 1장

# 논리학

논리학이란 추론이나 논증의 성질, 그중에서도 특히 타당성을 다루는 학문이라고 말할 수 있다. 타당성이란 진리가(truth-value)처럼 하나의 문장(judgment)이나 명제(proposition)가 가지는 성질이 아니라, 전제와 결론의 구조로 이루어진 일련의 문장이나 명제들의 집합, 즉 논증(argument)이 가지는 성질이라고 할 수 있다. 고대 중국에 타당성을 다루는 논리학이라는 학문 영역이 있었는지 여부는 사실 오래된 논쟁 주제이다. 고대 중국에서도 당연히 언어가 있었고, 그 언어를 통해 추론을 행해 온 것이 사실이라면 적어도 그런 추론에 대한 규범적 평가가 있을 수밖에 없을 것이고, 따라서 이런 의미에서 논리학의 존재는 의심할 수 없을 듯하다. 그런데 여기서 말하는 규범적 평가의 의미가 정해지지 않고는, 즉 단순히 실질적 추론이 있었고, 그에 대한 평가가 있었다는 것만 가지고는 고대 중국에 논리학이 있었다라고 단정하기 힘들다. 실질적 추론과 그에 대한 규범적 평가가 있었다는 것만으로 논리학이 있었다고 한다면 그것은 논리학의 개념을 너무 넓게 사용하는 것이다. 유의미하게 언어로 표현되는 것들은 어쨌든, 추론적이지 않겠는가? 그렇다면 고대 중국에서 언어를 사용한 것이 사실이고, 그런 언어 사용은 추론적일 가능성이 높을 것이고, 당연히 그런 추론의 언어 사용에 대한 평가도 '마땅하다' '마땅하지 않다'의 규범성이 내포되었을 가능성이 높기 때문이다. 하지만 규범에는 타당성과 같이 논리학적 규범이라 고 할 수 없는 수사학적 평가들이 있을 수 있기에, 추론과 그에 대한 평가의 존재만으로 고대 중국에 논리학이 있었다고 단정 지을 수는 없을 것이다. 결국 타당성의 유무가 핵심이다. 타당성은 전제가 참이라면, 결론이 반드시 참이라는 방식으로 정의될 수 있는데, 이런 타당성의 개념이 고대 중국에 있었는지를 먼저 묻고, 그에 대한 답에 따라 고대 중국에 논리학이 있었는지 여부를 판단할 수 있을 것이다.

    그런데 문제는 타당성 개념의 존재 여부이다. 타당성 개념이 존재했는지 따지기 위해서는 타당성의 개념을 정의할 때 사용되었던 진리 개념이 존재했는지를 확인하여야 한다. 상식적으로 생각하면 고대 중국인도 언어로 사고를 전개하였고, 그렇다면 당연히 고대 중국에도 언어가 세계를 반영하는 상황, 즉 진리에 대한 개념이 있었다고 말할 수 있지 않느냐고 생각할 수 있다. 하지만 고대 중국어의 구문론적 형태라든지, 고대 중국인들의 실제 언어 사용 상황을 들여다보면, 여러 가지로 고대 그리스어나 그리스인들의 언어 사용 상황과 차이가 있어 과연 고대 중국에서 언어가 지향하는 것이 세계를 반영하는 것인가, 즉 진리를 찾고자 한 것인가 의문을 제기

할 수 있다. 다시 말해 고대 중국의 경우, 언어의 기본 기능이 세계의 반영이 아니라 적절한 행위의 수행이었다고 볼 수 있는 정황이 있기 때문에, 이런 경우 언어라는 것이 과연 진리를 나타내는 것이라고 확증할 수 있겠느냐는 의문이 생길 수 있다.[60] 물론 그런 경우에도 세계를 반영하는 언어의 역할이 감춰져 있을 뿐, 여전히 언어가 세계를 바라보는 기능은 근본적인 것이라고 말할 수 있다. 여하간 이제까지의 이러한 모든 상황을 통해 알 수 있는 것은, 한마디로 고대 중국에 논리학이 있었는가 없었는가의 물음은 단순히 어떤 역사적 사실을 발견하는 문제가 아니라, 어떤 관점이나 가정이 개입될 수밖에 없는 일종의 해석의 문제라는 것이다.

이런 배경에서 로이드(G. E. R. Lloyd)가 고대 문명, 특히 그리스와 중국의 경우를 들여다보면서, 다양한 문화를 관통하는 '공통 논리학(common logic)'이 있느냐고 묻고, 이러한 질문이 가리키는 문제는 발견의 문제가 아니라, 해석의 문제라고 주장한 점[61]에 주목할 필요가 있다. 로이드는 공통 논리학을 부정하는 사람들이 흔히 주장하는 모순률이나 배중률의 부정은 경험적으로나 논리적으로 지탱되기 힘들다고 보았다. 그는 나아가서 우리가 살펴보아야 할 두 차원은 의미론이나 구문론과 연관이 있는 논리학과 의사소통을 위한 화용론의 두 차원이며, 이 두 차원에서 모순률이나 배중률의 부정이 어떤 식으로 이해될 수 있는지를 살펴보아야 한다고 하였다. 로이드의 입장은 모순률이나 배중률의 부정은 극단적 소통 불가능성을 함축하는 것이 아니라, 적절한 수준에서 이해될 수 있는 것이라는 것이다. 여하간 로이드를 통해 우리는 『묵경』과 관련하여 두 가지 상충되는 견해, 즉 『묵경』은 형식논리학으로 이해 가능하다는 입장과 『묵경』은 형식논리학과는 전혀 다른 활동에 관한 문헌이라는 입장의 충돌을 다시 살펴볼 수 있다. 그렇게 했을 때, 이곳에서 충돌하는 형식논리학과 비형식논리학의 두 입장은 특정 형식논리학의 형식을 사용하여 『묵경』에서 다루는 개념을 설명하는 접근 방식과 『묵경』의 저자들을 포함한 변자들의 관심은 논리학 특히 형식논리학의 수립과 관련이 없다는 접근 방식을 각각 가리키는 것으로 이해될 수 있을 것이다.

사실 학자들 중에는 서양 논리와 중국 논리를 다음과 같이 거칠게 대조하는 사람들이 있다. 서양 논리는 존재론적으로 정향되어 있는 반면 중국 혹은 묵가 논리는 인식론적으로 정향되어 있다고 보아, 전자는 '근거 이론(theory of evidence)', 후자는 '변증 이론(theory of disputation)'에 장점을 보인다고 말하는 것이다.[62] 이것은 다시 전자는 논리학적 성격, 후자는 수사학적 성격을 갖는 것으로 볼 수 있다.[63] 그런데 이러한 평가는 일반적으로 중국의 논리학자들인 변자들의 관심이 재판에서 다른 사람들의 입장을 변호하는 것이었다는 것 이외에 명과 실의 관계를 밝히려는 의도를 가졌다는 역사적 사실[64]에 비추어 보면 지나치게 단순화한 것이라고 볼 수 있다. 다시 말해 중국 전통에서도 인식론적인 정향만이 있었던 것이 아니고, 존재론적인 정향도 있었다고 볼 수 있다는 것이다.

중국 논리학 전통에 대한 위와 같은 논란의 연장선상에서, 『묵경』을 보는 관점은 논리에 관한 관심으로 보는 입장과 언어철학 혹은 의미론에 관한 관심으로 보는 입장으로 나뉜다. 역사상, 시간상으로 볼 때 19세기 이후 전자의 입장이 선행했고, 후자의 입장은 서구의 중국 학자들을 중심으로 20세기 후반에 들어서야 서구 중국철학계의 주도적인 입장으로 자리 잡았다. 하지만 이런 경향은 주로 19세기 이래로 중국에 수입되었던 서양의 철학이나 과학의 관점에서 그런 관심의 선후가 있었던 것이고, 사실 중국의 전통 문헌학을 염두에 두었을 때는 정반대의 경향을 보였다. 언어철학이나 의미론에 대한 관심이 역사적으로 더 앞선 것이었다. 명학이나 후기 묵가의 저술들에 관한 문헌학적 연구의 전통은 서구 논리학의 도입에 의해 촉발된 엄격한 논리학적 관심에 초점을 맞추었다기보다는 그저 명과 실의 정당한 관계에 초점을 맞추었으므로 이는 일종의 언어철학 혹은 언어 의미론에 관한 관심이었다고 할 수 있을 것이다.

논리학적 관심은 19세기 말 20세기 초 서양 논리학의 본격적 이해를 통해 시작되었다. 즉 손이양과 량치차오 등의 중국 논리학에 대한 문헌학적 관심 이후, 바로 후스, 펑유란 등에 의해 중국의 명학은 본격적으로 서구의 논리학과의 비교의 길로 나아간다. 후스는 『고대 중국에서의 논리적 방법의 발전(The Development of the Logical Method in Ancient China)』[65]이라는 논문으로 1917년 미국 콜롬비아대학에서 박사 학위를 받고 귀국하였는데, 그의 이 논문은 후에 중국어로 번역되어 『중국 고대 철학사 대강』이라는 제목의 책으로 출판되었다. 이 책에서 후스는 고대 중국철학사를 논리적 방법의 발전이라는 시각에서 바라보고 기술하였다. 왜냐하면 후스가 보기에 논리(邏輯, logic)란 바로 철학의 방법이었기 때문이다. 철학사에서 이러한 논리적 방법의 강조는 심지어 신유학의 핵심 탐구 방법인 격물치지를 일종의 귀납적 방법으로 생각한 것[66]에서도 명확하게 드러난다.

사물이 철저하게 탐구될 때 지식은 극한으로 확장될 수 있다. 지식이

극한으로 확장될 때, 우리의 관념은 참이 될 것이다. 우리의 관념이 참이 될 때, 우리의 마음은 바르게 될 것이다. 우리의 마음이 바르게 되면 우리의 성품이 개선될 것이다. 우리의 성품이 개선될 때, 우리의 가정은 질서가 잡힐 것이다. 우리의 가정이 질서가 잡히면, 나아가 잘 다스려질 것이다. 우리의 나라가 잘 다스려지면 천하가 평화로와질 것이다.[67]

(오랜 탐구의 결과로) 때가 되면 안과 밖, 명백함과 숨겨져 있음의 모든 만물의 원리를 관통할 것이고, 우리 마음의 전체의 본성과 작용을 이해하게 될 것이다.[68]

후스는 고대 중국철학 중에서도 후기 묵가에 특별히 주목하여, 그들을 과학적, 그리고 논리학적 탐구를 수행한 학파로 보았다. 후스는 후기 묵가가 연역과 귀납의 방법[69]을 발전시킨 유일한 중국의 학파라고 생각하였다.[70]

그런데 사실, 중국 고유의 명학 전통에서 보자면 그들 변자들의 관심은 추론의 타당성보다는 추론의 설득력에 있었고, 그 설득력은 말과 말 사이의 필연적 관계에서보다는 언어와 사실과의 부응에서 온다고 할 수 있다. 즉 『묵경』의 명학은 이명거실(以名擧實, 명으로 실을 드러낸다)[71]의 입장에서 해석해 내는 것이다. 『묵경』의 명학을 이러한 언어철학, 의미론에 대한 관심으로 보는 것은 너무나 당연한 것이다. 따라서 변(辯)은 그레이엄의 용어를 빌리자면, '추론의 기술(the art of inference)'이라기보다는 '기술의 기술(the art of description)'이 되는 것이다. 그레이엄은 이를 개념 간의 필연적 관계에서 성립하는 명지(名知)와 구별해서 대상과 이름 간의 우연적 관계에서 성립하는 합지(合知)라고 하였다. 그리고 개념 간의 필연적 관계에서 성립하는 명지는 특별히 논(論)이라고 칭하였다.[72] 합지는 묵가의 주된 관심사였고, 넓은 의미의 변(辯)이다. 반면 대표적인 명가인 공손룡의 관심은 좁은 의미의 변, 즉 논(論)이고, 명지였다. 그레이엄이 시도한 『묵경』의 지식 분류 중에서 변과 관련이 있는 것은 아래의 두 가지이다. 각각 합지와 명지에 대응한다.

- 기술의 입장(合知, 辯: 넓은 의미의 변): 하나의 명(名)을 일관되게 유사한 실(實)에게 정당하게 적용하는 방법을 연구한다.
- 추론의 입장(名知, 論: 좁은 의미의 변): $Px \supset Qx$ 〔Qx는 Px의 소고(小故)〕; $Px \supset Qx * Qx \supset Px$ 〔Qx는 Px의 대고(大故)〕의 경우에서 보듯이 명과 명 사이에 성립하는 필연적 연결 관계를 확인한다.

예컨대 『묵경』 「소취」 편의 다음과 같은 구절을 살펴보자.

一馬, 馬也 ; 二馬, 馬也. 馬四足者, 一馬而四足也, 非兩馬而四足也 …… 此乃一是而一非者也.[73]
한 마리의 말은 말이다. 두 마리의 말도 말이다. 말은 네 다리를 가진다. 한 마리의 말이 네 다리를 가지지만, 두 마리가 네 다리를 가지지는 않는다. 이것이 하나는 긍정이고 하나는 부정인 것이다.
One horse is a horse; two horses are 〔also〕 horses. 〔And〕 A horse has four feet, which means that one horse has four feet, 〔but〕 not

that two horses have four feet. … one 〔of these〕 is correct and one is not.

위의 구절은 기술의 관점에서 살펴볼 수도 있고, 추론의 관점에서 살펴볼 수도 있다. 다시 말해서 후기 묵가가 언어와 사실 간의 부응 관계에 고심했다고 할 수도 있고, 추론의 타당한 형식에 고민했다고 할 수도 있다는 말이다. 먼저 기술의 관점에서는 "마야(馬也, 말이다)"라는 술어를 받아들이는 일마(一馬, 한 마리 말)는 "사족야(四足也, 발이 넷이다)"라는 술어도 받아들이지만, "마야(馬也)"라는 술어를 받아들이는 이마(二馬, 두 마리 말) 혹은 양마(兩馬, 두 마리 말)는 "사족야(四足也)"라는 술어를 받아들이지 못할 수 있다.[74] 후기 묵가는 그 차이의 이유를 말하지 않고, 그러한 기술들의 형태를 "일시이일비자야(一是而一非者也, 한번은 긍정하고, 한번은 부정한다)"라고 표현한다. 묵가는 이처럼 기술들의 차이가 어디에서 오는지를(그 차이의 근거가 무엇인지를) 말하지 않지만, 비슷한 형태이면서도 특정 술어가 가능한 경우와 그렇지 못한 경우를 끊임없이 제시하면서 그러한 상황을 "일시이일비자야"라는 하나의 형식으로 표시한다. 반면에 위의 구절을 추론의 관점에서 살펴보면, 위의 구절은 논리적 형식을 달리하는 두 개의 추론으로 이루어진다. 하나는 '一馬, 馬也 ; 馬四足者, 一馬而四足也(한 마리의 말은 말이다. 말은 네 다리를 가진다. 그러므로 한 마리의 말은 네 다리를 가진다)'와 다른 하나는 '二馬, 馬也. 馬四足者 非兩馬而四足也(두 마리의 말은 말이다. 말은 네 다리를 가진다. 그러므로 두 마리의 말이 네 다리를 가지지 않는다)'이다. 이병욱은 비슷한 구문론적 구조를 가진 위의 두 추론 혹은 논증이 어떻게 다른지, 복수형 삼단논법을 동원해서 설명한다.[75] 후기 묵가 자신들이 두 추론의 차이를 보여 주기 위해 특정 논리적 형식을 사용하고 있지는 않지만, 이병욱의 시도는 적어도 후기 묵가가 위의 구절을 통해 두 논증에 어떤 의미의 논리적 형식의 차이가 있음을 인지하였음을 보여 준다.

## 형식논리학

본격적으로 형식논리학을 사용하여 변자들의 작업을 해명하는 작업은 앞서 말한 대로 고대 중국철학의 논리적 방법에 주의를 기울인 후스에 의해 처음으로 이루어졌다고 할 수 있다. 그는 「소취」 편의 효(效), 비(辟), 모(侔), 원(援), 추(推)와 같은 개념들을 추론의 방법(methods of reasoning)으로 소개한다. 먼저 이 개념을 다룬 원문과 그 번역은 다음과 같다.

> 效者, 爲之法也. 所效者所以爲之法也. 故中效, 則是也 ; 不中效, 則非也. 此效也.
> 본받음은 기준으로 삼는 것이다. 본받아진 것은 기준을 삼기 위해서 사용되는 것이다. 따라서 본받음에 들어맞으면 그러한 것이다. 본받음에 들어맞지 않으면 그렇지 않은 것이다. 이것이 본받음이다.

> 辟也者, 舉他物而以明之也.
> 비유는 다른 것을 들어 어떠한 것을 분명하게 하는 것이다.

侔也者, 比辭而俱行也。

유사함은 유사한 말들이 함께 나아가는 것이다.

援也者, 曰 子然, 我奚獨不可以然也?

이끎은 다음과 같이 말하는 것이다. "당신이 그렇다고 하는데, 내가 어찌 홀로 그렇지 않다고 할 수 있겠는가?"

推也者, 以其所不取之同於其所取者, 予之也.

확장함은 그가 취하지 않는 것을 그가 취한 것과 유사하다고 하면서, 그에게 그것을 제시하는 것이다.[76]

사실 탕쥔이(唐君毅)는 효(效), 비(辟), 모(侔), 원(援), 추(推) 외에 다른 두 개념, 즉 혹(或)과 가(假)를 합쳐서 변의 일곱 가지 일(七事) 내지 일곱 가지 법(七法)으로 해석하였지만,[77] 혹은 '다함이 없다(不盡也)'를 의미하고, 가는 '지금은 그렇지 않다(今不然也)'를 의미하니, 각각 추론의 방법이라기보다는 명제나 문장의 종류를 말한 것으로 보아야 한다.[78] 후스가 위의 다섯 가지 추론의 방법 중에서 주목한 것은 효와 추이다.

효는 연역의 방법으로 하나의 모델로부터의 추론으로 형식을 세우는 것이다. 이유나 '때문에'가 형식 혹은 모델에 부합한다면 그것은 사실이다. 그렇지 않다면 그것은 사실이 아니다. … 추는 귀납으로 확장에 의한 추론으로 아직 검토되지 않은 경우들이 이미 검토된 것들과 유사하다는 근거에서 일반적 긍정을 표시하는 것으로 이루어진다.[79]

후스가 서구 논리학의 개념들을 통해 『묵경』의 내용들을 설명하려고 하였다면, 탄제푸(譚戒甫)는 보다 직접적으로 『묵경』의 구절들을 삼단논법(syllogism)과 같은 추론 형식으로 다뤄 보려고 한다.[80] 물론 탄제푸에 앞서 삼단논법으로 『묵경』을 해석한 이는 장빙린(章炳麟)이지만 그의 해석은 단순히 대고와 소고를 삼단논법의 대전제와 소전제로 각각 해석하는 것이었다.[81] 하지만 후스의 지적대로, 대고와 소고가 원인이나 이유에 대한 논의이며, 삼단논법처럼 연역에 대한 논의 중에 나온 개념들이 아니기에 이러한 해석은 무리가 있다.[82] 탄제푸는 후스보다 훨씬 일관되고도 구체적으로 서구의 삼단논법을 적용하였을 뿐 아니라, 나아가 인도의 인명(因明) 논리와 『묵경』을 비교하여, 『묵경』의 저자들이 상당한 정도의 논리학적 작업을 수행했음을 보여 주려고 노력하였다. 그는 특히 앞서 말한 『묵경』의 효(效), 비(辟), 모(侔), 원(援), 추(推)의 변의 방법들이 각각 별개의 추론의 방법들이 아니라, 하나의 추론에 소용되는 요소들을 가리킨다고 보았다. 그는 이를 위해 경과 경설들을 삼단논법으로 재구성하고, 이를 또한 인도의 인명 논리와 비교하였다. 예컨대 하나의 「경하」와 「경설하」를 재구성한 예를 들면 다음과 같다.

(경하)

推類之難, 說在志大小

유사한 것들을 미루어 나가는 것은 어려움이 있다. 설명은 뜻이 크고 작음에 있다.

(경설하)

推 四足獸, 與牛馬 與物 盡與大小也

네 발 달린 짐승들. 소와 말. 사물. 다 함께 크고 작다.[83]

위 교정 원문을 탄제푸는 다음과 같은 대체적인 주장(經)과 이유(經說, 예시를 포함)의 구조, 즉 사(辭, 주장), 고(故, 이유), 비(辟, 예시)로 이루어진 논증으로 만든다.

辭: 牛馬爲物 소와 말은 물(物)이다.
故: 四足獸故 네 발 달린 짐승이기 때문이다.
辟: 若犬羊等 개, 양 등과 같다.[84]

탄제푸는 위의 기본적인 경과 경설의 구조로부터 삼단논법을 구성하는데, 바로「소취」편의 추(推), 모(侔), 원(援)의 개념을 이것에 적용한다. 이에 따르면 추가 삼단논법의 대전제, 모가 소전제, 그리고 원이 결론에 해당한다.

推: 凡四足獸皆爲物 모든 네 발 달린 짐승은 물(物)이다. Major Premise M-P (推也者, 以其所不取之同於其所取者, 予之也 "Extending" is taking what he has not chosen but is similar to what he has chosen, and presenting it to him.)

侔: 牛馬爲四足獸 소와 말은 네 발 달린 짐승이다. Minor Premise S-M (侔也者, 比辭而俱行也 "Similarity" is similar sayings proceeding together.)

援: 故牛馬爲物 그러므로 소와 말은 물(物)이다. Conclusion S-P (援也者, 曰 子然, 我奚獨不可以然也? "Leading" is saying, "You take it as so – why can I alone not take it as so?")[85]

처음의 주장, 즉 "소와 말은 물이다"에는 두 개의 전제가 있는데, 대전제는 추(推) "모든 네 발 달린 짐승은 물이다"이고, 소전제는 모(侔) "소와 말은 네 발 달린 짐승이다"라고 본 것이다. 즉 이런 전제들이 있기에 처음의 주장을 하게 되었다는 것이다. 이 과정에서 『묵경』의 고(故)는 삼단논법의 결론인 주어와 술어 사이의 매개념 역할을 했다는 것을 알 수 있다. 이처럼 탄계푸의 삼단논법을 통한 『묵경』의 경과 경설 해석은 몇 단계의 구성과 정리 과정을 통해 이루어진다.

삼단논법을 통한 보다 흥미로운 『묵경』해석은 이병욱이 제공한다.[86] 그는 『묵경』 중에서도 「소취」편의 몇 구절을 들어 그것을 '말 구절(The Horse Passage)'이라고 부르고, 그로부터 두 개의 논증을 구성한다. 먼저 말 구절은 다음과 같다(원문과 이병욱의 영어 번역을 제시하고, 이병욱의 영어 번역에 대한 한글 번역을 제시하겠다).

一馬, 馬也; 二馬, 馬也。馬四足者, 一馬而四足也, 非兩馬而四足也 (一馬, 馬也。馬或白者, 二馬而或白也, 非一馬而或白) 此乃一是而一非者也

(H1) One horse is a horse; two horses are (also) horses. (And) A horse has four feet, which means that one horse has four feet, (but) not that two horses have four feet. ...... one (of these) is correct and one is not. (한 마리 말은 말이다. 두 마리 말은 말이다.

1장 논리학    53

말은 네 발을 가진다. 한 말은 네 발을 가지지만 두 마리 말은 네 발을 가지지 않는다. (한 마리 말은 말이다. 어떤 말이 혹 희다는 것은 두 마리 말 중의 한 마리가 희다는 것이지, 한 마리 말의 부분이 희다는 것이 아니다) 이것이 곧 하나는 긍정 형식이고, 다른 하나는 부정 형식이라는 것이다.]

위의 구절로부터 그가 구성해 낸 두 논증은 다음과 같다.

(1)
a. One horse is a horse.(한 마리의 말은 말이다.)
b. A horse has four feet.[(한 마리의) 말은 네 발을 가진다.]
c. One horse has four feet.(한 마리의 말은 네 발을 가진다.)

(2)
a. Two horses are horses.(두 마리의 말은 말이다.)
b. A horse has four feet. [=(1b)][(한 마리의) 말은 네 발을 가진다.] [=(1b)]
c. Two horses have four feet.(두 마리의 말은 네 발을 가진다)

위의 두 논증은 겉으로 보기에 삼단논법의 형식을 가지고 있는 것 같다. 하지만 위에서 (1a)-(1b)는 (1c)를 함축하지만, (2a)-(2b)는 (2c)를 함축하지 않는다. 즉 (2a)와 (2b) 둘 다가 참이라고 하더라도 (2c)는 참이 아니다. 즉 두 말은 여덟 개의 다리를 갖지, 네 개의 다리를 갖는 것은 아니다. 위의 대조되는 논증들 사이의 논리적 차이는 단수/복수 구분으로부터 유래한다고 말할 수 있다. 이 설명에 따르면 그것들은 상이한 논리적 형식을 갖는다. 왜냐하면 (2a)–(2c)는 복수형 구성물들 (즉 "horses', 'have')을 포함하는 반면 (1a)–(1c)는 오직 단수형 구성물들 (즉 'a horse', 'has')을 포함하고 있기 때문이다. 이병욱은 위와 같은 "the one-horse argument"와 "the two-horse argument"의 논리적 차이를 설명하기 위해서, 복수 논리와 같이, 복수형 구성물들 사이의 논리적 관계를 설명할 수 있는 하나의 논리 체계를 적용한다.

좀 더 구체적인 분석으로 들어가 보면, (1a)–(1c)는 암시된 보편양화를 함유한다. 그것들은 타당한 정언 삼단논법의 전제들과 결론을 형성한다. 그것들로 이루어진 논증은 바버러(Barbara)의 형식을 가진다.

바버러:
Anything that is–P is–Q.
Anything that is–Q is–R.
∴ Anything that is–P is–R.

반면에 이병욱에 따르면 (2a)–(2c)는 좀 더 다른 논리적 형식을 가진다고 한다.

(2)
a. Two horses are horses.
b. A horse has four feet. (=(1b))

c. Two horses have four feet.

그것은 표준적인 바버러의 단수 형식의 복수형 사촌인, 복수형 바버러의 예이다.

복수형 바버러:
Any things that are-P are-Q.
Any things that are-Q are-R.
∴ Any things that are-P are-R.

복수형 A 형식의 몇몇 예들(즉 'Any things that are horses are equine')은 그 표준적인 단수형의 A 형식의 단수형 사촌들(즉 'Anything that is a horse is equine')과 상호 교환할 수 있게 통상적으로 사용된다. 그러나 그것들은 복수형 형식의 모든 예들을 완전히 만족시키지 않는다. 그 예들은 잘 구성된 단수형 사촌을 가지지 않고, 그 단수형 사촌이 그것들과 동치가 아닌 복수형 구성물들을 포함한다. 만약 그렇다면 왜 두 마리 말 논증은 타당하지 않는가? 그것은 복수형 바버러의 타당성에 대한 반례가 아닌가? 아니다. 그 논증은 그 형식의 적절한 예가 아니다. 왜냐하면 그것은 'have four feet'라는 술어의 다의적 사용을 포함하고 있기 때문이다. 단수형은 타당한데, 복수형은 타당하지 않다. 왜냐하면 "have four feet"가 앞의 전제에서는 분배적이지만, 결론에서는 비분배적이기 때문이다.

흐밀레브스키는 후스, 탄제푸, 이병욱과는 달리『묵경』의 원문으로부터 직접 논증을 구성하지 않는다.[87] 예컨대 그가 주목하는 원문은 『묵자』의 다른 편, 예컨대 「천지」 편이거나 아니면 『맹자』나 『순자』와 같은 유가의 텍스트이다. 물론 그는 「소취」 편의 변의 방법의 개념을 사용해서, 논증에 대해 말한다. 먼저 가장 중요한 개념인 효(效)를 중심으로 고(故)와 법(法)에 대한 그의 생각을 살펴보자.

> 效者, 爲之法也; 所效者, 所以爲之法也。故中效, 則是也; 不中效, 則非也, 此效也。
> The *hiao* is the norm of becoming; the *hiao-ised* (i.e., what is inferred from the *hiao*) is by what the norm of becoming (is established); if the 'because' is conform to the *hiao*, (the reasoning) is correct, and if it is not conform to the *hiao*, (the reasoning) is incorrect; such is the *hiao*.
> 효는 성립됨의 규범이다. 소효자(所效者, 즉, 효로부터 추론된 것)는 그것에 의해 성립됨의 규범이 확립되는 바로 그것이다. '이유(because)'가 효에 들어맞는다면 추론은 옳다. 효에 들어맞지 않는다면 추론은 잘못되었다. 그것이 효이다.[88]

후스는 앞서 말했듯이 위의 효를 연역으로 해석했다. 마스페로(Henri Maspero)는 이런 호적의 해석이 매우 자의적이라고 생각한다. 그는 효가 연역과는 아무런 연관이 없으며, 단지 '묵자 학파에서 시행된 예시에 입각한 추론의 정의'[89]라고 본다. 후스는 효를 연역 논증으로 해석하면서 법(法)과 고(故)를 묵가 논리학의 기술적 용어로 해석함은 물론 그것들이 동일한 것을 가리키는 것으로 보았는데,[90] 마스페로는 이에 반대한다. 마스페로는 호적이 법과 고를 동일시한 것은 자의적인 해석이고, 효를 정의함에 사용된 법이나 고의 개념은 어떤 특별한 논리적 의미를 가지지 않는다고 보았다. 그에 따르면 고는 그저 '그러므로'라는 단순한 연결사를 나타내는 용어이다. 마스페로는 위의 원문을 다음처럼 번역한다. "효(效, 본받음)란 법(法, 모델)을 취하는 것이다. 본받아지는 것은 모델로 취해진 것이다. 그러므로 그것이 본받음에 적합하면, (그 추론은) 옳은 것이고, 본받음에 적합하지 않으면 (그 추론은) 잘못된 것이다. 그것이 효(效, 본받음)이다."[91] 그는 법(法, 모델)도 다음처럼 번역한다. "법(法, 모델)은 어떤 사물들이 그것들과 같이 되기 위해서 따라야만 하는 것이다."[92]

흐밀레브스키는 법을 하나의 기술 용어로 받아들인다. 「경상」의 법, 소약이연야(法, 所若而然也)의 구절에 대해 그는 "법(규범)은 그것에 의해 '만약 …라면, 그러한 것이다(The norm(fa) is whereby 'if… then so')'"라고 문자 그대로 번역하면서, 이 법의 정의 중에 조건절 즉 'if…, then so(만약 …하다면 그러하다)'가 바로 법의 논리적 의미에서의 특정한 종류의 함축이라고 말한다.[93] 「경설상」의 해당 조목은 이 법의 예로 세 가지를 드는데, 원의 경우, 의(意, 원의 아이디어), 규(規, 컴퍼스), 그리고 원(員, 실제 원) (法：意規員三也, 俱可以為法)이다. 흐밀레브스키는 호적을 따라 법의 개념이 제시하는 것은 다음과 같은 추론이라고 한다. "이것은 원인데, 왜냐하면 그것은 특정 방식으로 컴퍼스를 가지고 기술되기 때문이다." 다시 말해 법의 정의는 다음과 같은 조건문을 직접적으로 가리킨다. "어떤 것이 원의 아이디어에 들어맞으면 이것은 원이다" 혹은 "어떤 것이 특정한 방식으로 컴퍼스를 가지고 기술된다면 그것은 원이다" 등등. 그것은 마치 φx ⊃ ψx의 조건문으로 기호화할 수 있을 것이다. 반면에 흐밀레브스키는 경설이 세 가지의 법의 예로 들고 있는 것으로 보았을 때, 법이란 조건문 전체가 아니라, 단순히 조건문의 전건 즉 'φx ⊃ ψx'에서 'φx'에 해당하는 것이라고 생각했다. 경은 조건문 전체를 법으로, 경설은 조건문의 전건을 법으로 보는 것이다. 조건문 전체이건, 조건문의 전건이건, 흐밀레브스키는 적어도 효에서 사용된 법 개념의 의미를 조건문 내지 명제함수로 해석해 내었고, 이는 적어도 묵가의 효가 귀납적 절차에 의해 도달된 전칭명제와 같은 것으로 생각될 수 있고, 결과적으로 특수 명제들을 도출하기 위한 일반적 전제로서 기능할 수 있다고 본 것이다.

좀 더 구체적으로 말하면, 효는 현대 논리학에서 '일반 함축(general implication)', 즉 '$\prod_x (\phi x \supset \psi x)$' "모든 $x$에 대해서, 만약 $x$가 $\phi$이면, $x$는 $\psi$이다"'이다. 이 일반 함축이 사실이라면, 이 함축은 '$\phi x_k \supset \psi x_k$'의 특수 참명제를 포함한다(여기에서 $x_k$는 명제 함수 $\phi x$의 확장을 구성하는 것들 가운데에서 하나의 개체를 나타내는 인수이다): $[\prod_x (\phi x \supset \psi x)] \supset (\phi x_k \supset \psi x_k)$. 위의 식이 넓은 의미의 효라면, 위의 식의 왼쪽 부분은 좁은 의미의 효이고 오른쪽 부분은 왼쪽의 일반 함축, 즉 효에 의해 함축된 특수 명제이고, 이것을 『묵경』은 소효자(所效者)라고 한 것이다. 즉 효와 소효자는 각각 '전칭명제(all-statement)'와 '특수 명제(specialised or particular statement)'로 이해할 수 있다. 소효자는 위의 『묵경』 원문의 해석이 말하듯이, 바로 그것에 의해 효라는 규범이 성립되기에, 소효자로부터 효에로의 과정은 일종의 귀납적 과정이라고 할 수 있다.[94] 반면 효로부터 소효자에로의 관계는 연역적인 함축의 관계라고 할 수 있다.

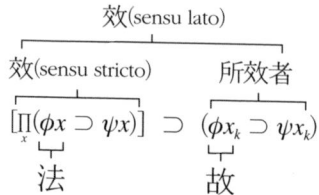

위의 그림[95]이 보여 주듯이 흐밀레브스키는 고와 법을 동일시하지 않는다. 왜냐하면 법은 일반적 함축 혹은 효(엄격한 의미의)의 부분을 형성하지만, 고는 효로부터 도출되는 구체화된 진술과 관련된다. 고는 법의 단지 특별한 경우이고, 법은 아마도 고(故, 소효자(所效者)에 관한보다는 (좁은 의미의) 효 전체와 불분명하게 (전체를 향한 부분으로) 동일시되었던 것 같다. 법은 주어진 결과를 함축하는 것으로 전건과 주로 관련이 된다. 효는 주어진 조건으로부터 필연적으로 도출되는 것으로 후건을 강조한다.[96]

(a) 臣請遂道王者諸侯強弱存亡之效 安危之埶 (b) 君賢者其國治,
(c) 君不能者其國亂 ; (d) 隆禮貴義者其國治, (e) 簡禮賤義者其國亂 ;
(f) 治者強, (g) 亂者弱, (h) 是強弱之本也。

위의 구절[97]에서 마스페로의 "실례에 의한 추론"이나 니덤(Jeseph Needham)의 "자연의 방법을 따르는 모델-사고"[98]나 잔젠펑(詹劍峰)의 '(그리스와 인도의 삼단논법에 비견할 만한) 추정된 삼단논법적 추론'[99]은 발견할 수 없다. 흐밀레브스키가 본 효의 묵가 논리는 이처럼 비삼단논법적 연역 체계이다. 위 구절은 엄격한 의미의 묵가 효 개념에 잘 대응한다. 실제로 (b)-(g)는 all-statement(or general implication)으로 논리적으로 분석될 수 있다.

보다 정교한 형식 논리를 사용한 실제 추론의 분석은 『묵자』「천지」편을 그 대상으로 삼는다.[100]


(1) (a) 天下有義則生, 無義則死 의로움이 있으면 살고, 의로움이 없으면 죽는다.

   (b) 有義則富, 無義則貧

   (c) 有義則治, 無義則亂。

(2) (a) 然則 天欲其生而惡其死

   (b) 欲其富而惡其貧

   (c) 欲其治而惡其亂

(3) 此我所以知 天欲義而惡不義也。


(1)은 다음처럼 논리적으로 표현할 수 있다.

(1) (a): $(\varphi a \supset \psi_1 a) \cdot (\varphi' a \supset \psi'_1 a)$

   (b): $(\varphi a \supset \psi_2 a) \cdot (\varphi' a \supset \psi'_2 a)$

   (c): $(\varphi a \supset \psi_3 a) \cdot (\varphi' a \supset \psi'_3 a)$


('there is righteousness': $\varphi$, '(there is) life': $\psi_1$, 'there is no righteousness': $\varphi'$, '(there is) richness': $\psi_2$, '(there is) poverty': $\psi'_2$, '(there is) order': $\psi_3$, '(there is) disorder: $\psi'_3$)

天下 = $a$　　(有)義 = $\varphi$　　　　生 = $\psi_1$　　　　　欲 = $\Phi$

天 = $b$　$\left.\begin{array}{l}\text{無義}\\\text{不義}\end{array}\right\} = \varphi'$　　死 ($\supset$ 無生) = $\psi'_1$　　惡 ($\supset$ 不欲) = $\Phi'$

　　　　　　　　　　　　富 = $\psi_2$

　　　　　　　　　　　　貧 ($\supset$ 無富) = $\psi'_2$

　　　　　　　　　　　　治 = $\psi_3$

　　　　　　　　　　　　亂 ($\supset$ 無治) = $\psi'_3$

앞서 나온 『묵자』「천지」편의 원문을 기호화하여 그 형식을 표시하면 다음과 같다.[101]

(1) (a) $(\varphi a \supset \psi_1 a) \cdot (\varphi' a \supset \psi'_1 a)$

　　(b) $(\varphi a \supset \psi_2 a) \cdot (\varphi' a \supset \psi'_2 a)$

　　(c) $(\varphi a \supset \psi_3 a) \cdot (\varphi' a \supset \psi'_3 a)$

(2) (a) $(b\ \Phi\ \psi_1 a) \cdot (b\ \Phi'\ \psi'_1 a)$

　　(b) $(b\ \Phi\ \psi_2 a) \cdot (b\ \Phi'\ \psi'_2 a)$

　　(c) $(b\ \Phi\ \psi_3 a) \cdot (b\ \Phi'\ \psi'_3 a)$

(3)　　$(b\ \Phi\ \varphi a) \cdot (b\ \Phi'\ \varphi' a)$


(1) (a) $\varphi a \equiv \psi_1 a$

　　(b) $\varphi a \equiv \psi_2 a$

　　(c) $\varphi a \equiv \psi_3 a$

(2) (a) $(b\ \Phi\ \psi_1 a) \cdot (b\ \Phi'\ \psi'_1 a)$

　　(b) $(b\ \Phi\ \psi_2 a) \cdot (b\ \Phi'\ \psi'_2 a)$

　　(c) $(b\ \Phi\ \psi_3 a) \cdot (b\ \Phi'\ \psi'_3 a)$

(3)　　(b Φ φ a) · (b Φ′ φ′a)

(1) a 〔((φ ⊃ ψ₁) · (φ′ ⊃ ψ₁′) · (φ ⊃ ψ₂) · (φ′ ⊃ ψ₂′) · (φ ⊃ ψ₃) · (φ′ ⇒ ψ₃′))〕
(2) b 〔(Φ ψ₁a) · (Φ′ ψ₁′a) · (Φ ψ₂a) · (Φ′ ψ₂′a) · (Φ ψ₃a) · (Φ′ ψ₃′a)〕
(3) b 〔(Φ φa) · (Φ′ φ′a)〕

## 언어철학

『묵경』에 대한 전통적 해석은 『묵경』이 정명 혹은 명실 관계의 문제에 대한 연구라는 것이다. 이러한 해석의 전통은 20세기 이래로 형식논리학과의 연관성 속에서 『묵경』이 논의된 이후 지금까지 지속되어, 『묵경』은 늘 중국 논리학의 이름 아래 논리학의 영역에서 다루어져 왔다. 『묵경』이 형식논리에 대한 것이 아니라는 지적은 본격적으로 그레이엄에 의해 이루어졌다. 앞서 말했듯이 그레이엄은 그의 저서 *Later Mohist Logic, Ethics and Science*에서 『묵경』에 등장하는 변(辯, 논변)은 두 가지 의미를 가지고 있는데, 진정한 변은 개념들 사이의 필연적 관계를 따지는 것과 언어와 세계를 연결시키는 것의 두 의미를 가지고 있다고 하였다. 그는 전자는 논리학, 후자는 기술학으로 정의했다. 그리고 전자는 변(辯)으로, 후자는 논(論)으로 표현할 수 있다고 하였다.[102] 그가 보기에 특별히 「소취」 편에서 보이는 변에 대한 언급이나, 변의 방법들 그리고 구체적인 변의 진행 상황 등은 기존의 해석들과는 달리 논리학보다는 기술학과 관련이 있었다. 그레이엄은 기존의 수많은 학자들이 『묵경』, 특히 「소취」편의 변을 삼단논법과 같은 형식논리학적 추론으로 보는 해석을 따르지 않고, 이를 비트겐슈타인이 『철학적 탐구(Philosophical Investigation)』나 라일(Gilbert Ryle)이 『정신의 개념(The Concept of Mind)』에서 수행한 것과 같은 비형식적 논증과 유사하다고 보았다.[103] 이것은 개념 간의 관계를 논하는 논증이 아니라, 언어와 세계와의 관계를 논하는 변증이라고 생각하였다. 그레이엄은 서양에서는 개념들 간의 논리를 따지는 논리학적 작업이 삼단논법과 같은 타당한 추론 형식을 논하는 방향으로 발전하였는데, 후기 묵가에서는 전혀 이러한 전환이 이루어지지 않았다고 보았다. 그는 사실 과학과 논리학에 있어서 형식적 절차가 반드시 필요한 것은 아님을 후기 묵가를 예로 들어서 설명하고 있으며, 서구에서 과학혁명이나 근대적 사고의 발전이 그런 형식적 절차를 거치면서 발전한 것은 어떤 필연성이 있었던 것이 아니고, 전적으로 우연적인 것이라고 보았다.[104] 다시 말해 얼마든지 『묵경』의 경우처럼 개념들 간의 필연적 관계를 다지면서도, 형식적 추론의 형식화의 길로 가지 않을 수도 있다는 것이다.

한센(Chad Hansen)은 고대 중국에는 '이름의 묶음(a string of names)'과 구분되는 별도의 '문장(sentence)' 개념이 없었으며, 이에 따라 문장과 세계의 대응에서 비롯하는 '진리(truth)' 개념도 부재하다고 하였다. 한센이 보기에 고대 중국인에게 있어서, 언어는 세계를 기술한다기보다는 행동을 규제하는 것이었다. 이것은 단순히 『묵경』의 저자인 후기 묵가의 경우에만 그러한 것이 아니고, 주류 사상가들이었던 유가와 도가의 사상가들 역시 널리 받아들인 언어관이었다. 이러한 규제적 언어관하에서 그리고 문장이 아니라 이름이나 명사를 언어의 기본 단위로 생각하는 고대 중국인들에게 언어는 기본적으로 세상을 분할하고 차별화하는 것이었다. 이러한 언어관을 가진 『묵경』의 저자들에게 명제들 사이의 필연적 추론의 과정은 관심 영역이 아니었다. 나아가 한센은 「소취」 편의 후기 묵가는 도가를 따라 언어 회의주의의 길로 들어선다고 해석하였다.[105]

프레이저는 한센의 명사 중심주의와 '진리의 부재' 개념을 받아들이고서, 후기 묵가에게 있어 지식과 이해는 사물들을 정확하게 구별하고 명명하는 능력으로, 판단은 사물들을 '같은' 것으로 묶거나 '다른' 것으로 구별하는 행위로 보았다고 하였다. 이를 바탕으로 '변(argumentation)'은 두 사물들이 같은지 같지 않은지를, 혹은 어떤 것이 하나의 특정한 유(類)에 속하는지 속하지 않는지를 판별해 내는 과정이라고 여겨진다. 이와 같은 배경은 묵가의 논리적 탐구가 유비적 추론(analogical reasoning)에 집중하며, 연역 추리와 같은 형식논리학을 탐구하지 않았다는 것을 보여 준다. 후기 묵가 텍스트 속에서 특정 버전의 배중률이나 모순율이 사용되고는 있으나, 그러한 논리학적 개념 중 그 무엇도 그들의 탐구 중심이 아니었고, 또 체계적으로 다루어지지도 않았다고 하였다. 이는 프레이저가 철저히 명실론 혹은 언어철학의 입장에서 후기 묵가의 변을 바라보려 했다는 것을 보여 준다.[106]

기니도 『묵경』이 논리학에 대한 것이 아니라고 생각한다. 그는 기본적으로 논리란 "명제들 간의 구조적 추론 패턴을 평가하는 것"이라고 보는데, 『묵경』이나 『순자』 「정명」 편이 쓰인 당시의 중국에는 명제나 문장에 대한 분명한 개념이 없었다고 본다. 명(名)과 구분되는 사(辭)는 그저 문구(phrase)를 가리키는 것이었다.[107] 심지어 흔히 용어의 정의를 제공하는 것처럼 여겨졌던 『묵경』의 경과 경설들도 어떤 본질을 가리키는 정의를 제공하기 위한 것이라기보다는 그저 연상 관계들을 제안하는 것이다. 그것들은 마치 『이아(爾雅)』와 마찬가지로 특정한 목적을 수행하기 위한 용어들의 사용 지침을 제공한다.[108] 기니의 입장은 『묵경』이 형식적 구조가 아니라 사회적 소통—음성, 대화 그리고 동기부여 된 연설—으로 가장 잘 이해된 언어에 대한 문헌이라는 것이다.[109]

명과 실의 화용론적 대응 관계는 '이명거실[以名擧實, 명(名)으로 실(實)을 가리키고], 이사서의[以辭抒意, 사(辭)로 의(意)를 나타내고], 이설출고[以說出故, 설(說)로 고(故)를 드러낸다]'[110]라는 말로 표현된다. 이것들은 종래에 서구 논리학의 범주인 개념론, 판단론, 추리론을 각각 함축하는 것으로 해석되어 왔으나(이 해석은 량치차오를 시작으로 거의 모든 학자가 따르고 있다)[111] '명사들의 묶음'과 '문장' 사이의 구분도 뚜렷했다고 볼 수 없는 고대 언어 이론에서 명사(term), 문장(sentence), 논증(argument) 사이의 구분을 선제하는 개념론, 판단론, 추리론의 구분이 이루어졌다고 보기는 힘들 것이다. 예컨대 사(辭)를 '명을 단순히 연결시킨 것(複名)'과 구별 지어 문장이라고 해석하는 그레이엄과는 달리 한센은 고대 중국에 '문장'과 '문장이 아닌 단어들의 묶음' 사이의 구별이 분명하지 않았다고 주장한다. 그는 이러한 생각을 중국에는 문장이나 진리라는 개념이 없었다고 표현하는데, 그것은 문장의 구성 요소에 대한 이론이나 진리에 대한 이론이 고대 중국에는 없었다는 뜻이다.[112] 이것은 어디까지나 명(名)을 사용해서 실(實)을 드러내는 과정에서 발생하는 명명(命名)의 문제(以名擧實), 발화자의 의도 전달 문제(以辭抒意), 일차적 의도 전달이 실패했을 때 부연해서 표현하는 방법(以說出故)을 말한 것이라고 보는 것이 타당하다. 이러한 해석이 필요한 이유는 『묵경』의 영향을 강하게 받은 『순자』의 「정명」에 '명명하는 것(命)', '명을 덧붙이는 것(期)', '설명을 제시하는 것(說)', '분별을 하는 것(辯)'이 발화자의 이해를 돕기 위해 연차적으로 취할 수 있는 방법임이 지적되고 있을 뿐만 아니라, 보다 직접적으로는 『묵경』과 똑같이 명(名), 사(辭), 변설(辯說)이 이런 맥락에서 언급되기 때문이다.[113] 이른바 『묵자』「소취」에 나오는 변(辯)의 일곱 가지 방법도 이러한 의미 전달의 맥락에서 해석해야 한다.[114] 오하마 아키라(大濱晧)가 명과 실의 관계는 형식논리 법칙이 아니라 인식론적으로 접근한 것이라고 말한 것도 이러한 맥락에서 이해될 수 있다.[115]

이렇게 우리가 화용론을 후기 묵가에 적용하면, 이명거실(以名擧實)에서의 실(實)도 단순히 구체적인 물질적 대상을 가리키는 것이 아니라, 지향적 대상을 의미하는 것이라고 보아야 한다. 즉, 실은 명사나 문장이 직접 지시하는 대상이 아니라, 명사나 문장을 가지고 우리가 말하려는 의도로 볼 수 있다. 따라서 실은 고정되어 있는 것이 아니고, 끊임없이 상황에 따라 달라지는 것이다. 이렇게 보아야지 '이명거실', '이사서의', '이설출고'의 구절들이 연이어서 제시되는 까닭을 알 수 있고, 후기 묵가가 왜 누누이 겉으로 드러나는 말의 표현 형식이 중요한 것이 아니라, 그 말이 어디에 속해 있는지, 그것이 어떤 의도를 가지고 나왔는지를 맥락적으로 따져 보는 것이 중요하다고 말했는지 이해할 수 있다.

(사물이) 그러한 데에는 그러한 까닭이 있다. 그러하다는 것은 같지만,

그 소이연은 반드시 같은 것은 아니다. 어떤 것을 취할 때는 취하는 바의 까닭이 있다. 취하는 것은 같지만, 그 취하는 까닭은 반드시 같은 것이 아니다. … 따라서 말은 여러 가지 방식(方), 다양한 종류(類), 상이한 이유(故)를 가지므로 한쪽만을 보아서는 안 된다.[116]

『묵경』이 시도한 말의 의미에 대한 분석에 따르면, 말의 의미는 그 말을 하게 된 이유(故), 그 말이 성립할 수 있는 객관적 기준(法), 또 그 기준과의 유사성(類)을 따져 보아야 알 수 있다. 이런 것들이 종합적으로 파악되어야지, 그 말의 진정한 의미를 알 수가 있고, 결국 그 말에 잘 대응할 수 있다. 언어란 이처럼 여러 가지 상황을 따라 다양한 의미를 띠고 나타난다. 말의 의미는 이처럼 상황 맥락적이기에, 후기 묵가는 문장의 형식만을 보고, 그 의미를 파악할 수는 없다고 보았던 것이다. 이른바 추론에 대한 이론으로 해석되어 온 「소취」의 "夫物或乃是而然 或是而不然 或一周而一不周 或一是而一不是也〔무릇 물(物)이란 이것이어서 그러하고, 혹 이것이지만 그러하지 않고, 혹 한 번은 두루하지만 한 번은 두루하지 않고, 혹 한 번은 이것이지만 한 번은 이것이 아니다〕라는 구절은 말이란 맥락적으로 의미가 정해짐을 나타내는 도식으로 보아야지 추론의 법칙을 확립하기 위한 도식으로 보아서는 안 된다는 뜻이다.

여기서 우리는 묵가와 도가와의 유사성을 확인할 수 있다. 도가에는 우리의 지식은 실(實)에 대한 지식이어야 한다는 것, 명은 실을 고정화하는데 반해, 실은 항상 유동적인 것이라는 등 언어와 사물에 대한 믿음들이 있는데, 이것들은 위에서 말한 묵가의 견해와 상당히 유사하다. 그런데 바로 이 지점에서 도가는 언어 회의주의의 길로 들어선다. 한마디로 언어로는 도저히 실의 이해에 다가갈 수 없다는 길로 나아가는 것이다. 하지만 묵가는 기본적으로 실이란 우리가 쉽게 그 진상에 도달할 수 있다는 것, 언어란 바로 이런 실에 대한 지식을 바탕으로 삼아야 한다는 것, 우리가 언어에 대해 주의만 기울인다면 얼마든지 합의에 이룰 수 있다는 것 등을 믿었으며, 바로 이런 합리적 믿음들을 바탕으로 명에 대한 적극적 탐색의 길로 나아가게되었다. 한센은 이와 달리 후기 묵가도 도가를 따라 언어 회의주의 길로 들어선다고 해석한다.[117] 그의 이런 해석은 후기 묵가에 있어서도 여전히 방점은 명보다는 실에 있었으며, 그들은 도가처럼 실의 우연성을 표현하기에 명은 한계가 있을 수밖에 없음을 인정했다고 보는 것이다. 이는 후기 묵가가 처음의 자신들의 기획을 포기했음을 보여 주는 해석이다.

## 통합적 해석

그레이엄은 『묵경』에서 개념 간의 필연적 관계에서 성립하는 명지(名知)와 세계를 적절히 기술하는 데서 성립하는 합지(合知)가 구분된다고 하였다. 명지와 합지의 구분은 그레이엄에게는 매우 뚜렷하다고 할 수 있다. 명지는 필연성(必)을 띤 명 혹은 개념 간의 관계에 대한 지식이고, 합지는 우연적 적절성(宜)을 띤 명과 실의 관계에 대한 지식이다. 서구의 학문 분류에 비춰 보면, 명지는 논리학에 속한다고 할 수 있고, 합지는 의미론에 해당한다고 볼 수 있다. 그레이엄은 명지를 어느 정도 논리학으로 보는 입장이지만, 합지와는 달리 명지는 형식화의 길로 가지는 않았다고 본다. 그레이엄은 명지가 형식화의 길에 들어서야 비로소 형식논리학이 성립할 수 있다고 생각했던 것 같다.

하지만 나는 명지든 합지든 형식화의 길에 들어서지 않고도 형식논리학에 대한 탐구로 볼 수 있다고 생각한다. 나에게 있어, 어떤 활동이 형식논리학적 관점에서 접근 가능하면 그것은 형식논리학에 대한 탐구로 볼 수 있기 때문이다. 이런 점에서 명지와 합지는 둘 다 형식논리학에 대한 탐구로 볼 수 있다. 명지도 형식논리학적으로 접근할 수 있고, 합지도 그러할 수 있기 때문이다. 물론 명지를 형식논리학적으로 접근한다고 해서, 명지 체계가 형식논리학의 성립을 그대로 보여 주는 것은 아니다. 형식논리학은 그저 명지 체계의 하나의 발전 방향일 수 있다. 그레이엄의 말대로 『묵경』에서는 명지의 영역이 충분히 형식화의 길로 가지는 않았다. 『묵경』이 아직 형식화의 체계를 보여 주지 않는다는 의미가 『묵경』이 기본적으로 언어철학에 대한 논의라는 입장이라면 우리는 얼마든지 이에 동의할 수 있다. 하지만 『묵경』이 아직 형식화를 보여 주지 않았기에 이는 형식논리학으로는 접근할 수 없으며, 따라서 『묵경』은 언어철학에 대한 논의라는 입장을 받아들여야 한다고 주장한다면 나는 이에 동의할 수 없다. 어떤 행동이나 활동이 특정한 의도하에 어떤 방향으로 진행되었다고 하더라도, 그것을 우리 식으로 평가하지 못할 이유는 없기 때문이다. 경과 경설보다 비교적 더욱 언어철학적 논의처럼 보이는 「소취」편을, 이병욱이 복수형 바버러에 입각해 해석하는 데 성공했다는 사실은 이 점을 잘 보여 준다. 또한 이병욱의 시도가 가능하다는 사실은 또한 언어철학적 접근 방식과 형식논리학적 접근 방식이 서로 양립 가능함을 보여 주는 것이다.

그레이엄의 명지와 합지의 구분이 타당하지 않은 것은 아니다. 우리는 얼마든지 개념 간의 필연적 관계와 명실 간의 우연적 관계를 구분할 수 있다.

그레이엄이 후기 묵가의 논리학에 부여하는 증명의 모형은 정의 (definitions)와 공리 (axioms)로부터 정리나 이론으로 나아가는 다음과 같은 모형이다.

> 한 원의 지름을 밑변으로 삼고, 그 원의 원주상에 꼭짓점이 놓여 있는 삼각형에서, 그 꼭짓점에서 밑변의 중심을 연결한다면 그 삼각형은 두 개의 이등변삼각형으로 나누어진다. 왜냐하면 원주상의 어느 점으로부터도 원 중심까지의 거리가 같다는 (원의) 정의 때문이다. 또한 이등변삼각형은 두 변의 길이가 같은 삼각형이다.[118]

원의 지름을 밑변으로 하고, 원주상의 점들을 세 꼭짓점으로 하는 삼각형에서, 하나의 꼭짓점에서 밑변의 중앙을 잇는 선을 그을 경우, 이 삼각형으로부터 두 개의 이등변삼각형이 생겨난다는 것을 증명하는 과정에서, 원의 정의(定義)는 핵심적 역할을 한다. 어떠한 경험적인 것에 대한 언급도 없이 이루어지는 이 증명 과정의 필연성 때문에 플라톤과 아리스토텔레스는 이러한 필연적인 증명의 지식을 지식의 전범처럼 생각하였다. 이것은 기본적으로 오류의 가능성이 있는 감각적 대상에 대한 지식이 아니라, 영구불변의 '형상 (forms)'에 대한 지식이다.

그레이엄은 기본적으로 이러한 서구의 증명 모형을 의식하여 후기 묵가의 추론학을 구성해 낸다. 그에 따르면 후기 묵가는 그 당시의 다른 학파와 마찬가지로 시간에 따른 상황의 변화 속에서도 요동치지 않는 지식을 구하는 문제에 관심을 가졌다. 항구적인 지식을 구했다는 것이다. 후기 묵가는 빠른 사회 변동 속에서 단순한 과거의 권위는 더 이상 행동의 지표가 될 수 없음을 의식했다. 예컨대, 그들은 요임금이 과거에는 성인이었지만 오늘날에도 성인일 수 있을까 하는 질문을 던진다.[119] 도가가 새로운 시대에 맞춰 지식이 바뀌는 것을 불가피한 것으로 받아들여 그에 적응하려 하였다면, 유가는 그러한 지식의 변동을 받아들이지 못하고 우려하였다. 그레이엄이 보기에, 묵가는 이러한 시대의 흐름 가운데에서 논리적 장치를 통해 시간이 변해도, 혹은 상황이 변해도 불변하는 필연적 지식을 추구하였다고 한다.[120] 이 과정에서 묵가가 발견한 개념들이 바로 필(必, necessity(필연성))과 선지(先知, a priori knowledge(경험 독립적 지식))이라는 것이다.

물론 필연적 지식에 명지(名知)만 있는 것은 아니다. 실지(實知)도 필연적 지식이다. 그레이엄에 따르면, 묵가는 사물에 대한 지식과 이름에 대한 지식들, 즉 인과관계와 논리 관계에 기반한 지식들의 필연적 관계를 나타내는 데에는 필(必)이라는 말을 썼고, 사물과 이름을 연결하는 지식과 행위에 대한 지식에서 보이는 임시적 관계를 나타내는 데에는 지(止)라는 용어를 사용했다고 한다. 선지와 관련하여 그레이엄이 강조하는 필(必)은 주로 'x'와 'non-x'의(와 같이) 이름의 모순 관계에서 발생하는 논리적 필연성이다.[121] 여기서는 논리와 관련해서 필연성과 경험 독립적 지식이라고 불리는 지식에 집중해서 살펴보자. 그레이엄의 정의에 따르면 선지는 '경험적으로 관찰함이 없이 경험 독립적으로(a priori) 어떤 것을 아는 것'이다.[122]

묵가에 있어서 선지의 예는 무엇보다도 (우리와 대상을 차단하는 것으로서의 상징인) 성(城), 즉 성벽 밖에 있는 것에 대해, 혹은 방 안에 있는 것에 대해, 그것에 대한 이름으로부터 그것을 아는 것을 의미한다.[123] 예컨대, 그레이엄은 성벽 건너편에 있는, 혹은 방 안에 있는 어떤 물체가 환(圜)이라면 우리는 그로부터 경험 독립적으로, 즉 원의 개념(意)으로부터 많은 것을 도출해 낼 수 있다는 것이다. 선지는 여기서 설지(說知)와 같은 의미로 받아들여진다.

그레이엄은 후기 묵가가 자신들의 주요 주장 흔히들 '묵자십사(墨子十事)'[124]라고 하는 주장들을 옹호하기 위해 중요 개념의 정의를 확정 지으려 했고, 이러한 개념들 간의 포섭 관계 혹은 배제 관계로부터 자신들의 주장의 필연성을 확보하려 했다고 보았다. 그레이엄이 엄밀한 증명의 예로 드는 다음의 경과 경설의 예를 보자.

174 (경하) 〔묵가의 주장: 무궁(無窮, 끝이 없음)하다는 것이 겸(兼, 두루 함)과 상충되지 않는다. 설명은 채워지느냐 채워지지 않느냐에 있다.〕

(경설하) 〔비판자: 남쪽이 유궁(有窮, 끝이 있음)하다면 진(盡, 남김 없이 다함)할 수 있다. 무궁(無窮)하다면 진(盡)할 수 없다. 유궁한지 무궁한지 아직 알 수 없다면 할 수 있는지, 진할 수 없는지 아직 알 수 없고, 사람들이 그것을 채울지 채우지 못할지 아직 알 수 없고, 사람들이 진할 수 있을지 진할 수 없을지도 또한 아직 알 수 없는데, 필연적으로 사람들이 진하게 사랑할 수 있다는 것은 오류이다.〕

〔묵가: 사람들이 무궁을 채우지 않으면 사람들은 유궁이니 유궁을 진

하는 것에는 어려움이 없다. 무궁을 채운다면 무궁은 진하게 되니 무궁을 진하는 것에는 어려움이 없다.]<sup>125</sup>

이 논증은 묵가의 중심 주장 중의 하나인 겸애(兼愛)의 가능성이 확고한 것이 아니라는 비판자의 논증에 대해 후기 묵가가 나름의 논증을 통해 겸애의 가능성을 확고히 하려는 시도에서 등장한다. 그레이엄은 위의 논증이 경험에 의존하지 않고, 『묵경』의 다른 곳에서 이루어진 궁(窮), 영(盈), 진(盡), 지(知), 필(必)[126] 등의 개념 정의에만 의존하고 있으며, 따라서 이것은 엄격한 개념 정의와 그러한 정의에서 생겨난 개념 간의 필연적 관계가 증명의 과정에서 일정한 역할을 하고 있다고 보았다. 그러나 내가 보기에 이것은 예컨대, 당시의 명가와 같은 변자들에게서는 흔히 볼 수 있었던 일종의 양도논법(dilemma)이다.

유수(洧水)의 물이 엄청 크게 불어나는 바람에 정나라의 부잣집 하인 중에 물에 빠져 죽은 사람이 있었다. 어떤 사람이 그 시체를 건졌는데, 부잣집 하인이 돈을 주고 찾겠다고 요청하였더니, 그 사람이 요구하는 돈이 너무 많아서 등석에게 이 일을 이야기하였다. 그러자 등석이 "편안하게 생각하시오. 그 사람은 결코 아무 데에도 시체를 팔 곳이 없을 것이오"라고 대답하였다. 이번에는 시체를 건진 사람이 걱정을 하다가 이 일을 등석에게 이야기하였다. 그러자 등석이 다시 대답하기를 "편안히 여기시오. 이 시체는 결코 달리 살 데가 없을 것이오"라고 하였다.[127]

위에서 보는 것처럼 묵가가 사용하는 양도논법은 결코 엄격한 정의에 의존할 필요가 없는 추리이다. 그것은 일반적 양도논법의 개념이 그러한 것처럼 설득의 대상인 상대에게 두 가지 가능한 상황을 주고, 그로부터 하나를 선택하게 하는데, 그 어느 선택을 통해서도 만족스럽지 않은 결과가 나오게 함으로써 상대를 설득하는 일상적인 논증 방식이다.[128] 다시 말해, 설사 궁(窮), 영(盈), 진(盡), 지(知), 필(必)의 개념이 엄격하게 정의되지 않았다 하더라도 겸애를 긍정하기 위한 후기 묵가의 양도논법은 가능하였을 것 같다. 물론 그레이엄은 단순히 이러한 엄격한 논증뿐만이 아니고, 정의되지 않은 원초적 용어로부터 정의를 이끌어 내는(deduce) 체계를 묵가의 경험 독립적 체계라고 생각했던 것 같다. 이것은 특히 기하학적 개념들과 윤리적 개념들의 체계의 경우에 그렇다고 한다.

· 경험 독립적 기하학 체계

盡. 그와 같지 않음(不然)이 없는 것이다. (A43)

直. 함께 정렬되어 있는 것이다. (A57)

同長. 정렬했을 때 서로 다(盡)하는 것이다. (A53)

中. (그 지점으로부터) 길이가 같음(同長)이다. (A54)

圜. 하나의 가운데 점(中)으로부터 길이가 같음(同長)이다. (A58)

· 경험 독립적 윤리학 체계

欲. 즉각적으로, 이익을 계산함: …하려고 함(A84)

惡. 즉각적으로, 손해를 계산함. (A84)

利. 얻어서 기쁜 것이다. (A26)

害. 얻어서 싫은(惡) 것이다. (A27)

體. 전체(兼)의 한 부분이다. (A2)

爲. 모든 것을 다 고려했을 때, 욕(欲)과 관련해서 가장 관심을 두는 것이다. (A75)

仁. 체(體, 부분)에 관심을 갖는 것이다. (A7)

義. 이(利)롭게 해 주는 것이다. (A8)

孝. 부모를 이(利)롭게 해 주는 것이다. (A13)

위에서처럼 그레이엄은 약(若) 혹은 연(然)으로부터 환(圜)의 정의를 도출하는 묵가의 논증 과정은 유클리드 기하학의 논증 체계에 비견될 수 있다고 보았다. 혹은 욕(欲)이나 오(惡)로부터 이(利)와 해(害)를 거쳐 인(仁)이나 의(義) 혹은 효(孝)와 같은 덕의 윤리적 개념들을 끌어내는 경험 독립적 윤리 체계를 묵가가 만들었다고 보았다. 그러나 유클리드의 기하학에서의 증명은 단순한 정의들로부터 좀 더 복잡한 정의나 공리 체계로 도달하는 과정을 가리키거나 어떤 일련의 정의들이 상호 체계적 관계로 연결되어 있는 상황을 보여 주는 것이 아니다. 그것은 일단 가정된 정의나 공리로부터 어떻게 그다음 단계인 정리나 이론으로 나아갈 수 있는지를 문제 삼는 것이다. 위와 같은 일련의 경과 경설의 모임들로부터 우리는, 환이나 인, 의, 효의 개념들이 약, 연, 진, 혹은 욕이나 오와 같은 개념들과 상호 참조의 체계적 관계를 형성하고 있다는 것을 확인할 수 있을 뿐, 약이나 진으로부터 환의 개념을, 혹은 욕이나 오의 개념들로부터 인, 의, 효의 개념을 연역해 낼 수 있다는 것까지 확인할 수 있는 건 아니다. 이런 점에서 그레이엄이 그리는 기하학적 개념이나 윤리적 개념의 이른바 경험 독립적 체계의 수립은 서구의 엄격한 논증 과정과는 차이가 있는 것 같다. 게다가 위의 기하학과 윤리학의 정의 체계들을 그레이엄은 경험 독립적이라고 주장하는데, 위의 윤리학 체계에서 욕이나 오, 이와 해 같은 개념들이 과연 경험적인 것에 의존하지 않고, 성립될 수 있는지 의심스럽다.

『묵경』의 작업이 중요 개념이나 판단에 대한 설명 작업이고, 이러한 설명 작업들을 통해 묵가의 과학적, 윤리적 주장들을 옹호하려 하였다는 것은 분명한 것 같다. 위의 일련의 기하학적 개념들에 대한 설명이나 일련의 윤리학적 개념들에 대한 설명이 이러한 점을 잘 보여 준다. 그러나 이때 제시된 설명 작업이 서구의 정의 작업에서처럼 존재 사물들의 엄격한 존재 위격을 가정하는 유(類)와 종차(種差)의 방법이나 사물의 인과관계 혹은 사건의 내적 구조나 법칙적 관계에 의존하는 것이 아님은 분명하다.

(경하) 가격이 적당하면 팔린다. 설명은 (팔리지 않을 까닭이) 없어졌기 때문에 있다.

(경설하) 다 없어졌다는 것은 그것이 팔리지 않을 까닭을 다 없앴다는 것이다. 그것이 팔리지 않을 까닭이 없어지면 팔린다. 그것이 가격이다. 적당하고 적당하지 않음이 원하고 원하지 않음을 제어한다. 마치 망한 나라에서 아내와 첩, 사식들을 팔아 (연명함)과 같다.[129]

가격이 적당한 그 물건이 왜 팔렸냐는 문제에 대해 '팔리지 않을 까닭이 없어졌다'라는 묵가의 대답은 묵가가 추구하는 원인이나 이유가 서구의 그것과는 다르다는 것을 보여 준다. 여기서 알 수 있는 사실은 '가격의 적당함'이라는 개념이 바로 '팔리지 않을 까닭이 없음'이나 '반드시 팔려져야 함'의 의미를 함축한다는 것이다. 이러한 묵가의 추리로부터 우리는 후기 묵가의 개념 정의 방식이 서구와 같이 그렇게 분석적이거나 환원적이지 않음을 알 수 있다. 이것이 분석적이거나 환원적이려면 적어도 '팔리지 않을 까닭이 없다'라는 개념이 '가격이 적당한 물건'과 '그것이 팔린다'를 매개해 주는 역할을 해야 하는데, 사실상 그것은 '가격의 적당함'이나 '팔린다'라는 것과 동일한 의미를 담고 있는 것처럼 보인다. 이를 통해 우리는 후기 묵가가 현상을 이해함에 있어서, 그것보다 더 본질적인, 혹은 더 기본적인 것으로부터 현상을 이끌어 내는 방식을 사용하지 않고, 단지 그 현상의 반복을 통해 혹은 부연 설명을 통해 그 현상을 이해하는 방식을 사용한다는 것을 알 수 있다.[130] 이러한 동어반복적인, 혹은 부연적인 정의 방식은 동아시아의 정의 방식이라 할 수 있는 일종의 규정적 정의론과 밀접히 관련된다.

 사물이나 사건의 이유나 원인은 통상적으로 그것들의 개념적 정의(定義)를 위한 요소들이다. 사물이나 사건의 이상적 정의를 그것들의 필요충분조건이라고 할 때, 사물이나 사건의 이유와 원인은 그것이 성립하기 위한 필요충분조건이거나 혹은 적어도 필요조건이다. 후기 묵가가 1「경상」,「경설상」에서 이유와 원인을 뜻하는 고(故)를 필요조건(小故) 내지 필요충분조건(大故)으로 기술해 놓고서도 정말 뚜렷하게 그에 해당하는 이유와 원인을 경과 경설 전반에 걸쳐 내놓지 못하는 이유는 후기 묵가의 정의가 다분히 규정적이기 때문이다.『묵경』안에서 지식(知)과 착각은 특정 기준에 의해서 구분되는 게 아니라 그저 규정적으로만 분별된다. 진정한 변(辯)과 그저 싸움에 불과한 다툼도 어떤 본질적 차이에 의해 나뉘어지는 게 아니라 규정적으로 나뉜다.

> 지(知)란 우리가 인식하는 수단이고, (이를 통해) 반드시 알게 된다.[131]

> 변(辯)에 승리가 없다고 하는 것은 부당하다. 설명은 변(辯)의 개념에 있다.[132]

이러한 규정적 정의는 아마도 동아시아의 정명론(正名論)이 표방하는 정의관(定義觀)일 것이다. 그레이엄은 정명론이 규범과 사실의 구분을 무너뜨리는 작전 중의 하나라고 보았다. 서구에서는 정의(定義)를 주로 사실에 관한 기술의 차원에서 행하는데 동아시아, 특히 유가에서는 정의를 기술적 차원만이 아니고, 규정적 차원을 동시에 가지고 사용한다는 것이다. 이것은 의도적인 가치 판단을 깔고 있다. 그리하여 '아버지는 자애로워야 한다' 대신에 '아버지는 자애롭다'로 아버지를 규정하고, 나아가 자애롭지 않은 아버지는 아버지가 아니라는 식으로 진행된다고 한다.[133]

그렇다면 이러한 규정적 정의(定義)는 어떻게 이루어지는가? 『묵경』에서 개념은 기준의 하나이다. 기준은 "이와 같으면 그렇다고 할 수 있는 것이다(法 所若而然也)"[134]로 정의되고, 원이라는 기하학적 대상의 경우 기준은 '원의 영상(意)', '컴퍼스(規)', 그리고 '구체적 원(員)'의 세 가지가 제시된다. '(원의) 意'를 '(원의) 개념'이라기보다 '(원의) 영상'이라고 본 이유는 후기 묵가에게서 개념적이고, 추상적 대상을 발견하기 힘들기 때문이다.

171 (경하) 알지 못하는 것이 이미 아는 것과 같다고 들으면 그 두 가지를 다 아는 것이다. 설명은 말해 주는 데 있다.

(경설하) 바깥에 있는 것은 아는 것이고, 방 안에 있는 것은 알지 못한다. 어떤 사람이 말하기를 방안에 있는 것의 색은 이것의 색과 같다고 한다. 그러면 네가 알지 못하는 것은 네가 이미 알고 있는 것과 같게 된다. 이것은 마치 흰 것인가 검은 것인가 중에서 누가 이기는가의 상황과 같다. 이것이 그것의 색과 같고, 흰 것과 같으면 (이것은) 반드시 희다. 이제 그것의 색이 흰 것과 같다는 것을 알게 됐으므로 그것이 희다는 것을 안다. 이름은 알지 못하는 것을 밝게 정하는 것이지, 알지 못하는 것으로 밝게 아는 것을 의심스럽게 하는 것이 아니다. 마치 자로 알지 못하는 길이를 재는 것과 같다. 밖에 있는 것은 직접 아는 것이고, 방 안에 있는 것은 설명으로 아는 것이다.[135]

위의 경과 경설에서 보듯이 후기 묵가가 보기에 지식은 기본적으로 경험적인 것에서 유래한다. 친지(親知)는 물론이고 설지(說知)도 경험적인 것을 기반으로 성립한다. 후기 묵가는 어떤 의미에서건 경험적 인식의 경우에 있어서, 경험에 앞선, 혹은 그 경험을 근거지우는 어떤 선험적 형식을 말하지 않았다. 선지가 경험을 필요로 하지 않는 지식임에도 경험적 지식의 성립에는 어떤 역할을 하지 않기에, 선지는 그 중요성에도 불구하고 경험적 지식보다 더 확실하다거나, 더 본질적이라는 평가를 받지 않는다. 그것은 어디까지나 이차적 지식이다. 일종의 소박한 실재론을 표방하는 셈이다. 그러므로 그레이엄이 선지를 '선험적 지식(transcendental knowledge)'

이라기보다 '경험 독립적 지식(a priori knowledge)'으로 표현하는 것은 어느 정도 이해가 간다.[136]

친지의 경우, 처음 어떤 영상을 성립시키자면 사물, 빛, 그리고 우리의 오관과 지성을 필요로 한다.[137] 우리의 지성은 생각(慮)[138]과는 달리 오류가 있을 수 없다. 그것은 마치 (바른) 시각이 흘겨봄(睨)과는 달리 우리에게 제대로 된 인식을 주는 것과 같다. 지성은 제대로 작동이 되는 한 필연적 지식을 산출한다.[139] 착각이나 잘못된 경험 인식은 진정한 인식이 아니라고 단순히 주장함으로써 경험적 지식의 오류 가능성을 배제시킨다. 친지의 진정한 지식은 그것이 지식인 한, 즉 개념상 잘못될 수가 없다.[140] 그것은 반드시 그 사물에 대한 정보를 주어야 한다.[141] 이렇게 보았을 때, 설지의 필연성은 친지의 필연성을 그대로 이어받는 것이다. 서로 함축하고, 배제하는 것을 통해 성립하는 설지의 필연성은 친지의 필연성이 보장받았을 경우에만 성립할 수 있다. 후기 묵가에서 선지, 즉 설지는 '경험을 가능하게 하는 경험'보다 더 근본적인 선험의 의미를 함유할 수 없다. 설지보다는 오히려 친지가 더 근본적이다. 그레이엄이 말하는 개념의 상관관계에 입각한 필연적 지식은 '언어의 의미 규칙들이라는 전제하에서 기본적으로 결정되는'[142] 사태에 대한 진리들로 이것이 꼭 선험적 진리이거나 분석적 진리일 필요가 없다. 오히려 설지의 필연성은 바로 친지의 필연성이고, 이는 경험적 필연성이다.

후기 묵가의 추론이 형식적 타당성을 찾는 것이 아님은 물론이고, 개념적 함축 관계에 의한 비형식적 추론도 아니라는 점은 『묵경』「소취」편의 몇 가지 추론 형태로부터 알 수 있다.

무릇 사물은 혹 이것이면 그러하다. 혹 이것인데 그러하지 않다. 혹 한 번은 두루 하는데 한 번은 두루 하지 않는다. 혹 한 번은 이것이고, 한 번은 이것이 아니다. … 흰말은 말이다. 흰 말을 타는 것은 말을 타는 것이다. … 이것은 곧 이것이면 그러하다의 것이다. 획의 아버지 (부모)는 사람이다. 획이 그 아버지를 섬김은 남편을 섬김이 아니다. … 이것은 곧 이것인데 그러하지 않는 것이다. … 닭을 싸우게 하는 것은 닭이 아니다. 닭을 싸우게 하기 좋아함은 닭을 좋아함이다. … 이것은 곧 이것이 아닌데 그러함의 것이다. … .[143]

'흰 말은 말이다(白馬馬也)'와 '획의 아버지는 사람이다(獲之親人也)'는 문장의 형태상 유사하다. 그러나 '흰 말은 말이다(白馬馬也)'로부터 '흰 말을 타는 것은 말을 타는 것이다(乘白馬乘馬也)'로 진행할 수 있지만, '획의 아버지는 사람이다(獲之親人也)'에서 '획이 그 아버지를 섬김은 남편을 섬기는 것이다(獲事其親事人也)'로는 진행될 수 없다. 이것은 형태의 유사성으로부터 추론이 불가능함을 말하는 것이다. 따라서 묵가가 이곳에서 '시이연(是而然)', '시이불연(是而不然)', '불시이연(不是而然)'과 같은 몇 가지 형식화를 시도한 것은 결코 추론의 형식적 타당성을 위한 것이 아님을 알 수 있다.

그러면 이것은 특정 개념의 함축에 따른 추론의 필요성을 말한 것인가? 후기 묵가는 물론 이런 길을 갈 수도 있었다. 왜 '백마마야(白馬馬也)'와 '획지친인야(獲之親人也)'는 그 형태의 유사성에도 불구하고, 다른 길로 진행했는가? 그것은 아마도 일반적 사람을 의미하였던 인(人)이라는 개념이 승(乘, 탐)과는 다른 기능을 하는 사(事, 섬김)라는 동사와의 결합 속에서 남편이라는 의미로 변화를 한 사실을 지적할 수 있다. 묵가는 이런 다양한 의미상의 변화를, 특정한 개념들의 의미 변화를 분석함으로써, 즉 비교적 공통적인 개념 정의를 제시함으로써, 다시 말해, 개념 간의 함축 관계나 배제 관계를 밝힘으로써 해명하려 하지 않았다. 묵가는 그저 너무나 다양한 의미의 변화를 파악하기 위해 우리로 하여금 항상 구체적 상황에 주의할 것을 당부하고 있을 뿐이다.

> … (그러므로 추론의 방법은) 진행되어서 달라지고, 옮기어서 바뀌고, 멀어서 잃게 되고, 흘러서 근본을 벗어난다. 그런즉 살피지 않을 수 없다. 항상 사용할 수 없으므로. 그러므로 많은 방법, 다른 종류, 여러 이유 등을 말한다 한들 넓게 보는 것은 옳지 않다.[144]

묵가의 추론을 추론학으로 볼 수 없는 이유는 묵가가 '백마마야(白馬馬也)'라는 문장과 '승백마승마야(乘白馬乘馬也)'라는 문장 간의 함축적 관계만을 따져서 이들 사이의 진행 관계를 설명하고 있지 않기 때문이다. 다시 말해 이들 문장들은 전제와 결론의 구조로 분석하기 힘들다. 더 큰 문제는 후기 묵가가 문장들에 주목했다기보다는 명(名)들, 즉 '백마(白馬)'라는 명(名), '마(馬)'라는 명(名), '승백마(乘白馬)'라는 명(名), '승마(乘馬)'라는 명(名)을 우선적으로 생각한 것처럼 보이는 것이다. 또한 이들은 비록 냉을 강조했지만, 마치 아리스토텔레스가 그러한 것처럼 문장 안에서의 이 명들의 구조에 대해 주목한 것은 아니었다. 명들이 모여 이루어진 사(辭)는 어떤 점에서는 반드시 문장으로 볼 수 없는 것들이었다. 명과 사의 이러한 관계를 의미 있게 받아들인다면, 이들의 탐구는 문장과 문장 혹은 명과 명 사이의 함축 관계에 주목한 것이 아니고, 명과 이 명들의 복합체인 사가 대상과 어떻게 연결될 수 있는지를 고민한 것이라고 볼 수 있다. 묵가의 논리학은 이런 점에서, 단순히 문장들 간의 형태적 모습 혹은 문장과 문장 간의 함축적 관계만을 생각하는 논리학을 넘어서 항상 대상과의 연관 속에서 생각한다고 할 수 있다. 다시 말해 '백마는 말이다'의 상황은 '백마(白馬)'라는 말을 붙일 수도 있으며, 동시에 '마(馬)'라는 말도 사용할 수 있다. 그런데, '백마를 타는 것은 말을 타는 것이다'의 상황은 '승백마(乘白馬)'라는 말을 사용하는 동시에 '승마(乘馬)'라는 말도 사용하는 것이다. 이와는 달리 '획의 아버지는 사람이다'의 상황은 '획지친(獲之親)'과 '인(人)'이 동시에 적용되지만, '획사기친(獲事其親)'은 가능한 데 반해 '획사인야(獲事人也)'는 가능하지 않은 상황이다. 어떠한 언어가 어떤 구체적 상황에 잘 맞는가 하는 것은 단순한 사나 명의 분석을 통해서가 아니고, 보다 구체적인 경험적 인식을 통해서 가능한 것이기에 이것은 추론학이라기보다는 기술학이면서 동시에 철저한 경험적 인식 방법이다. 이런 점에서 묵가의 선지(先知)가 가지는 필연성은 경험적 필연성 내지 그러한 경험적 필연성을 일관적 기술 방식을 통해 확보하려는 데서 생겨난 규정적 필연성일 것이다.

하지만 앞서 이병욱의 분석처럼 '시이연'과 '시이불연'의 경우를 각각 일종의 다른 종류의 형식을 가진 추론으로 볼 수도 있다. 후기 묵가가 암묵적으로 구분한 두 가지 경우의 차이를 일종의 명시적 논증으로 구성해 볼 수 있다는 것이다.

묵가 논리학의 성격을 밝히기 위해서 선지(先知)와 필(必)의 개념을 살핀 결과 우리는 묵가의 선지 개념이 다른 학파의 선지 개념과는 상당히 다르다는 것을 알 수 있었다. 경험적 지식과 대척이 되는 무위적 진지(眞知)의 길을 추구한 도가는 그렇다 치고, 묵가처럼 적극적인 인위의 방향을 추구한 유가에서도 양지(良知)라는 선험적 지식은 직관적이고 자발적인 것이었다. 맹자는 양지(良知)를 배우지 않아도 알 수 있고, 양능(良能)은 일삼지 않아도 알 수 있다고 하였는데, 여기서 양지는 배우지 않고도 알 수 있다는 점에서 묵가의 선지와 견줄 수 있을 것이다. 하지만 진지와 양지는 이제까지 살펴본 묵가의 선지와는 다르게, 굳이 그것을 획득하기 위해서 노력할 필요가 없는 내재적이며 자발적 능력이라는 것이 강조되고 있다.

묵가는 이처럼 유가나 도가처럼 직관적 자발성을 미덕의 주요 덕목으로 삼지 않고, 손익계산과 같은 숙고의 과정을 미덕의 주요 덕목으로 삼았다는 점에서 고대 중국철학에서 특이한 존재이다. 이들은 유가나 도가와는 달리, 선지에 대해 어떤 역설도, 혹은 어떤 신비적 언설도 행하지 않았다. 이들은 그저 경험적 지식의 필연성을 굳게 믿었고, 이를 기반으로 지식의 확장이라든지, 전달의 측면에서 생길 수 있는 사고상의 오류들을 추론의 과정에서 극복해 보려 하였다. 물론 우리는 묵가의 선지와 유가, 도가의 선지를 인위적 노력과 자발성의 차이로 극단적으로 갈라놓아서는 안 된다. 유가, 도가의 자발적이고 직관적인 선지에도 그것을 드러내기 위한, 혹은 확장하기 위한 다양한 숙고의 과정을 상상해 볼 수 있으며, 또한 피상적으로는 의도적인 숙고의 과정만을 강조하는 묵가의 추론에서도 우리는 놀랍게도 유가와 도가의 주류적 지식관인 직관지, 자발적 체험지의 성격을 확인할 수 있다. 그것은 내가 본문에서 강조하였듯이, 묵가 논리학이 형식적 타당성이나, 개념의 필연적 연결을 기반으로 개체로부터 일반에로, 혹은 일반으로부터 개체로의 진행을 강조하는 추론학보다는 개체로부터 개체에로의 진행을 강조하는 기술학, 명명학의 성격을 갖고 있기 때문일 것이다.

물론 묵가의 경험 독립적 지식인 선지는 유가의 양지와 도가의 진지와 같은 참된 도덕적 지식과는 다르게, 경험적 지식에 종속되어 있다. 그것은 양지나 진지와 같이 경험적 지식을 인도해야 할, 전체적이고, 규제적인 성격의 것이 아니라, 어디까지나 경험적 지식의 건전성에 의존해야 할 부차적인 성격의 것이기 때문이다. 유가와 도가에 있어 오류 불가능성은 양지와 진지의 몫이지만, 묵가에게 있어서는 경험적 지식의 몫이다. 그러므로 설지 혹은 선지는 가급적 그대로의 경험적 지식(친지)을 전달해 주는 데에서 그 올바른 기능을 찾아야 하고, 바로 이곳에서 그 필연성도 확보해야 한다. 설지 혹은 선지가 개체로부터 개체로의 추리이지, 개체에서 전체(귀납), 혹은 전체에서 개체(연역)로의 이행이 아니게 되는 이유이기도 하다. 진정한 인식은 결국 우리의 지성이 제대로 사용된다면, 동이(同異)나 시비(是非), 즉 x와 non-x의 상황 속에서 우리를 필연적인 인식에 이르게 할 것이라는 묵가의 인식 논리학은 결국 끝없는 구체적 탐구의 과정만이 우리를 진리에 더 가까이 다가가게 할 것이라는 희망을 제시하기도 하지만, 또 한편에서는 그 지나친 이상적, 규정적 성격 때문에 공허한 탐구의 과정에 머무를 수도 있다.

앞서는 『묵경』, 특히 「소취」편의 내용이 기본적으로 형식논리 혹은 추론에 대한 것이라고 보는 입장과 그렇지 않고 기술에 대한 것이라고 보는 입장이 있음을 설명했다. 『묵경』을 형식논리와 연결 짓는 입장은 바로『묵경』이 형식화를 시도했다는 강한 주장을 하지는 않지만, 적어도 추론의 성격이나 추론의 방법, 나아가 타당성의 개념에 대한 논의를 시도했다고 믿는다. 다시 말해 명백하게 형식논리와 연결되지는 않지만, 암묵적으로 연결되었다고 보는 것이다. 전통적인 명실론적 해석에서는 전혀 언급되지 않았던 추론이나 타당성의 개념이『묵경』에 존재했다는 주장은 어떻게 가능한 것일까? 사실 명백하게 우리가『묵경』, 특히 「소취」의 변(辯)에서 발견하는 것은 「경하」, 「경설하」에서 보이는 엄격한 대안이 되는 것들에서 하나를 택하는 것이라는 좁은 의미의 변, 즉 개념적 분석의 활동이라기보다는 세계를 기술하는 과정이다.『묵경』에 형식논리학이 있음을 부정하는 입장은 형식적 유사성에 입각해서 추론을 전개하지 말 것을 주장하는 「소취」 편의 구절을 근거로 제시한다. 특히 한센은 후기 묵가는 객관적 지식과 타당한 추론형식을 통해 객관적 지식을 옹호하려 했다기보다는 장자와 마찬가지로 언어 회의주의의 입장에서 형식논리학이나 타당한 추론에 반대했다고 하였다. 묵자 「천지상」 편에 보이는 추론에서의 흐밀레브스키의 예가 보여 주듯이 묵자 등 여러 저서에 보이는 일종의 추론들에는 단순히 추론의 타당성과 관련이 없는 혹은 긴요하지 않은 내용들이 많이 들어가 있다. 「소취」 편이 추론의 타당성을 찾기 위해서가 아니라, 설득을 위해서 사용되고 있음을 알 수 있는 부분이다.

그럼에도『묵경』을 형식논리학과 연결하려는 시도가 있음을 어떻게 이해해야 할까? 후스가 효와 추를 각각 연역 추론과 귀납 추론으로 보았다든지, 탄제푸가 「소취」의 변의 방법을 암시하는 개념을 가지고 「경」과 「경설」의 구절들을 아리스토텔레스의 삼단논법으로 재구성했다든지, 흐밀레브스키가 『묵자』나 『공손룡자』 같은 문헌들을 집합 논리, 술어 논리, 명제 논리 등으로 재구성했다든지, 이병욱이 복수형 삼단논법을 통해 「소취」의 구절을 해석한 것들은 적어도 피상적으로는 『묵경』에 어떠한 적극적 증거도 있지 아니하다. 논증은 물론이고, 용어와 문장의 구분, 나아가 진리 개념조차 그 소재가 뚜렷하지 않은 고대 중국에 어떻게 타당한 추론 형식에 대한 관심이 존재했다고 할 수 있을까? 하지만 여전히 『묵경』 혹은 「소취」편에 명백한 정식화의 흔적이 보이지는 않지만 적어도 「경」과 「경설」에서의 변이 어떤 입장을 옹호하는 활동이기에 자연스럽게 논증적, 혹은 변증적 성격을 갖는 것도 사실이고, 또한 「소취」편의 '시이연', '시이불연', '불시이연' 등의 변의 진행 과정에 대한 기술도 추론의 형식화는 아니지만,[145] 역시 모종의 형식화를 시도한 것 같다.

# 2장

# 윤리학

유가의 윤리학이 인(仁)을 중심으로 이루어져 있다면, 묵가의 윤리학은 겸애(兼愛)의 개념을 중심으로 이루어져 있다고 할 수 있다. 전기 묵가는 이 겸애의 개념을 이익 추구와 연결하는 전략을 택하고 있다. 물론 여기서의 이익은 사익이 아니라 공공의 이익, 즉 공익이다. 특별히 전기 묵가는 중(衆, 인구의 다수), 부(富, 재원의 풍요함), 치(治, 형정 제도의 다스림)와 같은 물질적 요소들을 이익으로 내세우면서, 이것의 추구를 옳음으로 제시하였다. 이런 점에서 겸애는 이인(利人, 사람을 이롭게 함)으로 정리할 수 있겠다. 묵가와 대척점에 서 있는 유가의 윤리나 성치 시항도 백성을 편안히게 하는 것(安民)이고, 이 안민(安民)의 이상도 이민(利民, 백성을 이롭게 함)으로 볼 수 있으므로 사실 묵가의 윤리 체계가 가진 고유한 장점이 단순히 공익을 강조한 데 있다고 해서는 안 될 것이다. 그보다는 예(禮)의 체계를 의(義)로 간주함으로써 생겨날 수 있는 의(義)의 추상화

또는 귀족화 경향에 맞서, 의(義)를 중(衆), 부(富), 치(治)와 같은 물질적인 이익으로 정의하여 의(義)를 구체화, 보편화하려 하였다는 데에서 묵가 윤리학의 장점을 찾아야 할 것이다.

후기 묵가에 의해 쓰인『묵경』은 묵가의 이 보편화된 윤리 체계의 핵심적 가치인 겸애나 이인의 실현 가능성을 좀 더 구체적으로 옹호하기 위한 장치라고 할 수 있다.『묵경』에서 등장하는 겸애를 이해하는 방식은 두 가지로 나누어 볼 수 있다. 첫째는 겸애를 행위에 적용되는 초월적 도덕 원칙으로 보는 것이고,[146] 둘째는 겸애를 행위자의 덕성으로 파악하는 것이다. 전자는 규범윤리학에서 접근하는 방식이고, 후자는 덕 윤리학에서 접근하는 방식이다. 이에 따라 이 장의 첫째 절에서는 묵가 윤리의 규범윤리적 측면을 다루고, 둘째 절에서는 묵가 윤리의 덕 윤리적 측면을 다루려고 한다. 그리고 나서 마지막 절에서 이 두 가지 측면의 통합을 시도하려고 한다. 겸애의 규범윤리적 측면, 특별히 공리주의와 결과주의의 측면은 의(義)와 이(利), 즉 공(功, 성취)의 개념을 통해서 드러낼 것이고, 겸애의 덕 윤리적 측면은 지(志, 의도)와 능(能, 능력)의 개념을 통해서 보일 것이다. 그리고 묵가의 공리주의는 의도 공리주의임을 밝힘으로써 둘의 통합을 시도할 것이다. 결론부터 말하자면『묵경』은 단순히 '겸상애 교상리(兼相愛 交相利)'를 통해 애인(愛人)과 이인(利人)의 공리주의적 이상을 천명한 전기 묵가를 넘어, 그 이상이 어떻게 구체적 개인에 의해 현실에서 실현될 수 있는지를 모색한 문헌이다.『묵경』의 대답은 아마도 모든 사람에 대한 사랑은 실제로 모든 사람을 빠짐없이 사랑하는 가운데 이루어지는 것이 아니라, 자신이 실제로 사랑할 수 있는 구체적 사람을 특정 의도와 능력을 통해 사랑하는 식으로 이루어질 수 있다는 것이다. 『묵경』은 특정한 시공에 매여 있는 인간도 '겸애'라는 과제를 수행할 수 있다고 말하고 있는 것이다.

규범윤리학의 도덕 원칙은 대체로 개인 행위자 내면의 덕보다는 행위자의 행위 그 자체에 더 관심을 가진다. 특별히 이러한 규범윤리학적 접근을 전면에 내세운 까닭은 내가 보기에 묵가의 윤리적 입장이 신명론보다는 결과주의(혹은 공리주의)에 가깝기 때문이다. 겸애가 도덕적으로 옳은 이유는 '하늘의 뜻(天志)'에 부합하기(신명론) 때문이라기보다는 더 많은 공공의 이익(곧, 성취)을 가져다주기(결과주의) 때문이라는 것이다.[147] 전기 묵가의 윤리적 입장은 원래 결과주의와 신명론이라는 두 측면을 모두 담고 있었지만, 점차 천(天)이나 천지(天志)의 개념이 약화되면서 본격적으로 묵가의 윤리학이 결과주의나 공리주의로 나아가게 된다. 따라서 이 장에서는 결과주의 또는 공리주의로 후기 묵가의 윤리적 입장을 정리할 것이다. 나아가 후기 묵가의 공리주의적 입장은 먼저 옳음을 즐거움, 즉 쾌락을 주는 것이라고 정의했다는 점에서 쾌락 공리주의 혹은 쾌락 결과주의의 측면이 있다는 것을 부각할 것이다.

덕 윤리는 일반적으로 행위의 성격보다는 행위자의 덕성 능력에 주목한다. 후기 묵가는 전기 묵가 윤리 체계에서 주목한 이익과 손해의 개념을 심리 상태인 희(喜, 좋아함)와 오(惡, 싫어함)로 정의하였고, 이에 기반하여 그들의 윤리적 이상인 애인(愛人), 즉 겸애(兼愛)의 의미를 해명하였다. 한마디로 애인은 모든 사람을 사랑하라는 것인데, 특정 시간과 공간에 위치한 개인이 어떻게 겸애를 수행할 수 있는지를, 지(志, 의도)와 능(能, 능력)의 개념을 사용하여 보여주었다. 이런 접근은 주로 행위의 결과를 중심으로 그 도덕성을 판가름하는 공리주의와는 다른 방식이다. 행위자의 의도와 능력의 강조는 일반적으로 공리주의나 결과주의보다는 의무론이나 덕윤리를 생각하게 한다. 특별히 후기 묵가의 윤리 체계에서 의도와 능력의 결합은 아무래도 행위의 동기를 중시하는 의무론보다는 행위자의 덕성 능력을 강조하는 덕 윤리에 더 가까운 것처럼 보인다.

마지막으로 『묵경』이 전기 묵가의 공익 개념을 지향하면서도 단순히 객관적으로 공익 증진의 효과만을 강조하는 것이 아니고, 그것을 구체적인 개인이 어떻게 실현시킬 수 있는지를 모색하였다는 점에서 덕 윤리의 측면을 가지게 되었다는 것을 보여 줌으로써 덕윤리와 규범윤리의 통합을 제시할 것이다. 『묵경』은 이런 점에서 전기 묵가와는 다르게 주관적이고, 주체적인 입장의 윤리학을 제시하고 있다. 이것이 내가 묵가 공리주의를 의도 공리주의라고 명명하는 이유이다.

## 규범윤리

겸애를 규범윤리적으로 이해할 때 가장 적절한 사고 체계는 공리주의이다. 공리주의는 신명론과 함께 전기 묵가의 윤리설로 지지되어 온 이론이지만, 후기 묵가의 저작인 『묵경』에는 의외로 공리주의로 처리하기 힘든 의무론적 측면의 구절들이 있다. 인(仁)에 대한 정의가 그러하다.

    7 (경상) 인(仁)은 체애(體愛)이다.
    (경설상) 자신을 사랑하는 것은 자신을 사용하기 위해서가 아니다. 말을

사용하는 것과 같지 않다.[148]

2 (경상) 체(體)는 겸(兼)의 부분이다.
(경설상) 둘 중의 하나, 자의 끄트머리와 같다.[149]

83 (경상) 보다. 개체. 전체
(경설상) 둘 중의 하나가 개체이다. 둘은 전체이다.[150]

먼저 『묵경』에서 흔히 유가의 대표적인 덕성인 인을 설명하는 부분을 마주치면서 가장 먼저 드는 생각은 이것이 인을 긍정적으로 정의한 것이지, 아니면 부정적으로 정의한 것인지, 아니면 이도 저도 아니고 중립적으로 인을 정의한 것인지 당혹스럽다는 것이다. 인을 정의하는 체애라는 표현은 크게 두 가지로 해석해 볼 수 있다. 첫째, '부분(體)에 대한 사랑(愛)이다'라고 해석할 수 있다. 체는 위의 두 번째와 세 번째 조목에서 보이듯이 『묵경』에서 흔히 전체(겸)의 부분(체)을 의미하기 때문이다. 둘째, '애(愛, 사랑)를 몸체로 한다(體)'고 해석할 수 있다. 이것은 체를 동사로 보는 해석이다. 이 두 번째 해석의 문제점은 『묵경』 안에서의 일반적 체의 의미, 즉 '부분'이라는 의미와는 달리, 체를 '몸체로 삼는다'라고 동사로 해석하는 것이다. 굳이 이렇게 체의 의미를 달리 해석하는 까닭은 해당 경설, 즉 7 「경설상」이 애기(자신을 사랑함)와 애마(말을 사랑함)를 대비시키면서, 사랑의 의미를 설명하기 때문이다. 첫 번째 해석의 장점은 인을 유가의 덕성으로 보아, 묵가의 겸애의 덕성과 구분한다는 것이다. 한편 그로 인해 발생할 수 있는 문제는 자칫하면 인을 겸애와 구분되는 부정적 덕성으로 만들 수 있다는 점이다. 하지만 인은 단순히 유가에서만이 아니라, 전기 묵가에서도 긍정되는 덕성이다.[151] 나는 체를 겸과 다르게 이해하면서도, 즉 첫 번째 해석처럼 인을 '부분에 대한 사랑'으로 이해하면서도, 묵가가 겸애를 옹호한 역사적 사실과도 충돌되지 않게 긍정적인 덕성으로 해석할 수 있는 방법이 있다고 본다. 그것은 다음과 같이 이루어진다. 위의 두 번째와 세 번째, 인용문에서 겸이나 진(盡)이 전체를 가리킨다면, 체는 그 전체의 부분과 같다. 2「경설상」에서는 둘이 전체라면, 하나는 부분이고, 자(尺)가 전체라면 끄트머리(端)는 부분인 점을 들어 2「경상」의 의미를 설명하고 있다. 물론 겸과 진과 체는 상대적인 것이다. 하나의 나라(國)는 그 하부의 조직들, 향(鄕), 리(里)에 대해서는 겸이나 진이라고 할 수 있지만, 천하(天下)를 놓고 볼 때는 하나의 체이다. 이렇게 본다면, 묵가의 대표적 윤리 주장이 겸애(兼愛, 전체에 대한 사람)와 체애(體愛, 부분에 대한 사랑)가 서로 충돌하는 것 같지만, 사실 전체와 부분이 꼭 충돌할 필요는 없다. 『묵경』의 여러 곳에서 겸애가 결국은 개별자에 대한 사랑을 통해서도 이루어진다는 언급이 있는 것을 고려해 볼 때, 겸애는 인을 통해서 이루어지는 것이라고 보아야 한다. 인은 이런 의미에서 부정적 덕성이라기보다는 겸애를 구성하는 필수적 요소 즉 사랑의 덕성을 가리킨다고 보아야 할 것 같다. 흥미로운 부분은 7「경설상」에서 자신에 대한 사랑과 동물에 대한 사랑이 다르다고 하는 부분이다. 자신에 대한 사랑을 인간에 대한 사랑이라고 볼 수 있다면, 이 부분은 동물에 대한 사랑과 인간에 대한 사랑의 차이를 말하는 듯하다. 즉, 동물이 도구적으로 유용하기에 사랑하는 것인 반면 인간은 그런 도구적 유용성 때문에 사랑하는 것이 아니라고 말하는 것 같다. 이것은 마치 인간을 목적으로 대우하라는 의무론적 견해를 상기시킨다. 「대취」 편의 다음 구절도 묵가 윤리의 의무론적 독해를 지지하는 것처럼 보인다.

> 한 사람을 죽여서 천하를 보존하는 것은 한 사람을 죽여서 천하를 이롭게 하는 것이 아니다. 자신을 죽여서 천하를 보존하는 것은 자신을 죽여서 천하를 이롭게 하는 것이다.[152]

> 장(臧)을 사랑하는 것은 사람을 사랑하는 것이고, 획(獲)을 사랑하는 것도 사람을 사랑하는 것이다. 그 사랑을 없애서 천하가 이로워지더라도, 그것을 없앨 수는 없다.[153]

위의 앞 인용문은 두 가지 상황을 대조시키고 있는데, 전자의 상황은 천하를 이롭게 하는 것이 아무리 최상의 윤리적, 정치적 과제라고 하더라도 적어도 무고한 사람을 죽임으로써 이루지는 않겠다는 것이다. 후자의 상황은 자신도 하나의 사람이기에 전자와 유사한 상황처럼 보이지만, 자신을 죽여 천하를 이롭게 한다면, 자신을 죽일 수 있다는 것이다. 타인이 걸려 있는 상황과 자신이 걸려 있는 상황의 대조를 통해 알 수 있는 것은 천하를 이롭게 하는 것에 타인의 희생을 사용하지는 않겠지만, 적어도 자기 희생은 받아들일 수 있다는 것이다. 전체적으로 앞 인용문은 자기 희생의 미덕은 보존하면서, 무고한 사람의 희생은 용납하지 않겠다는 후기 묵가의 입장을 보여 주고 있다. 자기 희생의 덕목이 의무론에서도 받아들여질 수 있다는 점을 상기한다면 묵가의 입장은 인간을 목적으로 여기라는 의무론적 입장과 충돌하지 않는다.[154] 다음 인용문은 비천한 노예 신분의 장(臧)이나 획(獲)을 사랑하는 것은 결국 사람을 사랑하는 것이어서, 설사 그들을 없애서 천하가 이로워지더라도 그래서는 안 된다는 사실을 주장한다. 사실 인간을 수단으로 대우하지 말라는 견해는 전기 묵가의 경우에도 보인다.

지금 왕공대인은 또한 옛날 사람을 본받으면서 상현(尚賢)과 사능(使能)을 통해 정사를 하려고 한다. 그들에게 준 작위는 높지만 봉록은 그에 미치지 않는다. 무릇 작위는 높지만 봉록이 적으면 사람들에게 신뢰를 주지 못한다. 현명한 사람은 말하기를 "이것은 진실로 나에 대한 사랑이 아니고, 단지 나를 수단으로 사용한 것이다"라고 한다. 어떻게 사람들이 자신을 수단으로만 대우하는데, 윗사람을 친히 할 수 있겠는가?[155]

세속의 군자들은 의로운 선비를 봄에 있어서 곡식을 지고 가는 사람만큼도 못하게 여긴다. 지금 여기에 어떤 사람이 곡식을 지고 가다가 길가에 쉬고 있는데 일어나려다가 일어나지 못하는 것을 군자들이 본다면 늙고 젊거나 귀하고 천한 것에 관계없이 반드시 그를 일으켜 세워 줄 것이다. 어째서인가? 그렇게 하는 것이 의로움이기 때문이다. 지금 의로움을 행하는 군자들은 옛 임금들의 도를 떠받들며 얘기를 하고 있다. 그러나 (세속의 군자들은) 기뻐하며 실행하지 않을 뿐만 아니라 또한 그들에 대해 비방을 한다. 그러니 세속의 군자들이 의로운 선비를 봄에 있어서 곡식을 지고 가는 사람만큼도 못하게 여긴다는 것이다.[156]

수단으로 사람을 대우하지 말라는 구절과 의롭기 때문에 행한다는 위의 구절들은 묵가의 윤리를 일종의 의무론의 규범윤리학처럼 보이게 한다. 『묵자』에는 위의 구절들 말고도 도덕적 행위의 배후에 다양한 비이기적 동기들이 있음을 보여 주는 구절들이 많다.[157] 하지만 이처럼 이익의 용어가 아니라 의로움의 용어에 입각해서 행위를 했다는 것이 그 행위자가 의무론의 입장을 가졌음을 보여 주는 것은 아니다. 공리주의와 의무론을 가르는 규준은 그저 어떤 동기에서 그런 행위를 했느냐가 아니다. 어떤 정당화의 근거를 제시할 수 있는가가 공리주의와 의무론을 가르는 규준으로 제시되어야 한다. 다시 말해 한 행위자가 특정 순간에 그것이 올바르다고 생각해서 그 일을 했다는 사실이 그를 의무론자로 만들지는 않는다. 오히려 그 행동을 어떤 근거를 대서 정당화할 수 있는지가 의무론인가, 공리주의인가의 물음을 대답함에 결정적 역할을 할 것이다. 즉, 그 행동이 올바르다고 생각해서 그 행동을 했기에 의무론자가 되는 것이 아니라, 그 행동이 왜 올바른지 정당화할 것을 요청받았을 때, 그 행동이 가져올 결과의 공공의 이익에 비추어서 그 행동을 했다고 대답했다면 공리주의이고, 그러한 공리주의적 대답을 거부하고, 그 행동 자체의 절대적 의무성의 성질에 기초해서 그 행동을 했다고 대답했다면 의무론자라 할 것이다. 칸트의 윤리적 의무론은 대체로 행위의 결과보다는 그 동기를 중요시하고 그러한 도덕적 동기(도덕에 대한 존경심)를 가지고 행동하는 것이 그 행동을 도덕적으로 만든다고 생각하지만, 때로는 처벌에 대한 두려움 때문에 어기지 않는 법 의무도 그 정당성의 측면에서는 도덕적 성격을 갖는 것이라고 주장한다. 즉 동기가 중요한 것이 아니고, 어떻게 정당화하느냐가 그 행위의 궁극적 규범성 내지 도덕성을 판가름하게 된다는 것이다.[158] 의무론자는 대체로 아무리 이익이 많다 하더라도 소수의 희생, 즉 무고한 사람의 처벌을 정당화하지 않는다. 하지만 후기 묵가는 의무론자들과는 달리 겸애를 주장하면서도 때로는 무고한 사람을 죽일 수 있다고 하였다. 예컨대, 「대취」편에서 "모든 사람이 똑같이 사랑을 받는다 하더라도 한 사람이 선택되어서 죽을 수 있다"[159]라고 했다. 여기서 후기 묵가가 한 사람이 선택되어서 죽을 수 있다고 할 때의 그 선택의 이유는 아마도 공리가 아닐까? 이 지점에서 우리는 후기 묵가를 의무론이 아닌 공리주의 입장에서 바라보게 된다. 그리고 아마도 후기 묵가를 공리주의로 간주하는 데 가장 결정적인 계기는 의로움의 정의에서 발견할 수 있다.

    8 (경상) 의로움은 이익을 줌이다.[160]

물론 의(義)가 이(利)라고 해서, 의(義)의 정의가 이(利)라고 하는 것은 아니다. 이로운 것이 모두 의로운 것은 아니기 때문이다. 하지만 의(義)와 이(利)가 상반되는 것은 아니고, 적어도 의라고 하려면 최소한 거기에는 이로움의 내용이 들어 있어야 한다는 의미이다. 이런 점에서 이는 의의 필요조건이다. 즉, 이익은 의로움의 필수적 요소임을 말한 것에 불과하다.

    13 (경상) 효는 부모를 이롭게 함이다.[161]

앞서와 마찬가지로 경에서의 효의 정의는 기본적으로 행동에 적용되는 것처럼 보인다. 왜냐하면 실제로 어떤 행동이 그 행동에 관련된 사람, 예를 들어 효의 행동이 부모에게 이익을 주었는지, 아닌지는 그 행동을 한 사람의 의도나 능력과 관련 없이 말할 수 있기 때문이다. 때로는 나쁜 의도를 가지고 한 행동이었지만, 상황에 따라 운이 좋아서 부모를 이롭게 할 수 있고, 그 반대의 경우도 있을 수 있는 것이다. 경의 내용은 자식의 의도나 능력을 따지지 않는다는 점에서 덕성이 아니라, 자식의 행위에만 주의를 기울여서 말한 것으로, 행위의 성패만을 논한 것이다.

35 (경상) 성취는 백성을 이롭게 하는 것이다.
(경설상) 적절한 때가 아니면 비록 이롭더라도 성취가 없다. 마치 여름옷, 겨울옷과 같다.[162]

묵가의 성취는 실제로 백성을 이롭게 하는 것이다. 단순히 이롭게 하려는 의도나 이롭게 만들 수 있는 능력을 말하는 것이 아니고, 실제로 백성에게 이로움을 주는 것이다. 하지만 이러한 성취는 의도나 능력과는 달리 구체적 상황 즉 장소와 시간이 받쳐 주지 않으면 이룰 수 없음을 명확히 하고 있다.

## 덕 윤리

묵가 윤리학이 덕 윤리의 측면을 가지고 있다는 점은 행위의 성패보다는 행위자의 의도나 덕성 능력이 강조되고 있다는 점에 있을 것이다. 먼저 앞서 언급한 옳음과 몇몇 덕성들에 대한 해당 경설의 설명들을 살펴보자.

8 (경상) 의로움은 이익을 줌이다.
(경설상) 의도는 천하를 본분으로 여기고, 능력은 그들을 이롭게 할 수 있다. 이것들이 반드시 쓰여지는 것은 아니다.[163]

위의 인용에서 흥미로운 것은 경설에서 지(志, 의도)와 능(能, 능력)의 개념을 가지고 의(義, 의로움)를 설명했다는 점이다. 경이 어떤 행위나 제도가 가지는 의로움의 성격에 대해 말했다면, 경설은 의로운 행위자가 가지는 주관의 능력, 즉 덕성에 대해 말했다고 보아야 한다. 이러한 구조는 의로움(義)의 개념에서만 그러한 것이 아니고, 다른 윤리적 개념 정의에서도 살펴볼 수 있다.

13 (경상) 효는 부모를 이롭게 함이다.
(경설상) 부모를 본분으로 여기고, 능력은 부모를 이롭게 할 수 있다. 반드시 성공하는 것은 아니다.[164]

앞서 언급했듯 경의 내용은 자식의 의도나 능력을 따지지 않는 점에서 덕성이 아니라, 자식의 행위에만 주의를 기울여서 말한 것으로, 행위의 성패만을 논한 것이다. 반면 경설의 내용은 효가 사람에게 적용된 경우를 말한다. 이때는 행위자의 의도와 수행 능력이 중요시된다. 그래서 효를 말하면서 행위자의 의도와 능력에 주의를 기울였던 것이다. 이때 의도와 능력은 주로 내면적인 것, 즉 행위자의 덕성을 지칭하는 것이다. 하지만 의도와 덕성 수행 능력이 있다고 해서 반드시 원하는 결과를 가져오는 것은 아니다. 어떤 외부적 상황 때문에 원하는 효과를 보지 못할 수가 있다. 그래서 경설의 말미에 "반드시 쓰여지는 것은 아니다"라거나 "반드시 성공하는 것은 아니다"와 같은 말이 첨가된 것이다. 물론 '쓰여짐'과 '성공함'은 아마도 덕성이 목표로 하는 행위의 성공적 수행을 말하는 것일 테다. 덕성은 실패가 있을 수 없지만 덕성만으로 소망하는 일이 이루어지는 것은 아님을 위 구절은 잘 말해 주고 있다. 덕성이 목표로 하는 행위가 덕스럽기 위한 필요충분조건이라면, 덕성 자체는 덕스럽기 위한 필요조건이다. 후기 묵가는 필요충분조건을 추구하였지만, 그것을 반드시 기필할 수 없었기에 차선책으로 덕성이라는 필요조건을 추구의 목표로 삼았던 것이다. 이 점은 또 다른 윤리적 개념에 대해서, 경과 경설이 순전히 덕성으로서의 용(勇)에 주목하는 대목에서 잘 보여진다.

20 (경상) 용기는 의도(의지)를 과감하게 만드는 것이다.
(경설상) 그들이 이것을 과감하게 하려 하기에 그들에게 명령한다. 그들이 저것을 과감하게 하려 하지 않기에 그들을 해치지는 않는다.[165]

후기 묵가의 윤리가 덕 윤리적 측면을 가지고 있다는 점은 이(利)에 대한 성의에서도 확인할 수 있다. 전기 묵가에 있어서 이는 기본적으로 물자가 많음(富), 인구가 많음(衆), 그리고 행정 체계가 안정됨(治)[166]과 같은 공익을 가리킨다. 물자나 인구는 비교적 물질적 요소에 가깝지만, 행정 체계는 일종의 제도로, 단순한 물질과는 다르다. 그렇다고 물론 정신적인 것이라고 하기는 어렵고, 일종의 물질적인 것들로 이루어진 체계를 가리킨다고 하는 것이 좋겠다. 마치 대학이라는 제도가 건물, 대지, 학생, 교수와 같은 물질적 요소들을 함축하고 있는 것처럼. 이 세 가지 이익 중에서 무엇이 가장 중요하고, 무엇이 덜 중요한지, 즉 이익들 간의 위계질서가 그려지지는 않았다. 아무래도 환원주의, 즉 다양한 이익을 양화시켜 손익계산을 가능하게 하는 방식은 고대 중국에서는 잘 발견되기 힘든 탓인 듯하다. 반면 후기 묵가에서는 비교적 단일한 방식으로, 그러면서도 환원적 방식으로 이익 그리고 손해를 심리적 상태로 정의하였다.

26 (경상) 이익은 얻으면 기쁜 것이다.
(경설상) 이것을 얻어서 기쁘면 이것은 이로운 것이고, 해로운 것은 이것이 아니다.[167]

27 (경상) 손해는 얻으면 싫은 것이다.
(경설상) 이것을 얻어서 싫으면 이것은 해로운 것이고, 이로운 것은 이것이 아니다.[168]

경만으로 보면 이익과 기쁨, 손해와 싫음이 동일한 것은 아니다. 앞서 '의로움이 이로움이다'라고 했을 때와 마찬가지로 이익은 얻어서 기쁜 것이고 손해는 얻으면 싫은 것이지만, 모든 기쁜 것이 이익은 아닐 수 있고, 모든 싫은 것이 손해는 아니기 때문이다. 하지만 경설의 설명을 보면, 기쁜 것이 이로운 것이고, 싫은 것이 손해임을 명백히 한다. 따라서 이익과 기쁨, 손해와 싫음은 거의 동치에 가깝다. 이렇게 감정이 손익과 거의 같은 뜻이라면, 이성의 자리는 어디인가?

76 (경상) 목표(…을 위함)는 앎을 다한 후에 욕구에 의지하는 것이다. (경설상) 손가락을 끊기를 원하는데, 지혜가 그 안의 손해를 알지 못한다면 그것은 지혜의 잘못이다. 지혜가 그것을 고려하고, 그 안의 손해의 어느 것도 간과하지 않음에도 여전히 그것을 끊으려고 한다면 그것을 없앤다. 이것은 마른 고기를 먹는 것과 같다. 맛의 이익과 손해를 알지 못하는데, 그것을 원해서 맛보려 한다면 이것은 의심하는 것을 근거로 원하는 것을 멈추는 것이 아니다. 성벽 밖의 것의 이익과 손해는 미리 알 수 없고, 그곳에 가면 돈을 얻는다고 생각하는데, 그곳에 가지 않는다면 이것은 의심하는 것을 근거로 원하는 것을 멈추는 것이다. '목표는 앎을 다한 후에 욕구에 의지하는 것'의 원리를 관찰하고서도 마른 고기를 먹는 것은 지혜가 아니고, 손가락을 끊는 것은 어리석음이 아니다. 자신이 무엇을 위해 행동하는지, 그리고 무엇을 위해 행동하지 않는지가 서로 불분명하다면 이것은 계획을 세우지 못하는 것이다.[169]

위의 구절은 후기 묵가에 있어서 욕구는 단순히 충동적으로 나오는 것이 아니라, 숙고를 거쳐서 나오는 것임을 보여 준다. 아니 숙고를 거쳐서 나온 욕구가 참된 욕구임을 말한다. 예컨대 「경상」은 욕구의 두 가지 의미를 다음처럼 정리하고 있다.

85 (경상) 욕구함은 바로 욕구함, 이익을 잰 후에 욕구함, 장차 …함의 뜻이 있고, 싫어함은 바로 싫어함, 손해를 잰 후에 싫어함의 뜻이 있다.[170]

후기 묵가는 이렇게 숙고된 후의 심리적 상태로 정의된 이익과 손해를 기반으로 후기 묵가의 최고의 윤리 개념인 겸애가 실천 가능할 수 있는 길을 모색한다. 이 점에서 묵가가 판단의 기준으로 삼는 욕구와 싫어함은 기본적으로 성인의 것들이다.

> 성인이 질병을 싫어하지만 위난을 싫어하지는 않고, 똑바로 앉아 움직이지 않는 것은 그가 사람들의 이익을 욕구하지 자신이 약해지는 것을 미워하기 때문은 아니다.[171]

비록 처음에는 얻어서 기쁜 것이 이익이고, 얻어서 싫은 것이 손해라고 정의를 시도했다고 하더라도, 결국에는 후기 묵가에 있어서도 이익이라고 하는 것은 단순한 주관적 쾌락에 의한 것이 아니고, 좀 더 객관적인 것, 즉 행복에 있다고 하는 것이 더 적절할 것 같다.

> 145 (경하) 욕구함과 싫어함이 없는 것이 이익이 되기도 하고, 손해가 되기도 한다. 설명은 적절함에 있다.
> (경설하) 욕구함과 싫어함은 삶을 손상하고, 수명을 줄이게 한다. 그것으로 사물들과의 연을 끊는 것을 옹호한다면 이 사랑은 누구에 관한 것인가? 너무 많이 먹는다면, 어떤 사람은 그것이 자신을 해칠 수 있기에, 그것을 갖지 않으려고 한다. 마치 술이 사람에게 영향을 주는 방식과 같다. 현명한 사람이 다른 사람을 이롭게 하려고 한다면, 그것은 사랑 때문이니, 비록 현명하다고 해도 그들은 그것을 통제하지 않는다.[172]

19 (경상) 책임을 갖는다는 것은 선비가 자신을 희생해서 그가 위해서 일하는 사람의 이익을 위하는 것이다.

(경설상) 책임을 갖기. 그는 그 자신이 미워하는 것을 행함으로써, 다른 사람이 절실하게 원하는 것을 가져온다.[173]

즉, 유가뿐 아니라 묵가에서도 옳은 것은 통상적으로 사회에서 옳은 것으로 평가받는 것들이다. 즉 옳음은 단순히 주관적 쾌락으로 환원될 수 없다. 유가에서 옳음은 적절함인데, 후기 묵가에서도 이를 받아들였다고 볼 수 있다. 단지 후기 묵가의 공헌은 옳음을 좀 더 물질적이고, 구체적인 것과 연결했다는 데 있을 것이다. 이러한 이성적 욕구 개념에 기반을 두고, 묵가는 애인(愛人, 사람을 사랑함)과 이인(利人, 사람을 이롭게 함)의 관계를 다룬다.

천(天)이 사람을 사랑하는 것은 성인(聖人)이 사람을 사랑하는 것보다 엷다. 천(天)이 사람을 이롭게 하는 것은 성인(聖人)이 사람을 이롭게 하는 것보다 두텁다. 대인(大人)이 소인(小人)을 사랑하는 것은 소인(小人)이 대인(大人)을 사랑하는 것보다 엷다. 대인(大人)이 소인(小人)을 이롭게 함은 소인(小人)이 대인(大人)을 이롭게 함보다 두텁다.[174]

위의 구절은 '사랑을 함'과 '이롭게 함'을 대조하여 제시한다. 여기서 논란이 되는 단어는 박(薄)이다. 박의 의미는 '엷음'으로, 이렇게 해석을 하면, '사랑을 함'은 '이롭게 함'과는 달리 천〉성인, 대인〉소인의 선호적 성격을 잘 반영하지 못하는 것 같다. 하지만 감정을 순전히 정욕적인 것으로 간주하면, 천과 대인은 성인과 소인보다 각각 감정이 상대적으로 엷다고 볼 수도 있을 것이다. 천과 대인은 성인과 소인보다 더 이성적이라고 할 수 있기 때문이다. 사실 이렇게 해석하는 것이 애인과 이인의 차이를 강조하는 위 인용문의 구조를 잘 반영한다. 흥미롭게도 손이양, 그레이엄, 프레이저와 같은 수많은 주석가들이 그 이유나 의미는 제시하지 않고, 박을 '엷다'의 의미로 받아들였다. 하지만 이와는 달리 통상적 의미에서 '사랑함'과 '이롭게 함'의 순리적 연결성을 인정하여, 특히나 애(愛)와 이(利)의 상응성을 강조하는 묵가의 특성, 예컨대 전기 묵가의 '겸상애'와 '교상리'의 표현이 병렬로 사용된다든지, 혹은 '애'와 '이'가 같이 사용된다는 점을 고려하여, 사랑함과 이롭게 함은 상호 대조 상충되는 개념이라기보다는 서로 보충적인 관계 내지 포섭적 관계를 제시하는 것이라고 보는 사람들이 있다. 이들은 위의 구절에서 나오는 박(薄, 엷음)을 박(博, 넓음)이나 박(溥, 넓음)으로 해석하여, 천이 사람을 사랑하는 것이 성인이 사람을 사랑하는 것보다 넓고, 또한 대인이 소인을 사랑하는 것이 소인이 대인을 사랑하는 것보다 넓다라고 해석한다.[175] 이렇게 해석하면 애인과 이인의 관계가 상충된다기보다는 서로 순접으로 연결된다고 볼 수 있다. 애인과 이인의 차이를 보이는 다른 구절을 살펴보자.

> 장(臧)이 부모를 위한다고 생각해서 장을 사랑하는 것은 부모를 사랑하는 것이다. 장이 부모를 위한다고 생각해서 그를 이롭게 하는 것은 부모를 이롭게 함이 아니다. 음악이 자식을 이롭게 하는 것이라고 생각해서 그 자식을 위해 음악을 욕구하는 것은 자식을 사랑하는 것이다. 그러나 음악이 자식을 이롭게 한다고 생각해서 그 자식을 위해서

음악을 구하는 것은 자식을 이롭게 하는 것이 아니다.[176]

위 인용문은 애인은 시공에 구애를 받지 않는 보편적 대상에 대해서 가능한 행동이고, 이인은 구체적 대상에 한해서 가능한 행동임을 보여 준다. 얼핏 애인이 앞의 인용문처럼 그다지 부정적인 것 같지 않지만, 이(利)가 결핍한 애는 공허할 뿐이라는 묵가의 기본적 입장을 상기한다면, 여전히 묵가가 선호한 것은 단순한 애인보다는 이인 혹은 이가 포함된 애(愛, 즉 인(仁))라고 할 수 있을 것이다.

하여간 위 인용문에서 핵심이 되는 구절은 애장(愛臧, 장을 사랑함), 애기친(愛其親, 그 아버지를 사랑함), 이장(利臧, 장을 이롭게 함), 이기친(利其親, 그 아버지를 이롭게 함), 위기자욕지(為其子欲之, 그 자식을 위하여 그것을 원함), 애기자(愛其子, 그 아들을 사랑함), 위기자구지(為其子求之, 그 자식을 위하여 그것을 구함), 이기자(利其子, 그 아들을 이롭게 함)이다. 위의 구절은 어떤 특정한 사람을 사랑하는 것(예컨대 '장을 사랑하는 것')이 무엇인지를 알려 주고서, 그 바탕 위에 그것이 다른 사람에게 미치는 효과나 함축(예컨대 '부모를 사랑하는 것')에 대해 알려 주기 위한 목적을 가지고 있다. 먼저 내가 어떤 특정한 사람을 사랑한다는 것은 '그 사람에게 이익이 된다고 내가 생각하는 것을 그 사람을 위해 내가 욕구하는 것'으로 정의된다. '그 사람에게 이익이 된다고 내가 생각하는 것'은 나의 생각과 판단이다. '그 사람을 위해 내가 욕구하는 것'은 나의 의도와 욕구, 즉 태도이다. 이처럼 나의 특정한 사람에 대한 사랑은 나의 판단과 나의 태도로 구성된다. 예를 들면 위의 구절에서 나의 자식에게 이롭다고 내가 생각하는 것은 음악이다. 내 자식에게 음악이 이로운 것이라고 판단해서 내가 내 자식을 위해 음악을 욕구하는 것, 그것이 내가 내 자식을 사랑한다는 것의 의미이다. 따라서 내가 장을 사랑한다는 것은 내가 장에게 이롭다고 판단한 것을 장을 위해, 욕구하는 것이다. 실제로 장에게 이롭지 않은 것을 내가 이롭다고 생각하고 그것을 장을 위해 욕구할 가능성이 있다. 그런 점에서 나는 장을 사랑한다고 할 수는 있지만, 장을 이롭게 한다고 할 수는 없다. 내가 사랑의 미덕을 가진다고 할 수는 있지만 그러나 그 미덕에 약간의 아쉬움이 있는 것도 사실이다. 그럼에도 흥미로운 지점은 후기 묵가는 내가 장을 사랑한다는 것은 흥미롭게도 내가 장을 사랑하는 것에만 그치지 않고 내가 부모를 사랑한다는 것도 함축한다고, 아니 나아가 내가 사람을 사랑한다는 것까지 함축한다고 생각하였다. 이 도출 과정에 끼어드는 것이 '장이 부모를 위하는 존재'나 '장이 사람을 위하는 존재'라는 생각이다. 이런 가정은 다음의 두 구절을 통해서 확인된다.

> 장(臧)은 사람이다. 장을 사랑하는 것은 사람을 사랑하는 것이다.
> 도둑은 사람이다. 도둑을 죽이는 것은 사람을 죽이는 것이 아니다.[177]

위의 구절에서 애장(愛臧)과 살도인(殺盜人)이 대조되는데, 애장이 애인이 되는 것과는 달리, 살도인은 살인이 되지 않는다. 앞의 구절에서 장이 부모를 위하는 존재이기에 애장이 애부모가 되듯이, 위의 구절에서는 생략되었지만, 장은 또한 사람을 위하는 존재이기에 그 장을 사랑하는 애장은 사람을 사랑하는 애인이 되는 것 같다.[178] 만약 애장이 애인이 되는 이유가 그저 장이 인간이기 때문이라면, 두 번째 구절의 살도인이 살인이 되지 않는 이유를 설명하기 힘들다. 도둑도 사람이기 때문이다. 따라서 우리는 자연스럽게 살도인이 살인이 되지 않는 이유를 도둑이 사람들에게 해로운 존재이기 때문이라고 생각해야 한다. 다시 말해 장이 그저 인간이라는 이유로 장이 소유한 인간의 존엄성 때문에 애장이 애인이나 애부모가 되는 것은 아니라는 것이다. 도둑이건 노예건 다 인간이라는 점에서 소중하다는 관점이 있다면 애장은 애인인데, 살도인은 살인이 아닌 이유를 설명할 수 없을 것이다. 따라서 도둑도 노예처럼 사람이지만, 도둑은 사람을 해치는 존재이므로, 이 도둑을 처형하는 것은 그 의도가 일반적으로 사람을 해치는 것과 달리 사람을 죽이는 것이 아니라고 말하는 것이다. 『묵경』에서 보이는 위의 구절에 나타나는 두 개의 역설적 주장들은 행위자의 판단, 의도, 태도에 의해서 행위의 도덕성이 결정된다는 『묵경』의 입장을 이해해야만 일관되게 해석해 낼 수 있다.

  이장(利臧)은 애장과는 달리 비교적 쉽게 그 의미를 알 수 있다. 애장은 행위자의 판단과 태도를 포함하기 때문에 복잡한 의미 구조를 가지고 있지만, 이장은 그렇지 않기 때문이다. 이장은 그저 장에게 실제로 도움이 되는 활동을 가리킨다. 이장은 애장과는 달리 그 행위자의 판단, 의도, 태도와 같은 것이 그 구성 요소가 아니다. 하지만 그것이 결여된 애장의 덕성은 뭔가 미흡하다는 것이 『묵경』의 입장인 것 같다. 애장과 이장의 차이는 특정한 사람을 사랑하는 애장이 부모를 사랑하는 애기친이 되는 것과는 달리, 특정한 사람을 이롭게 하는 이장은 부모를 이롭게 하는 의미의 이기친이 될 수 없다는 것이다. 애장은 그 대상의 확장이 가능하지만, 이장은 그럴 수 없다는 것이다.

좀 더 구체적으로 애장과 이장의 정의를 통해 비교를 해 보자. 애장은 앞서 말했듯이 '장에게 이익이 된다고 내가 생각하는 것을 장을 위해 내가 욕구하는 것'이다. 이장은 '장을 실제로 이롭게 하는 것'이다. 애장은 아마도 앞선 구절을 사용해서 표현하면, '이악위이장, 이위장욕지(以樂爲利臧, 而爲臧欲之, 음악이 장에게 이로운 것이라고 판단해서, 장을 위하여 그것을 욕구하는 것)'이라고 할 것이다. 앞선 구절을 통해 이장의 의미를 드러내자면, 먼저 그 부정적 표현, '이악위이장, 이위장구지, 비이장야(以樂爲利臧, 而爲臧求之, 非利臧也, 음악이 장에게 이로운 것이라고 판단해서, 장을 위해 그것을 구하는 것은 장을 이롭게 하는 것이 아니다)'에 주목해야 할 것이다. 여기서 흥미로운 점은 애장의 경우와는 달리 이장 혹은 비이장의 경우에는, 장을 위해서 이익이 되는 것을 '욕구하는 것(欲之)'이 아니라 '구하는 것(求之)'이라는 표현을 썼다는 것이다. '구한다'는 것은 무슨 의미인가?

    4 (경상) 려(慮, 고려함)는 구(求, 구하는 것)다.
    (경설상) 고려한다는 것은 지성을 가지고 어떤 것을 구하는 것이지만 반드시 얻는 것은 아니다. 마치 유심히 보는 것과 같다.[179]
    일과 행위 가운데에서 가볍고 무거운 것을 재는 것을 일러 구(求, 구함)라고 한다. 행위를 구하는 것은 그 행위를 하는 것이 아니다. …. 옳게 행위함을 구하는 것은 옳게 행위하는 것이 아니다.[180]
    성인의 소중한 사랑은 인(仁)하지만 '이애(利愛, 이익을 포함하는 사랑)'는 없다. 이애는 고려함에서 온다.[181]

구하는 것은 고려하는 것이다. 고려는 그저 욕구하는 것이 아니라 손익을 계산하며 따져 보는 것이다. 그런데 우리는 구하려고 하는 것을 늘 확보하지는 않는다. 위의 두 번째 인용문에서 나온 표현, 즉 "행위를 구하는 것은 그 행위를 하는 것이 아니다. … 옳게 행위함을 구하는 것은 옳게 행위하는 것이 아니다"라는 구절은 매우 정교한 구의 의미를 보여 준다. 그것은 한마디로 구이인(求利人)이 이인(利人)은 아니라는 것이다. 어떻게 보자면 이인은 성취 동사이다.[182] '이인(利人, 사람을 이롭게 함)'에서 이롭게 함은 이로움이 성취되었음을 드러내는 표현이다. 『묵경』의 윤리학적 목표는 이인이라고 할 수 있지만, 사실 이인은 우리가 노력에 의해서 성취될 수 있는 부분이 아니다. 즉 덕성의 영역이 아니기에 실현 가능한 목표는 이인이 아니라 구이인이 되어야 할 것이다. 다시 말해 후기 묵가가 그들의 윤리학적 논의를 통해서 확보하려고 하는 것은 전기 묵가와 마찬가지로 세상을 이롭게 함이지만, 혹은 사람을 이롭게 함이지만, 그러나 그들은 그 목표가 우리의 능력 안에 있다고 생각하지 않았다. 우리가 대신 가질 수 있는 현실적 목표는 판단, 태도, 욕구로 구성된 단순한 겸애나 애인을 넘어, 더욱 이인의 목표로 나아갈 수 있게 하는 손익 계산의 능력, 즉 구이인(求利人, 사람을 이롭게 함을 구함)의 능력이다. 애(愛, 사랑함)가 대상에게 객관적 이로움을 줄 수 있는가의 여부와 관계없이 그저 그 사람에 대한 따뜻한 관심과 어느 정도의 능력만 있으면 되는 인(仁)의 덕성이라면, 이에 만족하지 않고 대상에게 객관적 이로움이 무엇일까를 고려하는 능력이 포함된 이애(利愛)의 덕성이 『묵경』이 그리는 겸애의 진정한 의미[183]이다.

획을 사랑함이 애인이 되는 것은 획의 이익을 고려함에 의해 생기는 것이지 장의 이익을 고려함에 의해서가 아니다. 장을 사랑함이 애인이고 획을 사랑하는 것이 애인이다.[184]

애획과 애장은 각각 획의 이익을 고려함과 장의 이익을 고려하는 것을 의미한다는 점에서 다르지만, 또한 둘 다 애인이 된다는 점에서 같은 것이다. 앞서 말한 대로 애획은 이획과는 달리 애인에로 확장 가능하고, 이는 애장의 경우에도 그렇다. 이런 의미에서 애획은 애장을 함축한다고 할 수 있다. 장도 사람이기 때문이다. 그럼에도 위의 구절이 말하는 것은 애인이 단순히 하나의 방식으로 이루어지는 것은 아니라는 것이다. 어떤 사람은 획을 사랑함을 통해서 애인하고, 또 어떤 사람은 장을 사랑함을 통해서 애인할 수 있는 것이다. 특정한 시간과 공간에 처한 사람이 알고 사랑하는 사람은 한정적일 수 있지만 그 사람이 애인한다고 할 수 있는 것은 바로 자신이 알고 사랑하는 사람을 사랑하는 가운데, 애인할 수 있는 길이 있기 때문이다. 예컨대 획이 나와 특별한 관계를 맺고 있는 사람이기에 획의 이익을 고려하기 때문에 나는 획을 사랑한다고 할 수 있고, 장은 그런 관계가 없기에 나는 장에 대해서 획에 대해서와 같은 노력을 하지 않는다. 그런 점에서 나는 장을 직접적으로 사랑하고 있지는 않을 수 있다. 하지만 애획은 애인을 함축하기에, 획을 사랑하는 나는 사람인 장을 간접적으로 사랑한다고 할 수 있다. 내가 직접적으로 잘 모르는 사람도 사랑하기에 나의 사랑은 무차별적이라고 할 수 있으며, 또한 내가 직접적으로 잘 모르는 사람에 대해서는 '그 사람이 이익이 되는 것을 그 사람을 위해 욕구하는 것'을 직접적으로 하지는 않기(즉 그 사람을 사랑하지 않기에)에 나의 사랑은 차별적이라고 할 수도 있다. 애인 혹은 겸애는 이 점에서 무차별적 사랑이기도 하고 차별적 사랑이기도 하다.

다른 사람의 부모를 사랑하는 것은 자신의 부모를 사랑하는 것과 같다. 그 유사성은 일반적 선에 대한 관심에 있다.[185]
모든 곳에서 사람들을 사랑하는 것은 배운다. 많은 세대의 사람들을 사랑하는 것과 적은 세대의 사람들을 사랑하는 것은 같다. 겸애에서 그것은 또한 같다. 이전 세대의 사람들을 사랑하는 것과 미래 세대의 사람들을 사랑하는 것은 현재 세대의 사람을 사랑하는 것과 같다. 두 세대의 사람들을 사랑하는 것은 후하고 박한 정도가 있고, 그럼에도 두 세대의 사람들을 사랑하는 것은 같다.[186]

마땅히 두텁게 해 줘야 할 사람들에게는 두텁게 해 주고, 마땅히 얕게 해 줘야 할 사람에게는 얕게 해 주는 것을 윤열(倫列)이라고 이른다. 덕행이 있는 사람, 군상, 노장, 그리고 친척들은 두텁게 할 사람들이다. 나이 많은 사람을 후하게 한다고, 젊은 사람을 얕게 해 주지 않는다. 가까운 친척은 두터이 하고, 먼 친척은 얕게 한다. 친척 관계가 매우 멀어도, 옳음의 범위 안에 있다. 친척 관계가 가까우면, 그들의 덕행에 따라 대우하지는 않지만, 그들의 행동은 살핀다.[187]

겸애는 이처럼 두 가지 측면이 있다. 내가 아는 사람과 잘 모르는 사람 간에, 다른 사람이나 자신 간에 똑같이 사랑해야 하는 측면이 있고, 동시에 그 각각의 사랑의 정도가 다른 측면도 있다. 불차등애와 차등애의 성격이 다 있는 것이다. 후기 묵가는 위의 인용문이 보여 주듯이 차별적인 사랑을 적절성 혹은 옳음에 따라서 차별적으로 하는 것이 오히려 무차별적 사랑을 실천하는 것이라고 말하고 있다. 차별적 사랑의 방식인 윤열(倫列)과 애인이나 겸애가 충돌하지 않는다고 생각한 것이다. 전기 묵가의 경우에서도 이 같은 도식을 적용할 수 있다. 애는 이처럼 기본적으로 의도나 능력에 머무는 개념인 반면, 이는 실질적 혜택을 말한다. 전기 묵가의 '겸상애 교상리'라는 표현은 바로 애와 이의 이 관계를 잘 보여 준다. 이 점에서 '겸상애 교상리'는 '(의도에 있어서) 아울러서 서로 사랑하고, (실제에 있어서) 교류하면서 서로 이익을 줌'[188]으로 번역할 수 있다. '아울러서 서로 사랑함'은 의도의 영역이고, '교류하면서 서로 이익을 줌'은 실질 행위를 가리킨다. 겸애의 의미가 무차별적 사랑을 의미할 수 있지만, 그것은 오직 의도나 능력의 측면에서 그러하고, 사실은 실질적으로 교류하는 상대에게만 차등적으로 이익을 줄 수밖에 없는, 즉 차별적일 수밖에 없음을 선언하는 표현이라고 해석할 수 있다. 한마디로 말해 겸애는 겸상애로 대변되는 무차별성(의도와 능력상)과 교상리로 대변되는 차별성(실제 행위상)의 두 측면을 다 포함하는 개념임을 제시했다고 할 수 있다.

실제 행위상에 있어서 유가와 묵가의 덕스러운 행위는 겉으로 보기에 크게 다르지 않아 보인다. 실제의 행위는 친소 관계에 따라 차별적인 것으로 될 가능성이 크기 때문이다. 즉, 차별적인 제도인 중국 사회의 인륜과 예의 구체적 제도를 옹호하는 것은 유가나 묵가에서 차이가 없을 것이다. 이 점에서 묵가가 겸애의 원리를 통해 차별의 제도나 관행에 맞섰다는 것은 사실이 아니다. 묵가는 사실 이런 차별의 제도가 겸애의 원리와 상충된다고 보기는커녕 그런 차별의 제도가 겸애의 원리에 의해 더 강화되고, 또한 차별의 제도를 통해 겸애의 원리가 비로소 구현된다고 보았다. 전자의 측면은 부모에 대한 효는 겸애의 원리를 통해 더욱더 사회적으로 조장이 되는데, 바로 겸애의 사회 분위기 속에서 자신의 부모가 다른 이들로부터 보호받기 때문이다. 후자의 측면은 부모에 대한 자신의 후장과 묵가의 교설인 겸애가 충돌되는 것이 아님을 보이려고 한 묵가인 이지(夷之)에 의해 다음과 같이 표현되었다. "사랑은 무차별적이지만, 그 베풂은 부모로부터 시작한다(愛無差等, 施由親始)"[189] 이지에게서는 부모에 대한 특별한 대우, 즉 이 경우는 자신의 부모에 대한 후장이 '무차별적 사랑'을 구현하기 위해서 행해진다고 할 수 있다. 이지의 경우 '무차별적 사랑'을 먼저 떠올렸고, 바로 이 무차별적 사랑을 구현하기 위해서 부모에 대한 특별한 보살핌의 행위를 선택했다고 할 수 있다. 왜 부모에 대한 보살핌이 다른 이에 대한 보살핌을 앞서는가? 그것은 앞서 말한 대로, 구체적 시간과 공간에 처해서 특정한 사람들과 교류할 수밖에 없는 각 개인의 처지에서 비롯된 어쩔 수 없는 편의성 때문이 아니겠는가?[190] 인간은 공간적, 시간적으로 제한을 받는 존재이므로 그들이 가까이 있는 사람에게, 그들이 교류하는 사람들에게 먼저 이익을 주는 것이 불가피하다고 느꼈을 것이다. 이것이 바로 '교상리(교류하면서 서로 이롭게 함)'가 '겸상애(아울러 서로 사랑함)'와 개념적으로 다른 점이다. 물론 이 둘은 겸애의 개념에서 통합되고 있다. 이렇게 통합된 겸애의 개념은 '무차별적 사랑'의 이념과 '포괄적 보살핌'의 현실이 합쳐진 개념이다. 차별적 베풂의 실행이라는 실제 행동의 측면을 생각했을 때, 겸애의 의미는 실제로는 무차별적 사랑에 머물 수 없게 된다는 것이다.[191]

사실 후기 묵가가 맞닥뜨린 겸애의 문제는 시간과 공간 속에서 제약된 각각의 개인이 어떻게 모든 사람을 사랑한다고 할 수 있을까의 문제였다. 이 의문에 대한 답을 후기 묵가는 일단 '행위자의 의도'에 주목하면서 해결하려 하였던 것이다. 예컨대 경과 경설에서 이미 묵가는 설사 우리가 그 사랑의 대상이 몇 명인지 몰라도, 어디 있는지 몰라도, '그 대상을 위하여 이익을 주려고 하는' 의도가 확인된다면, 얼마든지 모든 사람에 대한 사랑이 가능하다고 하였다. 겸애는 이런 차원에서 실행 가능한 것임을 강조했다.

175 (경하) 천하 사람의 수를 모르는데도 사랑이 다할 수 있음을 안다. 설명은 질문에 있다.
(경설하) 일일이 그 수를 알지 못한다. 어찌 백성을 사랑함이 그것을 다하는 것이 됨을 알겠는가? 사람을 다 묻는다면 그 묻는 것을 다 사랑한다. 만약 그 수를 모르고도 사랑이 그것을 다하는 것을 아는 것은 어렵지 않다.[192]

176 (경하) 그들이 있는 곳을 모르지만 사랑하는 데 해가 되지 않는다. 설명은 자식을 잃은 사람에 있다.[193]

겸애의 의미에 있어서 또 한 가지 지적할 것은 겸애가 모든 사람을 다 빠짐없이 사랑한다는 의미는 아니라는 것이다. 물론 애인 혹은 겸애의 의미에는 무엇보다도 '두루 사랑함'이라는 의미가 있다.

사람을 사랑하는 것(愛人)은 두루 사람을 사랑하기를 기다린 후에 사람을 사랑하는 것이 된다. 사람을 사랑하지 않는 것은 두루 사람을 사랑하지 않음을 기다리지 않아도 된다. 사람을 두루 사랑하지 않는 것은 이 때문에 사람을 사랑하지 않는다고 한다. 말을 타는 것(乘馬)은 두루 말을 타는 것을 기다리지 않은 연후에도 말을 탄 것이 된다. 어떤 말을 타는 것은 이 때문에 말을 탄다고 한다. 말을 타지 않는 것은 두루 말을 타지 않는 것을 기다린 후에 말을 타지 않는 것이 된다. 이것이 하나는 두루하는 것인데, 다른 하나는 두루하지 않는 것이다.[194]

위에서 애인과 승마를 대조하는데, 둘은 비슷한 표현처럼 보이지만 전자는 그 대상의 범위가 전체이고, 후자는 부분이라는 것이다. 그런데 이 전체라는 것이, '빠짐없이 모든 것'을 가리키는 것은 아니다.[195] 예컨대 도둑은 사람인데, 왜 도둑을 죽이는 것은 사람을 죽이는 것이 아니라고 묵가는 주장하는가? 도둑을 죽이는 것은 도둑을 사랑하는 것이 아님은 분명한 것인데, 도둑을 사랑하지 않으면서, 또한 도둑이 사람인데도 불구하고, 어떻게 애인이라는 말을 쓸 수 있는가이다. 이러한 문제는 노예 장은 사람이고, 노예 장을 사랑함은 사람을 사랑하는 것이라는 후기 묵가가 사용한 표현과 대조하여 잘 따져 보아야 한다. 다시 한번 행위자의 의도의 측면에 주목할 필요가 있다.

획의 부모는 사람이다. 획이 그 부모를 섬기는 것은 사람을 섬기는 것이 아니다. 그녀의 동생은 미남이다. 그녀의 동생을 사랑하는 것은 미남을 사랑하는 것이 아니다. 수레는 나무이다. 수레를 타는 것은 나무를 타는 것이 아니다. 배는 나무다. 배에 들어가는 것은 나무에 들어가는 것이 아니다. 도둑은 사람이다. 도둑이 많은 것은 사람이 많은 것이 아니다. 도둑이 없는 것은 도둑이 없는 것이 아니다. 어떻게 이 점을 밝힐 수 있을까? 도둑이 많은 것을 싫어하는 것은 사람이 많은 것을 싫어하는 것이 아니다. 도둑이 없기를 욕구하는 것은 사람이 없기를 욕구하는 것이 아니다. 세상이 서로 함께 이것을 옳다고 한다. 만약 이것이 옳다면 비록 도둑이 사람이고, 도둑을 사랑함이 사람을 사랑함이 아니고, 도둑을 사랑하지 않는 것이 사람을 사랑하지 않는 것이 아니고, 도둑을 죽이는 것이 사람을 죽이는 것이 아님은 어려울 것이 없다.[196]

장을 사랑하는 것이 애인이 되는 까닭은 장이 사람들에게 유익한 존재라고 판단되었기 때문이다. 반면 도둑을 사랑하는 것이 애인이 되지 않는 까닭은 도둑이 사람들에게 해로운 존재라고 판단되었기 때문이다. 애인의 의미가 앞서 말한 대로 '사람들에게 이익이 되는 것을 사람들을 위해 욕구하는 것'임을 안다면, 위와 같이 해석하는 데 큰 무리가 없을 것이다. 후기 묵가에게는 설사 한 사람을 사랑하더라도 그것이 모든 사람을 사랑하는 애인의 의미로 받아들여질 수 있는 것이다. 또 어떤 특정한 사람을 죽이더라도 그것이 살인이 아닌 경우가 있을 수 있는 것이다.

천하를 위해 우(禹)를 두터이 하는 것은 (그가) 우(禹)이기 때문이다. 천하를 위해 우를 두터이 사랑하는 것은 사실 우가 사람들을 사랑하였기 때문이다. 우를 두터이 하는 것이 천하에 도움이 되는 것도 있고, 우를 두터이 사랑하는 것이 천하에 도움이 되지 않는 것도 있다.

마치 (그가 한 것 때문에) 도둑을 미워하는 것이 천하에 도움이 되는 것이 있는 것도 있고, 반면에 (그가 하지 않은 것 때문에) 도둑을 미워하는 것이 천하에 도움이 되지 않는 것이 있는 것과 같다. 사람을 사랑하는 것이 자신을 제외하지 않는다. 자신이 사랑받는 대상 가운데 있기 때문이다. 자신이 사랑받는 대상 가운데 있다면, 사랑은 자기에게 베풀어진다.[197]

## 통합적 해석

후기 묵가 윤리에서 규범윤리적 측면과 덕 윤리적 측면은 어떻게 융합되어야 하나? 후기 묵가에서 공리를 강조하는 부분과 의도와 덕성을 강조하는 부분을 어떻게 통합적으로 이해할 수 있는가? 사실 일반론적으로 규범윤리와 덕 윤리의 병존 가능성은 인정할 수 있다. 비록 덕 윤리가 20세기 중반 규범윤리적 접근을 비판하면서 나왔지만,[198] 오늘날 우리는 그것들이 꼭 상호 충돌적인 체계라고 생각하지 않는다. 접근 방식과 관심이 다를 뿐이지, 규범윤리는 규범윤리대로, 덕 윤리는 덕 윤리대로 나름의 관심과 접근을 할 뿐이니, 얼마든지 상호 보완적으로 사용될 수 있다는 것이 또한 학계의 주도적 견해 중의 하나이다. 예컨대 어떤 행위자의 행동은 그 행위자의 성격적 특성이나 덕성에 비추어 판단할 수도 있을 것이고, 또는 그 행위 자체의 도덕적 혹은 공리적 성격에 비추어 판단할 수도 있을 것이다.[199] 전자는 흔히 덕 윤리의 주창자들이 취하는 태도일 것이고, 후자는 규범윤리자들이 취하는 입장일 터이니, 이런 방식으로 후기 묵가의 윤리는 덕 윤리와 규범윤리, 특히 공리주의의 측면을 다 가지고 있다고 말할 수 있을 것이다.

이런 일반론적인 통합 말고 구체적으로 후기 묵가의 규범윤리적 측면과 덕 윤리적 측면을 통합시킬 수 있는지 살펴보자. 앞서 말한 규범윤리와 덕 윤리의 구분을 후기 묵가의 윤리학에 적용해 보면, 규범윤리는 후기 묵가가 주로 이(利, 이익 혹은 공익)라는 개념을 중심에 놓고 행위의 도덕성을 판단한다면, 덕 윤리는 겸애 혹은 애인이라는 행위자의 덕성(능력)을 중심으로 그 행위자의 행위의 도덕성을 판단한다고 할 수 있다. 당연히 묵가에서 겸애 혹은 애인이라는 능력의 추구와 이 혹은 이인의 실행은 충돌 없이 통합될 수 있다. 겸애 혹은 애인은 기독교의 박애와 같이 자기희생을 그 밑에 깔고 진행되는 것이 아니고, 또 단순한 감정적 사랑을 말하는 것도 아니다. 그것은 타인의 이익 추구를 목표로 하는 일종의 이성적 태도와 생각이라는 점에서 겸애와 이익의 추구(특히 공익의 추구)는 서로 연관되어 있다고 하겠다. 후기 묵가가 단순한 애(愛)보다는 이애(利愛, 이익을 주는 사랑)를 추구했다는 지점도 이 통합의 가능성과 당위성을 잘 보여 준다고 하겠다. 이런 까닭에 후기 묵가에서의 겸애와 이(利)는 도덕성이라고 볼 수 있는 의(義)의 개념과 치환된다.

앞서 의(義)를 포함한 각종 덕성들에 대한 경과 경설들의 설명에서 나는 경은 주로 이익에 대해 말하고, 경설은 주로 덕성에 대해 말했다고 하였다. 이익은 주로 행위의 결과 내지 성패의 측면에서 말했고, 덕성은 행위자가 주재할 수 있는 영역, 즉 자기 내면의 의도나 능력에 대해 말한 것이다. 경이 전기 묵가의 공리주의적 입장을 말하였다면, 경설은 덕 윤리의 입장을 강조하였던 것이다. 이러한 사실은 후기 묵가의 윤리적 입장을 덕 윤리로 보아야 한다는 것을 의미하는 것일까? 아니다. 비록 후기 묵가의 윤리학이 행위자의 의도를 강조한다고 해도 그 핵심은 전기 묵가와 마찬가지로 행위의 좋은 결과, 즉 이익 추구에 있음은 명확하다. 그 이익의 내용도 전후기 묵가 공통적으로 물질적인 것에 있음 역시 분명하다. 이처럼 물질적 이익을 강조했다는 점에서 묵가는 다른 학파, 특히 유가와 구분된다. 따라서 좋은 의도를 강조하는 후기 묵가에게서 유가나 덕 윤리를 연상할 수도 있겠으나, 후기 묵가의 지향점은 전기 묵가와 마찬가지로 물질적 재화의 증가에 있다고 보아야 한다. 즉 후기 묵가의 입장도 한결같이 공리주의를 향하고 있다고 해야 한다.

그런데 경설에서 행위자의 의도를 문제 삼은 것은 공리주의의 의미를 좀 더 명확하게 하기 위해서라고 보아야 한다. 이(利, 이롭게 함)와 이인(利人, 사람을 이롭게 함)이 여전히 후기 묵가의 윤리적 목표인 것이 사실이지만, 보다 현실적으로는 이(利)나 이인(利人)보다는 구이(求利, 이익을 구함)와 구이인(求利人, 사람을 이롭게 함을 구함)이 후기 묵가의 목표라고 볼 수 있다. 대상을 이롭게 함은 아무리 행위자가 노력을 한다 해도 주변 상황으로 인해 성공하지 못할 가능성이 있기 때문이다. 따라서 '실제 대상을 이롭게 함'보다 '대상을 이롭게 하기를 구함'이 후기 묵가에 의해 선호되었을 가능성이 있다. 앞서 보았던 효(孝)와 같은 덕성의 정의(특별히 경설)에서 이 점이 강조되었던 것이 이를 뒷받침한다. 이런 점에서 애(愛, 사랑)는 안이고, 이(利, 이로움)는 밖이라고 하는 그 당시의 하나의 윤리적 입장을 후기 묵가가 거부한 것은 의미심장하다.

177 (경하) 인(仁)은 내(內)이고 의(義)는 외(外)라고 하는 것은 잘못이

다. 설명은 얼굴의 일치에 있다.

(경설하) 인은 사랑함이다. 의는 이롭게 함이다. 사랑함과 이롭게 함은 이것이고, 사랑받는 것과 이익을 받는 것은 저것이다. 사랑함과 이롭게 함은 서로 내외(內外)가 되지 않고, 사랑받고 이익받는 것 또한 서로 내외가 되지 않는다. 인은 내이고, 의는 외라고 여기는 것은 사랑함과 이익받는 것을 열거하는 것이다. 이것은 '미친 열거'이다. 마치 왼쪽 눈은 밖을 보고, 오른쪽 눈은 받아들인다고 하는 것과 같다.[200]

위의 구절은 한마디로 '인애(仁愛)는 내(內)이고, 의리(義利)는 외(外)이다'라고 볼 수 없다는 것이다.[201] 인애와 의리는 둘 다 주체의 능력의 측면에서 보면 내이고, 그 적용 대상의 면에서 보면 외라고 할 수 있기 때문이다. 우리가 관심을 쏟을 수 있는 부분은 주체의 능력 부분, 즉 사랑을 함과 이익을 줌의 부분이지, 그 사랑과 이익의 대상이 아니다. 사실 나의 의도와 능력만이 내가 감당하고 주재할 수 있는 부분이다. 나의 의도와 능력이 충분하다고 해도, 대상이 내가 원하는 대로, 원하는 만큼 개선되지 않을 수 있기 때문이다. 물론 이것이 외부 대상의 상태를 더 이롭게 만들자는 목표가 잘못되었다는 뜻은 아니다. 그것이 최종 목표가 되는 것은 분명하다. 문제는 그 최종 목표의 달성 여부가 반드시 우리에게 달린 문제는 아니기 때문에 후기 묵가는 우리에게 달려 있는 것만을 강조했던 것이다.

윤리학에서 논의되었던 『묵경』에서의 공리주의적 측면과 덕 윤리적 측면의 충돌과 통합은 위에서처럼 차이 안에서의 유사성, 유사성 안에서의 차이를 드러내는 가운데 이루어질 수 있다. 우리는 『묵경』의 저자인 후기 묵가가 물질적 이익, 특히 공동체 전체에 대한 물질적 혜택의 확보를 당면 과제로 삼는다는 점에서 전기 묵가와 마찬가지로 다분히 공리주의 윤리학을 떠올리게 하는 입장을 견지한다고 생각한다. 하지만『묵경』의 공리에 대한 논의는 그저 공리를 제시하고 그것을 확보하는 방향을 제시하는 데 그친 전기 묵가와는 달리 행위자의 심적 상태인 의도와 욕구, 나아가 덕성에 주목하는 길, 즉 덕 윤리의 길로 나아갔다고 생각한다. 물론 우리는 앞서 말한대로『묵경』이 전기 묵가와는 달리 공리주의를 떠났다고는 생각하지 않는다. 그보다는 전기 묵가의 공리주의를 더 세련되게 진전시켰다고 생각한다. 전기 묵가는 이익을 중(衆), 부(富), 치(治)와 같이 구체적이고 객관적인 방식으로 제시하고, 옳음(義)이란 결국 이것들을 증진시키는 것이라 정의하였으며, 따라서 그 증진 방안에 관심을 가졌다. 후기 묵가는 마찬가지로 공동체에 도움이 되는 이익과 손해를 말하였지만, 공동체를 개체의 입장에서 바라보며 이익과 손해를 대단히 개인적이고 주체적인 방식으로 정의하려고 하였다. 전기 묵가처럼 공동체 차원의 정책을 제안함으로써 공익 추구의 문제를 해결하려고 하였다기보다는, 후기 묵가는 개인의 입장에서 어떻게 공익을 실현시킬 수 있는지, 즉 공익을 타인과의 관계 속에서 자신이 어떻게 실현시킬 수 있는지라는 구체적 문제의식으로 승화시켜서 탐구를 진행시켰던 것이다. 어차피 공익이라는 것은 한 사람의 힘으로 얻을 수 있는 것이 아니라 다수의 사람들이 협력한 결과 확보될 수 있는 것이고, 또한 그것은 주변 환경과 같은 다분히 우연적인 것들에 의해 그 획득 결과가 달라질 수 있다. 따라서 후기 묵가는 공익을 추구하는 과정에서 자신들이 통제할 수 있는 부분인 주체적 역량에 관심을 두었던 것이다. 한마디로 그들은 각 개인이 어떠한 마음으로, 어떠한 능력으로 공익을 증진하는 데 공헌을 할 수 있는지 물어야 할 것이라고 믿었던 것 같다. 이처럼 전기 묵가가 공익 확보를 사회 전체의 차원에서 추구하였다면, 『묵경』의 저자들인 후기 묵가는 주체적이고 개인적 관점에서, 즉 개인이 할 수 있는 바가 무엇인지를 찾는 논의를 진행시켰다. 전기 묵가가 일종의 정치적 방식으로 공익, 즉 옳음을 찾았다면, 후기 묵가는 윤리적 방식으로 나는 어떻게 그 옳음의 길, 공익 증진의 길에서 공헌할 수 있을가를 물었던 것이다.[202] 이러한 길에서 『묵경』이 제안한 답은 개인은 구체적 사람을 사랑하는 것에서 애인을 할 수 있고, 나아가 그 사람에 대한 지식 정보를 고려하는 가운데, 결국 이애(利愛, 이익을 주는 사랑), 즉 진정한 겸애를 할 수 있다는 것이다. 이것이 『묵경』 안에서 공리주의와 덕 윤리가 통합되는 방식이다. 이것이 내가 묵가, 특히 후기 묵가의 공리주의를 의도 공리주의라고 하는 이유이다.

의도 공리주의는 행위자의 의도와 덕성을 강조한다는 점에서 일반적 공리주의와는 다르다고 할 수 있다. 의도 공리주의는 행위자의 선한 의도와 그 덕성의 중요성을 강조한다는 점에서 덕 이론, 나아가 의무론과 입장을 공유하는 부분이 있다. 덕성과 의도를 강조한다는 점에서 의도 공리주의는 공리주의처럼 공익을 그 목표로 삼으면서도 행위 하나하나의 동기로 이익보다는 적어도 도덕적 행위나 덕성을 존중하고 있다고 할 수 있을 것이다. 이것이 후기 묵가의 공리주의가 덕 이론이나 의무론과 입장을 공유하는 지점이다. 물론 의도 공리주의자들의 도덕에 대한 존중은 칸트와 같은 의무론자들이 강조하는 순수한 도덕적 의무감 혹은 도덕에 대한 존경이라기보다는 법적 의무감이라고 해야 할 것이다. 가이어(Paul Guyer)는 칸트의 법 개념을 다루면서, 이에 대해 다음과 같이 말한다.

> 모든 의무는 정언명법에서 비롯되지만, 그럼에도 불구하고 의무 자체에 대한 존중이라는 윤리적 인센티브와 강압에 대한 두려움이라는 법적 인센티브라는 서로 다른 인센티브가 존재할 수 있다.[203]

가이어는 틀림없이 강압적 처벌에 대해서 느끼는 두려움을 법 의무의 동기로 말하지만, 또 한편으로는 법 의무의 구속력도 윤리적 의무와 마찬가지로 도덕성에서 온다는 점을 인정한다. 따라서 후기 묵가의 입장은 여전히 공익을 목표로 한다는 점에서 의무론과는 다르고, 공리주의에 가깝다고 말할 수 있다.

# 3장

# 과학

후기 묵가의 과학 사상을 살펴보기 전에 간단히 과학 사상과 얽혀 있는 여러 논란을 살펴보자. 먼저 과학이란 무엇인가? 고대 중국에도 과학이라는 탐구 영역이 있었나? 이런 질문들은 특정한 형태의 과학적 탐구를 보편적이라고 믿는 데에서 발생한다. 고대 중국에서의 지적 탐구는 현재 혹은 근대 과학혁명 이후의 주도적인 소위 과학적 탐구 형태와 너무나 차이가 있어서, 이것을 과학이라고 할 수 있을지에 대한 의심이 있어 왔다. 다시 말해 중국의 과학도 앞서 논했던 중국 논리학과 마찬가지로 그 존재에 대해서는 여러 논란이 있다. 물론 중국이라는 맥락을 떠나 넓은 의미의 통상적 과학 개념, 즉 "다양한 현상을 이해하고, 설명하고, 예측함"과 관련된 유사한 탐구가 고대에 존재했었음은 부인할 수 없다. 그럼에도 과거의 자연 탐구와 현재의 과학 탐구를 비교하기 힘들게 하는 요소들이 있다.

첫째, 과학은 진리를 전달해야 하는데, 과거의 전통에서는 그러한 과학을 찾을 수 없다. 과거의 전통에는 수없이 많은 이론들과 체계들이 있는데, 현대의 과학자라면 자신의 연구 목적을 위해 이것들로부터 시작할 필요는 없다. 역사적으로 흥미로울 수 있더라도 그것은 단지 그것일 뿐이다.

둘째, 과거의 탐구와 현재의 탐구는 너무나 다르다. 현재 과학 작업이 이루어지는 연구실이나 그곳의 제도는 과거에서는 찾아볼 수 없는 것들이다.[204]

그럼에도 고대 세계에 과학이 없었다고 하는 것은 너무 강한 주장이다. 왜냐하면 현대 과학은 그저 허공에서 떨어진 것이 아니고, 과거에서 기인하는 것들을 기반으로 해서 생겨난 것이기 때문이다. 물론 흔히들 고대 및 중세 과학과 근대과학의 차이를 강조한다. 고대 및 중세 과학은 가설들의 고유하고 본질적인 모호함, 신비스러운 상관관계의 환상적 체계, 수비학이나 숫자 신비주의, 숫자들을 정량적인 측정의 요소로 사용하지 않음을 특징으로 갖는 반면, 근대과학은 자연에 대한 수학적 가설의 적용, 실험적 방법에 대한 충분한 이해와 활용, 일차적 성질과 이차적 성질의 구별, 공간의 기하학화, 실재에 대한 기계적 모델의 수용 등의 특징을 갖는다고 말한다. 이런 차이를 드러내기 위해 흔히들 과학혁명이니 또는 패러다임의 전환이니 하는 말을 사용하지만 현대의 과학은 틀림없이 과거의 탐구와 연속성이 있다고 보아야 한다. 중국 과학기술사에 관한 방대한 저술을 남긴 니덤의 작업은 이러한 지점을 동아시아 전통 과학으로 확대했다는 점에서 주목할 필요가 있다. 그는 서구 근대 과학혁명의 보편성을 믿지만, 그 근대 과학혁명이 일어날 수 있게 만든 요인들 중의 하나로 중화 문화권이 성취한 과학기술을 든다. 니덤은 서구의 근대 과학혁명이 수없이 많은 지류로부터 형성된 하나의 바다라면, 역사상 수많은 지역에서 출현한 과학기술 문화들은 그 바다를 가능하게 한 지류들이며, 따라서 그것들에 주목해야 한다고 주장한다.205 물론 그 지류들 중의 하나가 중국의 전통 과학기술이다.

과학은 진리를 추구하는 학문인 데 반해, 과거의 탐구가 과연 진리를 탐구한 적이 있는가 하는 의문을 제기하는 사람들이 있다. 그러한 의심으로 인해 과거의 지적 탐구를 과학이라고 하기 주저하게 되는 것도 사실이지만, 과학을 반드시 현대적 형태의 진리를 탐구하는 학문으로만 정의할 필요는 없다. 진리는 다양하게 정의될 수 있기에 너무 좁은 의미의 현대적 의미의 과학, 현대적 의미의 진리 개념에 얽매여 동아시아 전통에는 과학이 없었다고 단정할 필요가 없다는 의미이다. 주지하듯이 과학이나 진리는 끊임없이 다르게 정의된다. 동아시아를 포함한 대부분의 고대 문명에서는 인간 사회라는 소우주는 인간 육체의 소우주, 천체의 대우주와 매끄러운 전체를 이룬다고 생각했다.206 과거의 동아시아와 서구의 간극은 오늘날의 동아시아와 서구의 간극과 같지는 않다. 동서고금을 막론하고 오랫동안 다양한 주제들이 논의되어 왔고, 다양한 종류의 탐구가 이루어져 왔다. 틀림없이 논의의 주제에 따라 정당한 과학적 방법이 있는데, 그 과학적 방법은 단순히 '가설 연역적 실험 방법(the hypothetico-deductive experimental method)'으로 수렴되지 않는다. 과학적 방법이란 이처럼 단순하고, 정형화된 것이 아니고, 더 복잡한 과정이다. 그럼에도 불구하고 우리는 과학과 미신 혹은 과학과 유사 과학을 구분할 어떤 규준이 필요하다고 믿는다. 아무리 과학의 형태가 다양하다고 해도 예컨대 천문학과 점성학, 혹은 화학과 연금술 사이에는 어떤 차이가 있다고 해야 한다. 다시 말해 우리는 여기에서 과학과 미신, 과학과 유사 과학 혹은 과학과 형이상학의 구분을 시도해야 한다. 이 지점에서 후기 묵가의 과학과 과학 사상은 우리에게 중요한 판단의 준거점을 제공해 준다. 그것은 후기 묵가의 과학이 과학과 유사 과학 혹은 과학과 형이상학에 다 걸쳐 있기 때문이다. 여기서 말하는 과학은 인과론을 기반으로 하는 지식 체계이고, 유사 과학 혹은 형이상학이란 상관주의를 기반으로 하는 믿음 체계이다.

후기 묵가의 『묵경』에 담겨 있는 과학은 당시 유행한 음양가의 오행 사상과는 다른 방식의 자연 이해를 보여 준다. 『묵경』이 다루는 기하학, 광학, 역학 등에서 펼쳐지는 과학적 지식 체계는 기존의 오행론과 같은 형이상학 체계와는 다른 자연 이해 방식에 뿌리 내리고 있으며, 따라서 일단 이들의 차이를 살펴볼 필요가 있다. 물론 과학과 형이상학의 구분이 후자를 배격하기 위한 것은 아니다. 다만 편의를 위해 둘을 구분할 필요는 있다. 『묵경』의 저자들은 성곽의 축성이나 수레와 도자기와 같은 각종 기구를 생산하는 공인 출신답게 기하학, 역학, 광학 등에서 전문적 지식을 보여 주고 있다. 그런데 이러한 지식들, 즉 『묵경』의 기하학을 다루는 부분에서 보이는 점, 선, 원의 개념 정의, 광학의 영역에서 보이는 볼록거울과 오목거울의 원리 해명, 역학을 다루는 부분에서의 지렛대의 원리에 대한 설명 등은 후기 묵가의 구체적 과학기술의 지식이 당시의 자연주의자들, 즉 음양가의 오행 이론과 잘 조우되지 않음을 보여 준다. 이러한 충돌을 보여 주는 예로는 오행의 상극설이 양(量)을 고려하지 않았기에 성립할 수 없다고 주장하는『묵경』의 구절이다. 우리는 이러한 차이점을 일종의 형이상학과 과학의 충돌, 혹은 유사 과학과 과학의 충돌로 해석할 수 있다. 또는 인과적 세계관과 상관주의적 세계관의 차이라고 할 수도 있을 것이다.

하지만『묵경』의 과학이 온전히 인과론에 기초하고 있다고 볼 수는 없다. 『묵경』의 저자들이 생각한 세계는 기본적으로 실(實)로 이루어진 세계로서, 『묵경』의 지식 혹은 과학 이론은 바로 이 실을 어떻게 파악하느냐에 따라 그 성격이 달라질 수 있다. 『묵경』의 실을 그저 구체적인 감각적 경험 대상으로서의 개체로만 볼 것이냐 아니면 보다 좀 더 일반적인 사회, 경제적 실상도 포함하는 것으로 볼 것이냐의 논란도 있을 수 있고, 실을 구체적 개별자보다는 일종의 전체-부분의 구조 속에서의 부분(part)으로 보아야 하지 않겠느냐는 논란도 있을 수 있다.[207] 사실『묵경』의 세계관을 드러내는 또 다른 핵심 개념이 부분인 체(體)와 전체인 겸(兼)이었다는 것도 이러한 해석을 뒷받침하는 사례라고 할 수 있다.[208] 실을 개체가 아니라, '특정한 것 중의 부분'으로 본다면, 후기 묵가의 세계는 일종의 전체-부분론 혹은 유기체론에 기반한 세계일 것이다. 즉, 인과적 세계관보다는 상관론적 세계관에 가까울 것이다. 앞서 그레이엄에 의해 묵가의 '필연적 경험 지식(必知)'이나 '필연적 경험 독립석 지식(先知)'으로 해석된 필지와 선지의 개념들을 각각 서구의 과학적 지식이나 논리적 지식으로 볼 수 있느냐의 문제도 후기 묵가의 과학 사상을 이해하기 위해 살펴보아야 할 논제들이다. 왜냐하면 사고의 보편적이고 필연적인 법칙을 연구하는 것이 논리학이라고 한다면 묵가의 학문은 일정 부분 논리학적 요소를 가지고 있는데, 이것이 경험적 근거와 어떤 관계를 갖는가 하는 것은 바로 과학과 논리학의 관계에서 중요한 문제가 되기 때문이다. 이처럼 과학 사상에서의 실에 대한 논쟁은 다시 첫 번째 『묵경』의 논리학을 다루는 부분을 소환한다. 『묵경』에서 이런 과학과 논리의 논제들이 중요한 것은, 뒤에 등장한 『순자』의 「정명」편의 삼혹을 논하는 부분에서 다시 명(名)과 실(實)이 무엇인지가 조명을 받기 때문이다. 『순자』의 「정명」은 명가들과 후기 묵가의 궤변들을 물리치기 위한 저술이니만큼, 그 세계관은 명가와 후기 묵가의 논리학, 인식론, 과학과도 공유하는 것이 많을 것이다. 후기 묵가의 명과 실의 논의에 대한 이해는 후기 묵가의 논리학과 과학 사상은 물론이고, 명과 실에 대한 논의를 행한 타 학파, 즉 명가는 물론이고 장자와 같은 도가의 철학을 해명하는 데에도 커다란 역할을 할 것이다.

인과론과 상관주의를 아울러 가지고 있는 것이 후기 묵가만은 아니다. 예컨대 상관론적 세계관인 이기론을 세계관으로 받아들였던 송대(宋代)의 주희에게서도 우리는 엄밀한 인과적 사유를 발견할 수 있다. 김영식은 주희가 자연을 설명할 때 음양론을 벗어나 일관되게 인과적 설명을 못 했던 이유는 중력과 지구의 회전에 대한 지식과 같은 부가적 지식을 결여하고 있었기 때문일 뿐이라고 주장하였다.

음양의 순환적 교체라는 관념은 월식, 사계절, 조석 같은 현상에 대한 그의 논의에서 지배적인 역할을 했다. 그러나 그렇다고 해서 음양 순환에 대한 주희의 집착이 이 같은 현상들의 정확한 설명으로 오늘날 우리가 받아들이고 있는 생각—태양, 달, 지구의 상대적, 기하학적 위치들을 통한—에 그가 도달하는 것을 막았다고 할 수는 없다. 왜냐하면 그가 모든 현상들의 설명에 반드시 음양 순환의 관념을 사용해야만 했던 것은 아니었기 때문이다. 그보다 더 구체적인 설명이 떠올랐을 때는 그는 얼마든지 그것을 채택할 수 있었던 것이다. 달의 차고 기우는 현상에 대한 그의 설명이 좋은 예이다. 이 현상이야말로 음양 순환의 관념을 통해 지극히 자연스럽게 설명될 수 있었음에도 불구하고 그는 해와 달의 상대적 위치를 통한 기하학적 설명을 제시했던 것이다.[209]

과학이라는 것이 오행이나 명실, 그리고 혹시 후대의 리기와 같은 상관적이고, 추상적인 것들 속에서보다는 좀 더 구체적인 것 속에서 발전하는 것이라면, 구체적인 것을 강조했던 명대의 자연철학자 송응성(宋應星)의 경우는 후기 묵가와 마찬가지로 인과론과 상관주의 양 측면을 다 가지고 있는 것처럼 보인다. 송응성은 장재의 기론(氣論)을 수용하였으면서도 그 기론이 가지고 있는 추상성을 극복하려고 했다. 즉, 그는 기(氣)가 이(理)나 도(道)의 실현을 위해 소용이 된다면 그것은 좀 더 구체적인 현상의 그릇이나 재료(器)로 나타나야 한다고 보았다. 이처럼 그는 이기론의 형이상학과 구체적 그릇, 재료(器)를 연결 지은 철학자였다. 기(器)가 기(氣)와 다른 점은 더 구체적이고 물질적이라는 것 외에 기(氣)는 자연적 산물인 반면, 기(器)는 인간의 노력의 산물, 즉 기술의 산물이라는 점일 것이다. 송응성의 과학 사상이 가지는 장점이나 의의는 동아시아 지성사에서는 드물게 구체적인 과학기술의 지식을 주류의 철학 사상과 연결 지었다는 점에 있다.[210] 송명대의 신유가 주류 철학자들의 이기론이 늘 인간과의 연관성을 따지는 도덕 형이상학의 요소를 갖는다면, 송응성의 철학은 그저 객관적 세계에 대한 탐구의 성격을 띠고 있다. 이러한 대비적 관계와 유사하게 음양가나 도가와 같은 자연철학자들의 세계관이 늘 인간적 관점을 강조하는 것이었다면, 『묵경』의 저자들의 세계관은 객관적 세계를 지향하고 있었다.

중국 전통에서도 주류 철학자들이 관심을 가졌던 점성학의 경우, 천체 혹은 별자리들의 위치에 대한 연구에는 예측이 시도되었다. 하지만 사용된 자료는 천체 현상 세계에 속할지라도 그 결론은 인간의 운이나 전체 나라의 운에 관한 것이었다. 그러므로 (유사 과학으로서의) 점성학과 (과학으로서의) 천문학은 근거로서 사용된 현상계가 다른 게 아니라 각각의 학문의 목적에 의해 대조된다. 어떤 고대의 탐구에서건 우리는 다양한 요소, 즉 관심이 집중된 자료, 그 자료들이 어떻게 수집되고, 조립되어졌는지, 그것들이 어떻게 해석되고 그 해석 시스템을 위해 제공된 근거들과 그 결론의 본성 및 그것들이 어떻게 연결되었는지를 평가해야 한다. 이런 모든 질문에 대답함으로써 우리는 그러한 탐구 자체를 어떻게 평가할 수 있는지에 대한 답을 찾을 수 있을 것이다.

고대의 여러 문명들에서 행해진 탐구의 유형을 보여 주는 데 있어서 가장 적절한 예는 하늘에 대한 탐구이다. 그리스, 중국, 중동의 세 고대 문명에서 하늘에 대한 구체적 연구들은 차이와 유사성을 가지고 있었다. 예컨대 헬레니즘 시대 이래로 그리스는 바빌로니안 자료에 크게 의존했다. 하지만 그들은 또한 그들 자신의 책임 아래에서 관측 작업을 수행했다. 그러나 그들의 관심은 중국이나 중동에서와 같이 관찰과 기록, 심지어 하늘의 신호를 해석하는 것이 아니라 태양, 달, 행성의 움직임을 설명할 수 있는 기하학적 모델을 만드는 데에 집중되어 있었다. 프톨레마이오스의 다른 언급에서 알 수 있듯이, 특히 하늘에 존재하는 것으로 밝혀진 규칙성은 예측 가능성과 명료성뿐만 아니라 질서와 아름다움의 표시로 간주되었다. 플라톤은 이미 『티마이오스』에서 하늘의 규칙성을 연구하면 자신의 영혼의 움직임을 조절할 수 있어 더 나은 사람이 될 수 있다고 제안한 바 있다.

세 문명의 하늘에 대한 탐구의 공통성은 다음과 같다. 첫째, 하늘의 현상에 대한 지속적인 탐구가 이루어졌다. 둘째, 하늘이 인간의 운명을 결정하는 것은 아니지만 그 운명에 관한 메시지를 보내기 때문에 현명한 사람들은 하늘의 경고를 고려해야 하며, 따라서 이러한 탐구의 측면이 인간 문제와도 관련이 있다고 믿었다. 셋째, 하늘에서 일어나는 일 자체에 가장 많은 관심을 기울였다. 고대 그리스인들은 고대 중국인들이 발견한 많은 예외적인 사건들에 좀처럼 주목하지 않았는데, 부분적으로는 하늘이 예외 없는 질서를 보여줄 것이라는 기대 때문이었을 것이다. 천체 운동의 규칙성을 더 완전히 이해하고 예측할 수 있게 되면서 일식 주기가 결정되고, 달력이 규칙화되고, 때로는 순전히 산술적인 방법에 기대어, 때로는 기하학적 방법에 기대어 행성 운동의 패턴이 그려졌다.

세 문명에서 이루어진 하늘의 탐구는 다음과 같은 차이점을 보인다. 천체에 관한 연구의 역사와 관련해서, 이러한 연구의 특정 측면(달력에 대한 관심, 일식 예측 등)은 반복되지만, 문제를 정의하는 정확한 방식, 문제를 해결하는 데 사용된 방법, 주제 자체에 대한 정의는 모두 중요한 차이점을 보여 준다. 이는 하늘에 대한 연구가 단 하나의 방법으로만 발전할 수 있었던 것은 아니며, 따라서 우리가 현재 알고 있는 천문학이 단 하나의 특권적인 길을 통해서만 출현할 수 있었던 것은 아니라는 중요한 교훈을 준다.

과학사에서 과학혁명 이전의 문화와 과학혁명 이후의 우리 자신을 구분하는 '위대한 구분(The Great Divide)'을 설명하려는 시도는 그 설명 대상이나 이를 설명하기 위해 호출되는 설명 요소를 지나치게 단순화하는 문제가 있다. '위대한 구분'이란 정확히 무엇이었나? 어느 시점에 현대 과학의 시작을 알리는 급진적인 돌파구가 있었나? 정확히 언제, 왜 그런 일이 일어났을까? 과학의 여러 영역에서 같은 시기에, 같은 이유로 그런 일이 발생했을까? 혹은 그렇지 않았을까? 천문학의 발전 속도와 방식은 화학의 발전 속도와 방식, 그리고 생명과학의 발전 속도와 방식과 현저하게 다르며, 이는 각각의 경우에 다른 요인이 작용했음을 암시하는 것으로 받아들여질 수 있다. 많은 사람들이 소위 과학혁명의 시기인 17세기에 초점을 맞추고 있다. 그러나 천문학, 물리학, 해부학, 생리학 등 어떤 분야에서 일어난 변화든, 모든 경우에 그 변화는 '혁명'이라는 용어로 쉽게 표현할 수 있는 것보다 훨씬 더 복잡하게 일어났다. 과학 이전과 과학이라는 이분법적 관점에서 문제를 해결하기 위해 도입된 대부분의 방법론과 개념을 통해서는 기껏해야 매우 부분적인 설명만이 가능할 뿐이라는 것이 밝혀졌다. 예컨대 실험의 힘이나 효용도 이것을 설명할 수 없다. 물리학의 수리화도 항상 긍정적으로 과학 발전에 기여한 것은 아니다. 세속화도 다양한 과학 발전의 속도를 설명하지 못한다. 문해력, 경제적 흑자, 기술의 성장, 덜 복잡한 사회

조직 등도 과학 발전의 필요조건이라고 하기에는 조금 부족하다. 따라서 단순히 과학 대 유사 과학 혹은 원시 과학이라는 대비의 용어가 아니라, 위의 모든 외적 요소와 내적 요소의 상이한 결합이 선호하는 것으로 보이는 탐구들의 구체적 특성들을 가리키는 용어로 과학 발전을 설명해야 한다.[211]

## 인과론적 과학

근대 과학혁명 이후 과학의 개념은 정형화된 측면이 있다. 과학은 객관적이고 가치 중립적인 세계에 대한 정보를 주어야 하고, 반증 가능성이 있어야 하고, 나아가 '가설 연역적 실험 방법(the hypothetico-deductive experimental method)'을 사용한다는 것 등이 그것이다. 이런 점에서 비서구권 과학기술의 전통은 종종 과학의 개념에 들어오지 않는 신비한 주술이나 마술, 혹은 유사 과학으로 자리매김되었다.

이러한 상황은 근대과학의 태동 이전 중세의 세계관, 혹은 실재관에도 적용될 수 있다. 타일스 부부(Mary & Jim Tiles)는 서구 중세의 사유와 근대 사유의 차이를 '기호 체계 (system of signs)'와 '표상 체계(system of representations)'로 규정한다.

'기호 체계'에서 기호와 기호에 의해 가리켜진 사물 간의 관계는 유추와 유사성에 기반하며, 이러한 체계에서 언어는 세계의 사물이 언어적 실체처럼 쉽게 기호로 기능할 수 있다는 점에서 세계와 합쳐진다. 언어와 세계는 서로 얽혀 있는 하나의 기호적 구조를 형성한다. '표상 체계'에서 표상과 표상이 나타내는 것 사이의 관계는 유사성이나 유추에 근거하지 않으며, 인과적으로 관련된 두 가지 중 하나가 다른 하나를 나타낼 수 있다는 점에서 관습적이거나 자연적일 수 있다.[212]

위에서 말한 기호 체계와 표상 체계는 각각 상관론과 인과론에 해당된다고 볼 수 있다. 동아시아, 좁게는 중국 고대의 대표적 세계관은 오행론이었다. 이것은 상관적 세계관이라고 볼 수 있으며, 대표적 상관론인 한대의 천인상응론에 앞서 나타난 것이다. 오행론이나 천인상응론 같은 상관론이 일종의 '기호 체계'적 세계관이라고 할 수 있다. 흥미롭게도 『묵경』은 과학적 정신에 가장 가까운 책이라고 평가받았기에, 인과론적 시각에 바탕해 쓰여졌다고 생각할 수도 있다. 하지만 실제로 『묵경』은 상관론과 인과론, 혹은 기호 체계와 표상 체계의 두 측면을 아울러 가지고 있다. 일단 흥미로운 것이 『묵경』의 인과론적 세계관이다. 즉, 『묵경』에서 생각한 실재관은 기원전 3세기 말의 점 치는 사람, 천문학자, 의사, 음악가의 세계에서 철학 학파로 들어온 음양 체계-만들기가 아니라 엄격하게 인과적인 것이었다. 중국에서는 17세기 과학혁명 전까지의 유럽과 마찬가지로 유사한 것들 간의 추론을 허용하면서 유사하거나 상이하거나로 분류함에 의하는 '원-과학 우주-만들기(proto-scientific cosmos-building)'와 기술에 필수 불가결한 단편적인 인과적 설명들(훨씬 더 많은 유용한 결과들을 산출하지만 우주론에는 기여하지 않는) 사이에서 선택이 이루어졌다. 후기묵가의 작업은 그리스의 아키메데스(Archimedes)와 13세기 유럽의 그로스테스트(Grosseteste)의 작업들처럼 회상에 의해 상관적 체계-세우기로부터 우리가 현재 진정한 과학으로 여기는 방향으로 나아가는 하나의 에피소드이다. 우리는 이 학파가 상관적 사유의 느슨함을 불신하고, 논리적 엄밀성에 의해, 혹은 수공업자나 군사 공학가라는 자신들의 직업적 특성 때문에 익숙하게 된 인과적 설명의 길로 나아간 것으로 볼 수 있다.

원인들을 뜻하는 고(故)는 'reasons', 'cause'와 같은 의미로, 모두 어떤 것의 기원을 의미한다(고(故)와 연관된, 옛날을 뜻하는 고(古)가 'ancient times'와 연관이 있다는 점을 기억하라). 이 글자는 또한 '원래 상태의 것'이나 '하나의 진술 뒤에 있는 사실'을 가리키기 위해서도 사용된다. 이것은 『묵경』 중의 첫 번째 항목이고, 우리는 해당 경설에 대해 약간의 교정을 통해 그 내용을 확인할 수 있다.

> 1 (경상) 어떤 것의 고(故, 이유/원인)는 그것이 출현하기 위해서 있어야만 하는 것이다.
> (경설상) 소고(小故)는 이것이 있으면 반드시 그렇게 되는 것은 아니지만, 없으면 반드시 그렇게 되지 않는 것이다. 부분이다. 마치 선의 점과 같다. 대고(大故)는 이것이 있으면 반드시 그렇게 되고, 없으면 반드시 그렇게 되지 않는 것이다. 마치 보는 행위가 봄을 가져옴과 같다.

소고와 대고의 개념과 관련해서, 앞서 논리학과 관련된 부분에서는 다음과 같은 추론의 입장을 제시하였다. $Px \supset Qx$($Qx$는 $Px$의 소고); $Px \supset Qx * Qx \supset Px$($Qx$는 $Px$의 대고). 그런데 여기 과학 부분에서 주목하는 소고와 대고의 관계는 명과 명 사이에 성립하는 필연적 연결 관계가 아니라, 실과 실 사이의 필연적 관계이다. 과학은 바로 이 사실과 사실 사이의 필연적 연관 관계를 따지는 것이기 때문이다. 물론 앞서 말했듯이 경과 경설에서 이야기 하는 소고는 필요조건이고, 대고는 필요충분조건이다.[213] 이처럼 고(故)는 앞서의 정의대로 필요조건이나 필요충분조건인데, 그레이엄이나 프레이저는 이를 그저 "이유(reason)/원인(cause)"[214]이라고 칭한다. 그들의 입장에서는 명과 명 사이의 관계는 "이유"라고 하고, 실과 실 사이의 관계는 "원인"이라고 생각한 것 같다. 그러나 명과 명 사이를 이유라고 칭한 것은 그렇다 하더라도 실과 실 사이의 관계를 원인이라고 칭한 것은 잘못되었다. 다시 말해 필요조건, 충분조건, 필요충분조건을 이유라고 한 것은 그렇다 하더라도 그것들을 원인이라고 칭할 수는 없다. 필요조건, 충분조건, 필요충분조건과 원인을 동일시할 수 없기 때문이다. 필요조건은 어떤 사건이 발생하기 위해 반드시 있어야 하는 것이지만, 원인은 그 자체로 어떤 사건을 결과로 발생시키기에는 충분치 않을 수 있다. 따라서 필요조건은 원인이 아니다. 충분조건은 어떤 사건의 발생을 보장하지만 모든 경우에 있어서 필요로 하는 것은 아닐 수 있다. 그 사건을 결과로 발생시킬 수 있는 다른 방식들이 있을 수 있기 때문이다. 따라서 충분조건은 원인이라고 할 수 없다. 그렇다면 원인은 필요충분조건인가? 그렇지 않다. 하나의 원인이 결과의 완전하고 유일한 원인일 때, 즉 오직 원인이 하나일 때만 그 원인과 필요충분조건은 동일한 것이고, 그 외의 경우는 원인과 필요충분조건이 동일하지 않다. 따라서 나는 소고와 대고를 필요조건과 필요충분조건으로 정의하는 것에는 동의하지만, 그것을 원인과 동일시하는 것은 동의하지 않는다. 다음의 경과 경설이 이러한 점을 더욱 보강해 준다. 아래 구절에서 후기 묵가는 고(故)를 사람을 고용하는 데 주로 사용되는 사(使, …에게

시키다)의 한 종류로 말한다. 묵가는 사(使)라는 단어의 여러 의미를 구분한다.

> 78 (경상) 사(使, …에게 시킴)은 위(謂, 말함)와 고(故, 필요조건)이다.
> (경설상) 명령을 내리는 것이 '말하는 것'이다. 그것은 반드시 이루어지지 않는다. 습기는 필요조건이다. 고는 어떤 것이 발생한 것에 의존한다.[215]

습기는 질병의 원인들 중의 하나이고, 따라서 질병이 꼭 습기에 의해서만 이루어지는 것은 아니다. 습기는 다양한 원인들을 가진 현상임을 나타내기 위해 묵가가 사용한 예이다. 이는 마치 명령이 있다고 하더라도 항상 복종이 이루어지는 것은 아님의 관계와 유사하다. 복종함이 없이 명령을 내릴 수 있고, 복종이 있으면 명령함이 있었다고 말할 수 있다. 이것이 원인이 결과에 의존한다는 의미이다. 논변처럼 과학자들은 필연적 관계에 관여하지만 원인의 복수성은 의혹의 가능성을 허용한다. 의혹으로부터 자유로운 것은 명에 대한 지식인 명지, 즉 논변뿐이다. 네 가지 의혹 중에서 과학에 해당하는 것은 과(過, coinciding, 부합함)이다. 부합함의 예는 질병으로부터 가져온다.

> 111 (경설하) 투사의 기질이 술을 마셔서인지, 정오의 태양 때문인시 알 수 없는 것이 부합함이다.[216]

후기 묵가의 작품은 음양과 같은 원-과학의 개념이나 역(易)의 수를 언급하지 않는다. 전자는 한 번 언급하지만 그것은 부정하는 것이다. 즉 오행상승설의 부정이다.

> 144 (경하) 오행은 항상된 이김이 없다. 설명은 적절함(宜)에 있다.
> (경설하) 불이 금속을 녹이는 것이 불이 많기 때문이고, 금속이 석탄을 다 쓰는 것은 금속이 많기 때문이다.[217]

묵가는 세 가지 종류의 연관 관계를 구분한다.

> 84 (경상) 연관 관계(合). 꼭 들어맞는 것(正). 적절한 것(宜), 그리고 필연적인 것(必).[218]

오행설을 '적절한 것' 아래에 놓음으로써 묵가는 아마도 그것을 원인의 복수성에 의해 혼동되는 의술과 같은 분과 학문에 귀속시키려고 하는 것 같고, 그들은 자신들이 관심을 가진 과학의 필연성은 부정한다. 그들은 오직 기하학, 광학, 역학(전통적인 원-과학에는 빠졌지만 그들을 만족시키는 엄격한 인과적 설명을 허용하는 분야)으로부터만 필연적 지식의 예들을 가져온다. 우리는 『묵경』의 과학에 관한 경설에서 필(必)이라는 단어의 지속적 등장을 목격한다. 그들은 갈릴레오-이후의 과학(결과를 수리화(mathematise)하지는 않았다)을 예견하지는 않았지만(아르키메데스는 예견했을지도 모른다), 실행을 통해 과학을 기하학적으로 시각적으로 그려 낼 수 있는 것, 실험적으로 테스트 가능한 해결책으로만 엄밀하게 한정했다.

사실 인과론적 탐구는 현상의 원인을 찾는 탐구로서, 이는 필요조건을 우선적으로 찾는 『묵경』의 탐구와는 결이 약간 다른 것이 사실이다. 하지만 인과론적 탐구나 필요조건의 탐구나 모두 사건이나 현상을 이해하는 데 필수적이고, 후기 묵가가 고를 설명하면서 필요충분조건도 내세웠다는 점에서 『묵경』의 탐구를 넓은 의미의 '인과론적 탐구'로 생각하는 데 커다란 무리는 없다고 생각한다.

**기하학**

후기 묵가가 기하학에 관심을 가진 것은 물론 그들이 컴퍼스나 자를 쓰는 공인이나 장인들이었기 때문일 것이다. 서양의 기하학이 점, 선, 면, 도형 등의 연구를 통해 공간의 구조와 형태를 연구하는 학문이라면, 후기 묵가도 점, 선, 원, 공간 등의 개념을 정리하고 사용했다는 점에서 기하학에 대한 관심을 가졌다고 할 수 있다. 후기 묵가는 이런 기하학적 지식을 통해 아마도 그들 학파의 윤리적 문제, 즉 겸애의 문제를 해결하려고 하였을 것이다. 다시 말해 어떻게 특정 시간[219]과 공간에 얽매인 개인이 모든 사람을 사랑할 수 있을까의 문제에 대한 답을 주려고 하였을 것이다. 그들은 또한 명가, 특히 혜시의 역물십사의 주장들이 무궁의 문제와 관련되어 있다고 보고, 이를 해결하는 데에도 기하학적 지식을 사용했던 것 같다.

기하학의 가장 기본 단위는 점(點)과 선(線)인데, 후기 묵가는 서구와는 달리 이러한 추상적 개념을 단(端, 사물, 여기서는 자의 끄드머리)과 척(尺, 사)과 같은 구체적 사물과 연결하여 생각했다. 이 단과 척은 체(體, 부분/단위)와 겸(兼, 전체)의 개념을 해명하는 데에도 사용되고, 역으로 단은 체의 개념을 사용해서 정의되기도 한다.

2 (경상) 체는 전체의 부분이다.

(경설상) 둘 중의 하나, 자(尺)의 끄트머리(端)이다.[220]

62 (경상) 단(端, 끄트머리)은 체(體) 중에서 두께가 없으며, 가장 앞에 있는 것이다.

(경설상) 이것과 같은 것은 없다.[221]

위의 첫 번째 인용 경설에서 체는 둘 중의 하나, 자의 끄트머리로 예시된다. 그렇지만 단이 끄트머리와 동일하지는 않다. 끄트머리와 체가 같은 것이 아닌 이유는 끄트머리가 체 가운데에서 두께(크기)가 없으며, 가장 앞에 있는 것으로 정의되기 때문이다. 끄트머리는 여기서 일종의 '크기가 없는(dimensionless)' 점으로 정의된다. 여기서 단은 더 이상 구체적 사물의 부분 (끄트머리)가 아니고 추상적 개념으로 이해된다. 정리하자면 체와 겸은 앞서 말한 대로 부분과 전체에 각각 해당되는 것으로 상대적인 개념들이다. 우리가 하나의 단위를 어떻게 정의하느냐에 따라 동일한 것이 겸으로도, 체로도 간주될 수 있다. 하지만 단은 그렇지 않다. 물론 구체적 사물인 자의 끄트머리의 경우라면 그 자를 어떻게 분할하느냐에 따라 끄트머리가 달리 정해질 수 있지만, 또한 단은 절대적 의미도 가진다. 그것은 크기가 없으며, 또 가장 앞에 있는 것이다. 모든 크기를 가진 것의 시발점이라고 할 수 있다. 여기서의 시발점의 의미는 시간적 시발점이라는 의미보다는 논리적 시발점이라는 의미에 가깝다. 혜시가 역물십사의 처음에서 말한 지소(至小)의 개념[222]이라고 할 수 있다. 단이 기하학적 의미의 점이라면, 즉 선

의 최소 단위로서의 점이라면, 이것은 공간상의 한 점이고, 시간
상의 순간이라고 할 수 있다. 공간과 시간상의 한 지점을 단(端)으
로 표현하기 위해서는 공간과 시간의 정의가 필요하다.

> 40 (경상) 구(久, 시간, 지속됨)는 다른 시간을 두루한 것이다.
> (경설상) 옛날과 지금, 아침과 저녁을 두루한 것이다.[223]

> 41 (경상) 우(宇, 공간)은 다른 장소를 두루한 것이다.
> (경설상) 동서와 남북이다.[224]

시간과 공간은 서로 연결되어 있다. 공간의 이동은 시간을 필요
로 한다.

> 165 (경하) 거리 이동은 지속을 함축한다. 설명은 먼저와 나중에 있다.
> (경설하) 가는 자는 필연적으로 가까움을 먼저하고, 먼 것을 나중에 한
> 다. 가깝고 먼 것은 거리이다. 먼저와 나중은 지속이다. 왜냐하면 사
> 람들이 거리를 이동하는 것은 필연적으로 지속을 요구한다.[225]

하지만 시간과 공간의 이런 연결에도 불구하고, 시간과 공간 둘
은 중첩되는 것이 아니다. 그래서 요순은 비록 과거에 정치를 살했
던 성인이지만, 지금도 정치를 잘할 수 있다고 할 수는 없다. 과거
의 좋은 정치가 현재에도 좋은 정치가 되리라는 보장이 없는 것은
장소와 시간의 비연속성 때문이다.

B14 (경하) 우(宇, 공간)과 구(久, 지속, 시간)는 상호 침투되는 것(堅白)이 아니다.
(경설하) 남북은 아침에 있고, 저녁에도 있다. 공간(宇)을 이동하는 것은 지속(久)을 가진다.[226]

B15 (경하) 무구(無久, 지속이 없음, 순간)는 우(宇, 공간)와 상호 침투되는 것이다. 설명은 규준(因)에 있다.
(경설하) 딱딱한 것이 있는 곳에 흰 것은 필연적으로 서로를 채운다.[227]

117 (경하) 그것이 그러할 때 그것을 보거나 혹은 아직 그러하지 않을 동안에 그것을 본다. 설명은 지금에 있다.
(경설하) 요(堯)가 잘 다스림은 현재의 관점에서 과거에 그를 위치시키는 것이다. 과거의 관점에서 어떤 사람이 요를 현재에 위치시킨다면, 요는 잘 다스릴 수 없음이다.[228]

154 (경하) 요의 의(義)는 현재에 생겼지만 그는 과거에 처해 있다. 그것들은 다른 시간이다. 설명은 의로 채택한 것이 둘(현재의 의와 과거의 의)이 됨에 있다.
(경설하) 고깃국. 어떤 이는 그것을 이름으로 다른 사람에게 보여 주고, 어떤 이는 그것을 실제로 다른 사람에게 보여 준다. 친구를 부자 상인으로 언급하는 것은 이름으로 다른 사람에게 보여 주는 것이고, 어떤 것을 고깃국으로 지칭하는 것은 다른 사람에게 실제로 보여 주는 것이다. 요의 의는 현재에 음성으로 생겨났지만, 의로 채택한 실제는 과거에 있다(마치 성문 안이거나 도망간 노예와 같다).[229]

시간을 공간처럼 시각화하여 생각했다는 사실은 시(始)를 정의하는 방식에서 잘 드러난다. 가장 작은 것은 시간의 시작(始) 또는 시간상의 순간(無久)이라고 할 수 있다.

> 44 (경상) '시작(始)'은 때에 딱 들어맞는 것이다.
> (경설상) 때에는 유구(有久, 지속함이 있음)가 있기도 하고 무구(無久, 지속함이 없음)가 있기도 하는데, 시(始, 시작)는 무구(無久)에 해당한다.[230]

시간은 유구와 무구가 있는데, 시작은 무구에 해당한다고 하였다. 무구가 순간이라면, 유구는 기간이라고 할 수 있다. 여기서 유구와 무구의 개념이 무엇인지는 지(止, 정지)의 정의로부터 알 수 있을 것이다.

> 51 (경상) 지(止, 정지, 고정됨)는 계속 구(久, 지속)하는 것이다.
> (경설상) '지속함이 없는(無久) 비정지(不止)'는 우(牛)와 비마(非馬)에 해당하니, 마치 화살이 기둥 사이(출발점)를 지나는 것과 같다. '지속함이 있는(有久) 비정지(不止)'는 마와 비마에 해당하니, 마치 사람이 다리를 건너는 것과 같다.[231]

지(止)는 위의 경이 보여 주듯이 '(어떤 상태 그대로의) 지속함', 즉 정지의 의미를 가지고 있다. 그런데 경설은 두 가지의 비정지, 즉 '지속함이 없는 비정지(無久之不止)'와 '지속함이 있는 비정지(有久之不止)'를 말하고 있다. 정지가 멈춤의 의미라면, 비정지는 움직임의 의미이다. 경이 정지에 대해 말한다면, 경설은 움직임에 대해 말하는 것이다. 정지는 필연적으로 지속의 의미를 지니는데 비정지, 즉 움직임은 이와는 달리 지속이 없는 것도 말하고 있다. 순간도 움직임의 일종으로 생각한 것이다. 지속이 있는 움직임(유구지부지)은 다리를 건너는 사람에 의해 예시되고, 지속이 없는 움직임(무구지부지)은 기둥을 통과하는 화살에 의해 예시된다. 다시 전자는 당마비마(當馬非馬), 후자는 당우비마(當牛非馬)로 표현되었다. 무구가 순간이므로, '무구의 움직임'이라든지, '기둥을 통과하는 화살'이라든지, '당우비마'의 표현은 이론적인 혹은 추상적인 시간인 순간을 가리키는 것 같다. 흔히 순간은 정지의 시간으로 움직임의 시간으로 생각하지 않는데, 묵가는 정지는 '지속하는 것'이기에, 순간은 정지가 아니라, 움직임이라고 보는 것이다. '무후'니 '무구'니 하는 표현들은 실제의 시간과 공간상에서 말하는 것이 아니라, 어디까지나 추상적으로, 또 이론적 영역에서 말하는 것이다. 이것은 앞서 말한 대로 혜시의 지소(至小, 무한소) 개념이다.

　나는 전자는 순간을 말하는 것이고, 후자는 일정한 기간을 말하는 것이라고 생각한다. 앞서 무구가 바로 시작점을 말하는 것처럼, 화살이 처음 쏘아지는 순간을 무구지부지로 말했다면, 사람이 다리를 건너는 시간은 유구지부지로 말했다는 것이다. 순간은 '소이고 말이 아닌' 시간이고, 기간은 '마인 것이 비마로 될 수 있는' 시간을 말하는 것 같다. 시간은 이처럼 공간과 같은 모형으로 부분과 전체의 관계로 바라볼 수 있다. 공간은 무수히 나누어질 수 있고, 시간도 무수히 나누어질 수 있다. 나누어지는 그 지점이나 순간을 다 하나의 점으로 볼 수 있다. 점이 모여서 체가 되고, 체가 겸으로 변화한다. 적어도 점이 모여서 하나의 체나 겸이 된다는 것은 분명한 것 같다. 이는 순간이 모여서 기간을 만든다는 것이다. 이런 순간과 기간의 차이를 이용해서 우리는 후기 묵가가 혜시나 장자의 상대주의나 관점주의—즉, 사물은 관점에 따라 얼마든지 상반된 진술을 할 수 있다고 하는 견해—를 비판하고 있음을 알 수 있다. 후기 묵가는 상반된 진술(즉, 동시에 마와 비마의 술어를 적용하는 것)이 기간에 있어서는 모르지만, 적어도 순간에 있어서는 불가능하다고 본다. 순간에 있어서 가능한 것은 어디까지나 우와 비마 같은 것이다. 이런 순간과 기간의 차이를 인정한다면, 우리는 이런 체와 겸의 관계에 입각한 후기 묵가의 시간관, 그리고 그와 연관된 공간관을 통해 '일척지추, 일취기반, 만세불갈(一尺之捶, 日取其半, 萬世不竭, 한 자의 회초리를 매일 그 반을 취해도, 영원히 없어지지 않는다)'과 같은 궤변가들의 역설도 해소할 수 있을 것이다. 후기 묵가의 좀 더 구체적이고 개체적이며 연속적인 실제적 공간 개념과 시간 개념을 살펴보자.

61 (경상) 배(倍)는 둘을 만드는 것이다
(경설상) 둘은 자와 자가 한 점에서 떨어져 있는 것이다.[232]

164 (경설하) 구획되어진 공간은 두루 거론할 수 없는데, 이것이 공간이다. 나아가는 자는 먼저 가까운 데를 밟고, 후에 먼 데를 밟는다. 가는 자는 반드시 가까움을 먼저하고, 먼 것을 뒤에 한다.[233]

시간과 공간은 단계적으로 나아가는 것이고, 연장적인 것이다. 이것은 차(次, 다음), 간(間, 사이), 방(傍, 가장자리)의 정의에서 드러난다. 무궁은 그 이상의 것을 허용치 않는 성질을 지닌다.

114 (경하) 공간은 어떤 곳으로 옮겨간다. 설명은 연장에 있다.
(경설하) 연장은 옮겨가서 공간을 또 다시 점유하는 것이다.[234]

70 (경상) 차(次, 다음)는 간격이 없지만 겹쳐 있는 것은 아니다.
(경설상) 두텁지 않은 후에 가능하다.[235]

63 (경상) 사이를 가진다는 것은 중앙에 도달하지 못한다.
(경설상) 측면에 위치한다는 것을 말한다.[236]

64 (경상) 사이는 변방에 도달하지 못한다.
(경설상) 측면을 가리킨다. 시작점에서 원둘레까지 측정한 길이는 시작점과 원둘레에 둘러싸여 있지 않다. 두 확장은 서로 수평이 되지 않는 확장이다.[237]

164 (경하) 공간에서 나아가는데, 가까움이 없다. 설명은 두루 밟음에 있다.
(경설하) 구획되어진 공간은 두루 거론할 수 없는데, 이것이 공간이다. 나아가는 자는 먼저 가까운 데를 밟고, 후에 먼 데를 밟는다.[238]

이런 공간의 개념에서 무궁(無窮)은 어떻게 처리가 되나? 먼저 무궁은 유궁과 상반되는 개념이다. 그것은 또한 진(盡)이라는 개념과도 연결된다.

42 (경상) 궁(窮)은 공간적으로 앞에 자(尺)를 허용하지 않는 것이다.
(경설상) 혹 자를 허용하지 않으면 유궁이고, 자를 허용하지 않음이 없

으면, 무궁이다.²³⁹

43 (경상) 진(盡, 다함)은 그렇지 않음이 없는 것이다.
(경설상) 쉬거나 움직이거나이다.²⁴⁰

항상 여지를 허용하지 않는 것이 유궁이고, 그런 여지가 없는 것이 무궁의 개념이다. 진은 제3의 여지를 주지 않는 상황이다. 그것은 우연성을 인정하는 개념들이 아니라, 일종의 필연성의 개념이다. 이런 궁(窮)과 진(盡)의 필연적 개념들은 물론 시간과 공간의 양쪽에서 다 말할 수 있다. 먼저 시간의 무궁 개념이다.

162 (경하) 무가 가능하다. 그러나 유가 있었다면 그것을 없애는 것은 불가능하다. 설명은 이미 그러함에 있다.
(경설하) 무는 가능하다. 이미 제공되어졌다면, 일찍이 제공되어 왔고, 그것을 없애는 것은 불가능하다. 지속은 유궁도 있고 또 무궁도 있다.²⁴¹

위의 구절이 말하고자 하는 것은 적어도 어떤 현상이 시간상으로 끝났다고 하더라도 그것이 일찍이 그래 왔다는 사실은 없앨 수 없다는 것이다. 즉 무궁하다는 것이다. 무궁은 그냥 무가 아니라, 더 이상의 여지가 없는 것을 말한다. 공간상의 무궁은 직접적으로 나루지 않고, 무궁이 충분히 합리적으로 다루어질 수 있다는 점을 강조하는 것이다.

174 (경하) 〔(묵가의 주장): 무궁(無窮, 끝이 없음)하다는 것이 겸(兼,

두루함)과 상충되지 않는다. 설명은 채워지느냐 않느냐에 있다.]

(경설하) [(비판자): 남쪽이 유궁(有窮, 끝이 있음)하다면 진(盡, 남김 없이 다함)할 수 있다. 무궁하다면 진할 수 없다. 유궁한지 무궁한지 아직 알 수 없다면 진할 수 있는지, 진할 수 없는지 아직 알 수 없고, 사람들이 그것을 채울지 못 채울지 아직 알 수 없고, 사람들이 진할 수 있을지 진할 수 없을지도 또한 아직 알 수 없는데, 필연적으로 사람들이 진하게 사랑할 수 있다는 것은 오류이다.]

[(묵가): 사람들이 무궁을 채우지 않으면 사람들은 유궁이니 유궁을 진하는 것에는 어려움이 없다. 무궁을 채운다면 무궁은 진하게 되니 무궁을 진하는 것에는 어려움이 없다.]²⁴²

혜시는 무한대와 무한소는 그저 형식적 정의²⁴³를 하고, 모든 것은 상대적이라는 입장에서 그의 역설을 제시한다. 후기 묵가는 그러한 형식적 무한소의 개념과는 달리 실제로 어떤 연장을 가진 시간과 공간을 지점과 시점이라는 점의 개념을 가지고 혜시의 역설에 대응한다. 예컨대 혜시의 '두께가 없는 것은 쌓을 수 없지만 그 크기는 천리이다(無厚 不可積也 其大千里)'라는 역설에 대해 후기 묵가는 일정한 공간적 거리나 시간적 흐름은 지점이나 시점이 모여서 된 것이고, 그럼에도 그런 거리나 흐름은 무한히 분할된다는 점에서 (점의 축적으로 볼 수 있다는 점에서) 무한한 것이라고 할 수 있다고 말한다.

56 (경상) 후(厚, 두터움)는 크게 할 바가 있다.
(경설상) 오직 크게 할 바가 없는 곳(端)에서 나온다.²⁴⁴

『장자』「천하」편의 다음과 같은 역설, "일척지추, 일취기반, 만세불갈(一尺之捶, 日取其半, 萬世不竭, 한 자의 회초리를 매일 그 반을 취해도, 영원히 없어지지 않는다)"도 한 자의 회초리를 반으로 자른다면, 반으로 생각한 부분이 다시 새로운 회초리의 끝이 되어서 다시 반을 정해야 하므로, 무한히 잘라질 것이라는 『묵경』 구절과 유사한 내용이다.

> 161 (경하) 반이 아니면 자르지 않는다면 움직일 수 없다. 설명은 끝에 있다.
> (경설하) 반이 아닌 것을 자르는 것은 나아가 앞에서 취하는 것이다. 앞으로 나아가면 가운데가 반이 되지 않고 마치 끝인 것 같다. 앞 끝과 뒤끝의 가운데가 반이다. 자르면 반드시 반이 되는데, 나머지가 항상 다른 반이 되기에, 자를 수 없다.[245]

명가들의 "구불방 규불가이위원(矩不方 規不可以爲圓, 곱자는 네모를 만들지 못하고, 그림쇠로는 원을 만들지 못한다)"[246]는 두 가지 해석이 가능할 것 같은데, 먼저 실제의 구와 규는 완벽하게 네모나거나 원이 아니다라는 의미일 수도 있고, (사용하는 사람이 없이) 구와 규만 가지고는 실제의 네모나 원을 만들지 못한다라고 볼 수도 있다. 전자는 개념과 실제 사물의 차이를 강조하는 해석이고, 후자는 '목불견(目不見)'이나 '화불열(火不熱)'에서와 같이 어떤 것의 필요충분조건을 구하는 가운데 나온 주장으로 보는 해석이다. 후기 묵가는 이러한 역설에 대해서도 다음과 같이 대답한다. 먼저 네모와 원은 실제로 곱자와 원을 만드는 도구임을 지적한다. 비록 완벽한 네모와 원은 아닐지라도.

59 (경설상) 컴퍼스가 대충 그린다.[247]

60 (경설상) 곱자가 대충 그린다.[248]

사실 앞서 논리학을 다루는 부분에서도 말했듯이, 기하학은 일종의 추상적 학문으로 볼 수 있다. 완벽한 네모와 원은 이런 추상적 세계에서 가능한 것이다. 그레이엄은 경험에 의존하지 않고, 개념에 입각해서 필연성을 주는 지식의 체계로 이러한 기하학적 증명이 『묵경』에서 시도되었다고 한다. 이것은 기본적으로 명지에 해당되지만, 또한 공간에 속해 있는 실지와 간접적으로 관련이 있기에 여기서 제시해 보려고 한다. 다음은 그레이엄이 구성한 『묵경』의 원에 대한 경험 독립적 지식(*a priori* knowledge)이다. 원에 대한 경험 독립적 지식은 앞선 개념들, 즉 중(中), 동장(同長), 그리고 직(直) 등의 개념들을 알면 자연스럽게 뒤따르는 것이다.

58 (경상) 직(直, 직선)은 가지런하게 함이다.[249]

54 (경상) 동장(同長, 길이를 같이함)은 서로 바르게 놓았을 때 서로를 다하는 것이다.
(경설상) 문의 빗장과 문틀은 길이를 같이한다.[250]

55 (경상) 중(中, 중심)은 길이를 같이한다.

(경설상) 이것으로부터의 거리가 서로 같다.[251]

59 (경상) 원(圜)은 하나의 중앙에서 거리를 같이한다.[252]

이처럼 『묵경』에서 보이는 기하학은 추상성을 가지고 있다. 위에 나타나는 원에 관한 개념적 지식과 마찬가지로 개념 간의 관계를 다룬다는 점에서 일종의 선험적 의미론이라고 할 수 있다. 그리스에서는 기하학을 정확한 지식의 모델로 찬양했는데, 이와 비슷한 지점이 묵가에서도 발견된다. 묵가가 기하학적 증명을 했다는 사례는 없는데, 어쩌면 이것이 중국과 그리스 사유의 주요 차이 중 하나일 것이다. 직각삼각형의 변이 3:4:5의 비율로 이루어졌다든지 하는 것들이 시각적 증명의 차원에서는 다루어지지만 서구에서 물리학의 증명 모델로 기능했던 '말로 된 증명'은 없었다.

앞서 말했듯이 『묵경』 기하학의 기본 개념들은 선이나 점이 아니고, '척(尺, 자)'과 '단(端, 끄트머리)'이다. 이들 간의 차이는 전자가 추상적이라면, 후자는 구체적이라는 것이다. 이처럼 『묵경』의 기하학에서 우리는 강한 경험적 요소를 확인할 수 있다.

**광학**

후기 묵가의 실지의 또 다른 예는 광학, 즉 빛에 대한 탐구이다.[253] 하지만 흔히들 광학을 다룬다고 알고 있는 「경하」, 「경설하」의 조목들(B17-24)이 다루는 것은 그림자(B17-21)와 거울상(B22-24)의 성질들이다. 따라서 이 부분은 시각론(theory of vision)이라는 그리스적 의미에서의 '광학(optics)'이라기보다는 그림자와 반사광학의 연구, 즉 거울학(study of mirrors)이라고 할 수 있다.[254] 시각론이건, 거울학이건 후기 묵가의 지식 탐구에 있어서 앎은 기본적으로 시각에 비추어 해명되기 때문에 묵가의 과학은 빛과 물체의 관계에 천착할 수밖에 없었다.

3 (경상) 지성은 재료이다.
(경설상) 지성은 재료다. 그것으로써 우리는 알게 된다. 필연적으로 알게 되는데 시각의 밝음과 같다.[255]

147 (경하) 앎은 오관에 의해서 이루어지지 않는다. 설명은 지속함에 있다.
(경설하) 인식자는 눈으로 보고 눈은 불에 의거해 보는데 불은 보지 못한다. 오직 오관을 가지고서 한다면 지속되는 것을 아는 것은 마땅하지 않게 된다. 눈으로 보는 것은 불을 이용해 보는 것과 같다.[256]

후기 묵가가 빛과 관련해서 특히 관심을 갖은 것은 영(影, 그림자)과 상(像, 거울상)이다.

118 (경하) 그림자는 옮겨 가지 않으니, 설명은 다시 만들어지는 데 있다.
(경설하) 빛이 이르면 그림자는 없어지니 [마치 (어떤 것의) 실존이 끝나면 그것의 과거가 끝나는 것과 같다].[257]

『묵경』에 쓰이는 경(景)이라는 글자는 영(影, 그림자)과 상(像, 거울상)의 두 단어를 나타내기 위해 사용되었다. 이것과 대조되는 것이 광(光, 빛)이다. 그림자는 빛의 차단에 의해 생긴 결과물이기 때문이다. 위의 내용은 주로 빛과 그것이 차단된 결과물인 그림자의 본성과 그들 간의 상반 작용에 대해 기술한다. 빛과 그 빛을 차단한 물체의 움직임에 따라 그림자가 생성하고 소멸하기에, 실제로 옮겨 가는 것은 그림자가 아니라 빛이나 물체라는 것이다. 그림자는 스스로 움직이지 않는다. 위의 내용은 인과론적이라기보다는 상관적인 현상 설명이다. '빛'이 '그림자의 사라짐'의 원인이라기보다는 '빛'과 '그림자의 사라짐'은 상호 연관된 현상이다. '빛'과 '그림자의 사라짐'이 인과관계라면 '빛'은 '그림자의 사라짐'보다 시간적으로 앞서야 한다. 또한 여기서 경(經)의 설(說(說在…))이나 경설(經說)을 통해 제시된 고(故)는 원인이 아니라 이유이다. 이 조목에서 문제가 되는 주장은 '그림자는 옮겨 가지 않는다'인데, 이것은 관찰 가능한 현상이 아니고, 일종의 추상적인 이론적 주장이기에, 여기서의 고(故)는 현상의 원인이 아니고, 주장의 이유이다.

 물체와 빛은 움직일 수 있지만, 그림자는 자체로 움직일 수 없는 것이다. 이러한 주장과 관련해서 『장자』 「추수」 편의 궤변, 즉 '비조지경미상동야(飛鳥之景未嘗動也, 나는 새의 그림자는 움직인 적이 없다)'나 『열자』 「중니」 편의 주장 '유영불이(有影不移, 그림자는 움직이지 않는다)'에 주목해 보자. 위·진 시대의 현학가 사마표(司馬彪)는 이 '비조지경미상동야'의 구절을 "새가 빛을 가리는 것은 물고기가 물을 가리는 것과 같다. 물고기가 움직여서 물을 가리면 물이 움직이지 않는다. 새가 움직이면 그림자가 생기고, 그림자가 생기면 빛이 없어지는데, 없어짐이 가버림이 아니고, 생김이 새로 옴이 아니다"[258] 라고 설명하였다. 묵가의 해석은 바로 이런 사마표의 해석과 궤를 같이한다.

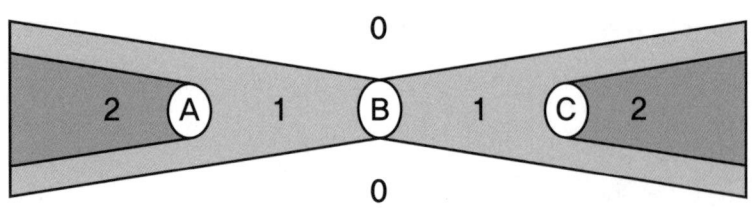

**그림 1** 세 광원 A, B, C와 대응하는 하나의 그림자 1과 중복 그림자 2[259]

**그림 2** 세 개의 연속 촛불들[260]

119 (경하) 그림자가 두 개다. 설명은 중복됨에 있다.

(경설하) 두 개의 빛들이 하나의 빛 옆에 배치될 때, (중간에 있는) 하나의 빛이 (중복) 그림자를 만든다.[261]

그림 1은 그림 2의 상황을 보여 주는 모식도이다. A, B, C라는 촛불이 그림 2처럼 연속적으로 놓여졌을 때, 그 그림자의 패턴은 다음과 같다. A는 C 안쪽에 B의 그림자(우측 1)를 만들고, C는 A 안쪽에 B의 그림자(좌측 1)를 만든다. 가운데 촛불 B는 A와 C의 그림자들을 각각 A, C 바깥쪽으로 만든다. B에 의해 만들어진 이 두 대칭 그림자 2는 각각 A와 C에 의해 만들어진 B의 그림자의 범위 내에 있지

만, 주변 그림자보다 어둡기 때문에 지각할 수 있게 된다.[262]

위의 경과 경설이 의미하는 것은 두 개의 빛에는 두 개의 그림자가 있어야 하지만, 또한 빛이 있으면 그림자가 없어지기에, 오직 하나의 빛에 의해서만 생기는 곳에 (더 진한) 그림자가 생긴다는 것이다.

120 (경하) 그림자의 전도는 그림자가 길어지는 점이 있는 교차로에서 이루어진다. 설명은 점에 있다.
(경설하) 빛이 구멍으로 들어가는 것은 활에서 화살을 쏘는 것과 같다. 아래에서 오는 것의 진입은 위로 향하고, 높은 곳에서 오는 것의 진입은 아래로 향한다. 다리는 아래에서 오는 빛을 가리므로 위에 그림자가 생긴다. 머리는 위에서 오는 빛을 가리므로 아래에 그림자가 생긴다. 이는 어느 정도 거리에 빛과 함께하는 점이 있기 때문이다. 따라서 그림자는 안에서 회전한다.[263]

위의 구절은 빛이 직진함을 드러낸다. 하지만 그림 3의 갑(甲)처럼 중간에 가리개 혹은 병풍이 있고, 그곳에 구멍(午)이 있어서 그곳의 점을 통해 맞은편 벽에 생기는 그림자는 도치된 형태일 것이다. 그런데, 사실 우리가 인간의 인식에 있어서 더 관심이 있는 것은 형체의 그림자라기보다는 형체의 상이다. 그림자가 물체의 차단에 의해 생긴 것이라면 상은 빛의 반사에 의해 형성된 결과물이다. 후기 묵가가 인간의 눈의 각막, 수정체, 망막 등의 구조, 즉 망막에 맺힌 상의 존재를 염두에 두고 광학에 대한 연구를 하였을 것 같지는 않다. 하지만 적어도 후기 묵가는 사물을 인식하는 데 있어서 빛이 필

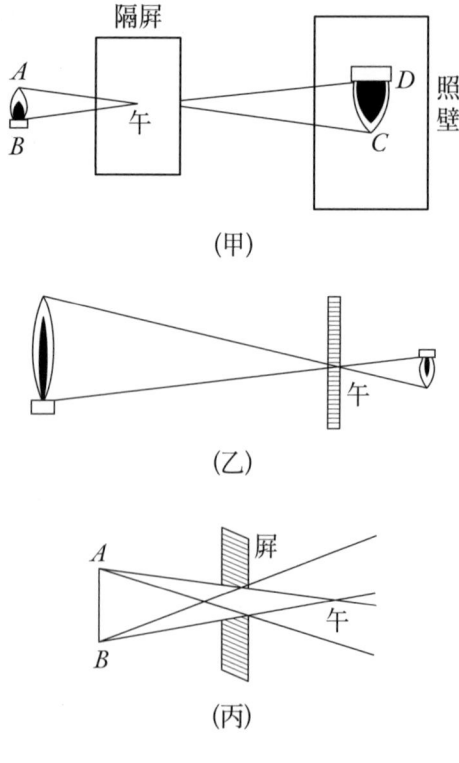

**그림 3** 그림자의 전도[264]

하고, 그 빛은 물체에 의해 차단되기도 하고, 그렇지 않으면 직진한다는 점을 분명히 인지한 것 같다. 또한 우리 눈의 내부는 모르겠지만, 우리가 손쉽게 관찰할 수 있는 거울을 통해 형성되는 상이 빛의 반사와 굴절로 인해 생기고, 또 이러한 상은 거울의 형태에 따라 거울이 비친 사물의 크기, 위치, 형태의 정보를 제공한다는 사실은 분명히 알았다. 따라서 우리는 왜 후기 묵가가 평면거울, 오목거울, 볼록거울의 원리를 다루었는지 이해할 수 있다. 평면거울은 단순한 반사를 제공하는 반면, 오목거울과 볼록거울은 곡면의 특성으로 인해 빛의 수렴과 발산을 조절하여 다양한 상을 형성한다. 이러한 특징은 거울이 다양한 실용적 목적으로 활용되는 기초가 된다. 다음은 평면거울에 대한 설명이다.

> 123 (경하) 거울을 내려다보며 똑바로 서 있으면 그림자가 전도되고, 그림자가 많을수록 적어 보인다. 설명은 줄어든 면적에 있다.
> (경설하) 평면거울에서는 그림자가 줄어든다. 외관, 음영 거리, 기울기가 빛 속의 것과 다르다. 거울과 그림자가 서로 수직일 때, 사람과 그의 그림자는 함께 접근하고 물러선다. 수직을 유지하도록 정렬될 때(?), 사람과 그의 그림자는 함께 서로를 향하고 멀어진다(?). 자신을 바라보는 사람의 반짝이는 부분(?)은 예외 없이 거울에 비친다. 그림자 속의 반짝이는 부분(?)은 셀 수 없이 많고 필연적으로 거울 평면 너머로 물러나므로 같은 위치를 공유한다. 이것은 그의 몸의 모든 부분에 해당하므로, 그것은 그 부분을 비춘다.'[265]

위의 구절은 평면거울에 관한 것이다. 흔히 평면거울은 평평한 표면을 가진 거울로, 입사각과 반사각이 동일한 법칙에 따라 빛을 반사한다.

상(像)의 특징:
- 크기: 물체와 동일한 크기의 상이 형성된다.
- 위치: 상은 거울 뒤쪽에 물체와 동일한 거리에 위치한 것처럼 보인다.

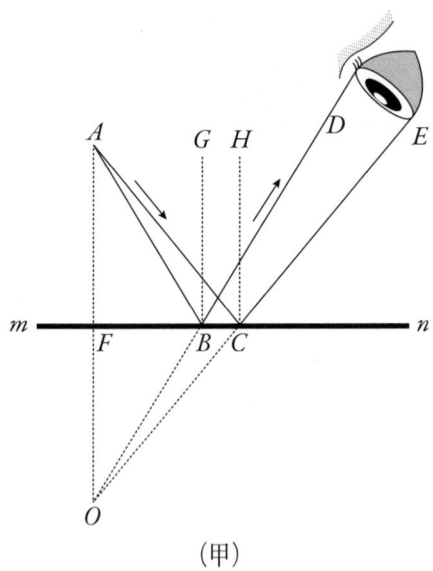

(甲)

**그림 4** 평면거울의 상(像)[266]

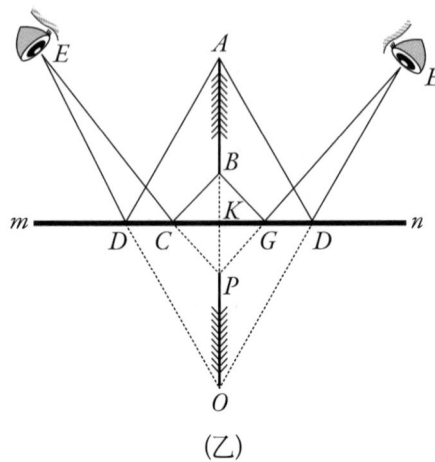

(乙)

**그림 5** 평면거울의 중복 반사[267]

- 형태: 상은 **정립상(거꾸로 뒤집히지 않은 상)**이다.
- 성질: 평면거울의 상은 **허상(가상의 상)**으로, 실제로 빛이 거울 뒤에 모이지는 않지만 마치 모인 것처럼 보인다.
- 좌우 반전: 평면거울은 상이 좌우가 반전되어 나타난다. 예를 들어, 오른손이 왼손처럼 보인다.

다음은 오목거울 안의 그림자의 전도에 대한 경이다.

124 (경하) 거울이 오목하면 그림자가 한때는 더 작고 전도되고, 다른 때는 더 크고 똑바로 서 있다. 설명은 중심의 바깥이나 안쪽에 있다.
(경설하) 중심 내부. 자신을 바라보는 사람이 중심에 가까우면 거울에 비친 모든 것이 더 크고 그림자도 더 크다. 중심에서 멀리 떨어져 있으면 거울에 비친 모든 것이 더 작고 그림자도 더 작다. 그리고 그것은 필연적으로 똑바르다. 이는 빛이 중심에서 열리고 똑바른 물체를 스쳐 지나가며 직선 경로를 연장하기 때문이다.
중심 밖. 자신을 바라보는 사람이 중심에 가까우면 거울에 비친 모든 것이 더 크고 그림자도 더 크다. 중심에서 멀리 떨어져 있으면 거울에 비친 모든 것이 더 작고 그림자도 더 작다. 그러나 그것은 필연적으로 전도된다. 이는 빛이 중심에서 수렴하고… 직선 경로를 연장하기 때문이다.[268]

오목거울 안에서 영상의 전도에 대한 기술은 분명하고 의심할 바 없다. 그림 6에서 중심이라는 것은 곡률의 중심인데, 후기 묵가는 그것을 초점과 구분하지 않는다.[270] 안쪽은 거울 쪽이고, 바깥쪽은

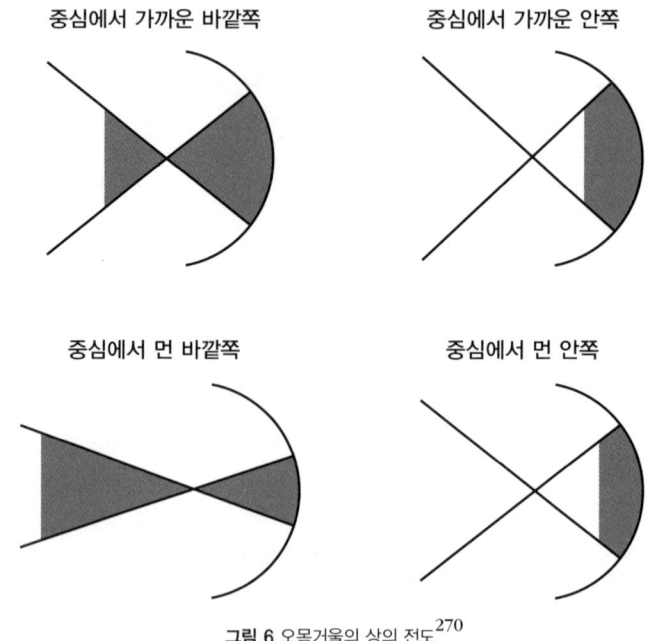

그림 6 오목거울의 상의 전도[270]

관찰자 쪽이다. 관찰자가 물체를 거울 쪽으로와 거울 반대쪽으로 직선으로 움직이고 있다. 물체가 곡률의 중심과 거울 사이에 있다면 영상은 똑바르다. 그것은 물체가 중심에서 거울 쪽으로 나아갈수록 더 작아진다. 물체가 관찰자와 중심 사이에 있다면 영상은 똑바르지 않고(위와 아래가 바뀌고), 그것이 중앙에 다가갈수록 더 커진다. 이 현상은 빛이 거울에 의해 반사되어진 후가 아니라, 거울에 도달하기 전에, 곡률의 중심으로 수렴하고, 직선으로 움직이고, 곡률의 중심에 수렴되고 중심으로부터 나뉘어지기 때문에 발생하는 것이다. 대체로 이러한 사실은 다음과 같은 현대의 오목거울의 특성과 상응한다. 오목거울은 반사면이 안쪽으로 휘어진 곡면 거울로, 빛이 모이는 성질(수렴)을 가진다.

상의 특징: 오목거울에서 형성되는 상의 형태는 물체의 위치에 따라 달라진다. 이를 초점(F, 거울의 초점)과 중심(C, 거울의 곡률 중심)을 기준으로 나눠 설명할 수 있다.

물체가 C보다 멀리 있을 때 (무한대 > 물체 거리 > C):
- 크기: 상은 **실상(빛이 실제로 모이는 상)**이다.
- 위치: 상은 **거꾸로 된 상(도립상)**이다.
- 형태: 크기는 물체보다 작아진다.
- 성질: 상은 C와 F 사이에 형성된다.

물체가 C와 F 사이에 있을 때:
- 위치: 상은 실상이며, 도립상이다.
- 형태: 크기는 물체보다 커진다.
- 성질: 상은 C보다 멀리 형성된다.

물체가 F에 있을 때:
상이 형성되지 않는다. 빛이 평행하게 반사되어 무한대로 퍼지기 때문이다.

물체가 F보다 가까이 있을 때 (거울의 초점 내):
- 크기: 상은 **허상(실제로 빛이 모이지 않음)**이다.
- 위치: 상은 **정립상(거꾸로 뒤집히지 않음)**이다.
- 형태: 크기는 물체보다 커진다.

- 성질: 상은 거울 뒤에 형성된 것처럼 보인다.

다음은 볼록거울에 대한 것이다.

125 (경하) 거울이 볼록하면 그림자는 어느 때는 더 작고 어느 때는 더 크지만, 반드시 똑바르다. 설명은 얾음에 있다.
(경설하) 자신을 바라보는 사람이 가까이에 있다면, 거울에 비친 모든 것이 더 크고 그림자도 더 크고, 멀리 있다면 거울에 비친 모든 것이 더 작고 그림자도 더 작지만, 반드시 똑바로다. 그림자는 평면을 넘어서므로 가장자리에서 물러난다.[271]

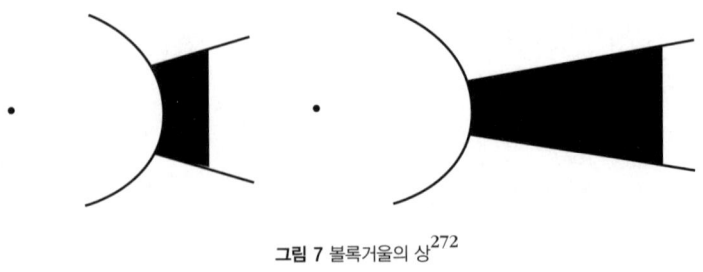

**그림 7 볼록거울의 상**[272]

볼록거울은 반사면이 바깥쪽으로 휘어진 곡면 거울로, 빛이 퍼지는 성질(발산)을 가진다. 다음과 같은 특징을 가진다.

- 상의 특징: 볼록거울에서는 물체의 위치와 관계없이 항상 동일한 형태의 상이 형성된다.
- 크기: 상은 항상 작아진 크기로 나타난다.
- 위치: 상은 거울 뒤쪽에서 형성된다.

- 형태: 상은 항상 **정립상(뒤집히지 않은 상)**이다.
- 성질: 상은 항상 **허상(빛이 실제로 모이지 않음)**이다.
- 응용: 볼록거울은 넓은 시야를 제공하기 때문에 자동차의 후사경이나 감시용 거울로 주로 사용된다.

**역학**

묵가는 기본적으로 다양한 기물을 만드는 장인이었고, 군사 방어를 하는 군사 기술자였기에 역학에 대해서 지식을 가지고 있었다. 역학은 주로 물체에 가해지는 중력 혹은 물체의 무게에 관해 논한다.

> 21 (경상) 력(力, 힘)은 몸이 자신을 발휘하는 수단이다.
> (경설상) 무게가 있는 것을 가리킨다. 아래에서 무게를 들어 올리는 것이 (힘의) 발휘이다.[273]

묵가의 기본적 관심은 물체를 옮기거나, 들어 올리는 데 필요한 힘, 예컨대 기본적으로 지레와 같은 기물의 원리에 관심이 있었다.

> B25a (경하) 무게를 실어도 휘어지지 않는다. 설명은 이김에 있다.
> (경설하) 무게를 실었을 때 횡목은 휘어지지 않는다. 왜냐하면 '(나무의) 강성 상태(極)'가 무게를 이기기 때문이다. 오른쪽으로 꼬인 끈은 무게를 싣지 않아도 휘어진다. 강성 상태가 더해진 무게를 이기지 못하기 때문이디.
> B25b (경하) 횡목은… 설명은 얻음에 있다.
> (경설하) 한쪽에 무게를 더하면, 그쪽은 필연적으로 낮아질 것이다.

권(權, 효과, 저울)과 무게가 서로 같기 때문이다. 두 쪽을 수평으로 맞추면 뿌리가 굵고, 끝 쪽이 가늘다. 양쪽에 동일한 무게를 두면 끝쪽이 필연적으로 낮아질 것이다. 끝쪽이 권(權, 효과, 저울)을 얻었기 때문이다.[274]

다음은 '설(挈, 위로 끌어올리는 것)'과 '수(收, 아래로 당겨 내리는 것)'에 대해서이다.

127 (경하) 끌어올리는 것과 당겨 내리는 것은 상반되는데, 설명은 커튼에 있다.
(경설하) 끌어올림. 힘을 가하면 끌어올려 팽팽하게 당겨지고, 힘이 없으면 당겨진 상태로 유지되지 않는다. 당겨진 것이 중간에 고정되는 것은 줄이 비스듬히 당겨져 송곳으로 찌르듯 〔제자리에〕 고정되어 있기 때문이다. 끌어올림. 길고 무거운 것은 아래로 가고, 짧고 가벼운 것은 위로 간다. 위에 있는 것이 얻으면 얻을수록, 아래에 있는 것은 더 잃는다. 줄이 반듯이 걸려 있고, 권(權, 효과, 저울)과 무게가 서로 같다면, 고정될 것이다. 아래로 당겨 내림. 위에 있는 것이 잃으면 잃을수록, 아래에 있는 것은 더 얻는다. 위에 있는 것은 권(權)과 무게가 다하면 그것은 추락한다.[275]

『묵경』에는 또한 물체가 다른 방해가 없다면 수직으로 떨어지는 경향이 있다는 생각이 있다. 물론 왜 그런지 질문을 던지거나 그것을 해명하는 노력이 없었기에 중력의 정의에 이르지는 못했지만, 적어도 중력의 현상에 대한 자각은 있었다고 할 수 있다.

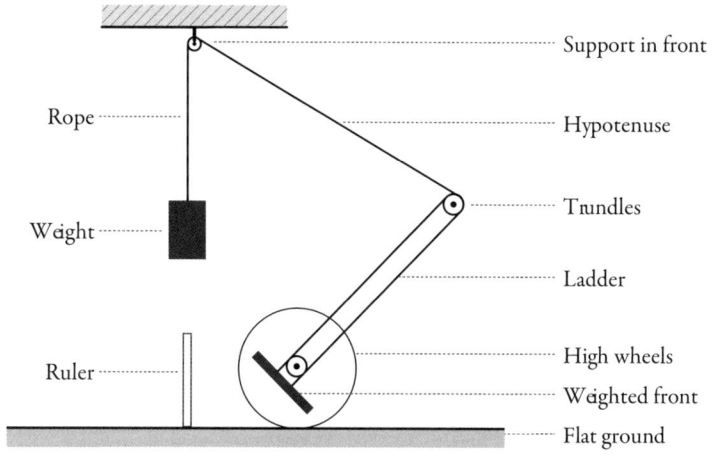

**그림 8** 바퀴 달린 사다리(車梯)[276]

128 (경하) 끌어올림. 한 쌍의 바퀴는 키가 크고, 다른 한 쌍은 천(輨, 굴렁쇠 측정자trundle wheels) 역할을 하는 차제(車梯, 수레 사다리)이다. 앞부분에 무게를 싣고, 앞쪽 하중을 지탱하는 부분을 끈으로 묶고, 고(軲) 부분을 끈으로 묶은 다음 앞부분에 무게를 매달아 놓는다. 이런 종류의 사다리는 위로 당겨지고 당겨짐과 동시에 앞으로 나아간다. 무게는 원칙적으로 위에서 당기지 않고 서서히 내려보내지 않고 옆에서 힘을 가하지 않으면 수직으로 내려온다. 기울어지는 것은 무엇인가가 방해했기 때문이다. 사다리가 옆으로 움직인다면 무언가가 사다리를 방해했기 때문이다. 사나리를 부드럽게 움직이게 하는 것은 수직으로 내려올 수 없다. 평평한 바닥에 측정자를 놓으면 옆으로 기울어지지 않기 때문에 무게가 내려오지 않는다. 반면에 줄을 묶고 천(輨) 부분을 당기는 것은 배 안에서 횡목을 당기는 것과 같다.[277]

130 (경하) 돌 무더기는 필연적으로 어떤 장소에 고정된다. 설명은 (기둥·동상 등을 올려놓는) 주추(柱)를 어떤 장소에 놓는 것에 있다. (경설하) 돌을 나란히 놓거나, 쌓아 놓는 것(돌 무더기), 또는 옆으로 방을 배치하는 것이 어떤 장소에 놓는 것이다. 네모난 돌을 땅에서 한 자(尺) 정도 띄우고 그 아래에 돌을 채우고, 그 위에 실을 매달아 실이 네모난 돌까지 닿을 수 있게 한다. 네모난 돌이 떨어지지 않는 것은 '아래에서 받쳐주고 있(柱)' 때문이다. 실을 붙이고 돌을 제거한 다음, 돌이 떨어지지 않는 것은 위에서 끌기 때문이다. 실이 끊어지는 것은 네모난 돌이 당겨지기 때문이다. [배열]은 여전히 변하지 않았지만, 문제가 되는 부분[돌을 고정하는 부분]이 바뀌어 네모난 돌은 이제 서서히 내려간다.[278]

## 상관주의적 세계관: 명(名)과 실(實)의 상관성

『묵경』의 과학이 다분히 근대과학의 인과적 질서와 유사하다는 점은 앞서의 논의가 잘 보여 주었다. 하지만 『묵경』은 또한 상관주의적 사고 체계도 가지고 있다. 인과론이 같은 차원에 있는 두 사건의 필연적 연결 관계를 주장한다면, 상관론은 다른 차원에 있는 두 사건의 우연적 연결 관계를 주장한다. 흔히 이런 상관주의는 원시적이고 미신적인 형이상학 체계로 과학의 발전에 따라 점차 사라지는 것으로 여겨져 왔으나, 상관주의적 세계관은 그저 원시적인 세계관으로 폐기 처분이 되어야 할 것이 아니다. 그것은 인과론적 사유보다 더 오래된 인간의 본질적 사유이고, 그 점에서 임시로 생겼다가 없어지는 그런 일시적 사유 방식이 아니다. 상당히 근본적이고 보편적인 인간 사유 방식이다. 또한 오히려 개성과 이성의 근대를 넘어 탈근대의 시기에는 공존, 협치, 삶의 원리로 인간관계를 재평가하는 계기로 작동하여, 근대 이래로 과학기술 혁명, 자본주의 등으로 인해 상품으로 변해 버린 인간의 실존에 대해 커다란 통찰을 줄 수 있는 세계관[279]으로 여겨지기도 한다. 『묵경』은 인과론적 사유 방식을 지지하면서도 중국 철학의 주류 형이상학 전통과 같이 상관주의적 세계관을 거부하지 않는다.

『묵경』의 세계를 구성하는 단위로서의 실(實)은 각각 무엇인가? 『묵경』에서는 그저 이명거실(以名舉實, 명으로 실을 드러낸다)이라는 표현 방식으로 등장하고, 그 실[280]에 대해 별도의 자세한 설명을 하지 않는다. 따라서 『묵경』의 영향을 강력하게 받은 순자의 실에 대한 인식(認識) 혹은 명명(命名)의 과정을 살펴봄으로써, 간접적으로 『묵경』의 실 개념을 추측해 볼 수 있을 것이다.

> 그렇다면 무엇으로 (실의) 같고 다름이 있게 되는가? 말하기를 그것은 천관(天官(五官))에 의해서이다. 대체로 같은 종류와 같은 성질의 것은 천관이 동일하게 파악한다. 그러므로 유사한 것을 비교하여 통하게 하니 이것이 곧 사람들이 그 약정한 명(名)을 공유하여 서로 정의하게 하는 방식이다. 형체와 색채, 무늬는 눈으로 구분된다. 단음과 화음, 청음과 탁음, 음악의 조화를 이루는 우(調竽) 및 각종 기이한 소리(奇聲)는 귀로 구분된다. 단맛 쓴맛, 짠맛, 싱거운 맛, 매운맛, 신맛 및 각종 기이한 맛은 입으로 구분된다. 향기, 악취 꽃향기, 새 썩은 냄새, 돼지 비린내, 개 누린내, 말 누린내, 소 누린내 및 각종 기이한 냄새는 코로 구분된다. 아프고 가렵고 차갑고 뜨겁고 매끄럽고 껄

끄럽고 몸이 가볍거나 무거운 것은 육체로 인해 구분된다. 즐겁고 괴롭고 기쁘고 슬프고 좋아하고 사랑하고 미워하고 욕심내는 것은 마음으로 구분된다. 마음은 징지(徵知, 사물을 징험하여 알 수 있는 능력)가 있다. 징지하면 귀로 인해 소리를 알 수 있고, 눈으로 인해 형상을 알 수 있다. 그러나 징지는 반드시 천관이 같은 종류의 사물을 살핀 다음에야 가능하다. 오관이 살펴도 알지 못함이 있고, 심이 징지를 했는데도 설(說, 언어적 설명)이 없으면 그것을 알지 못하는 것이라 일러도 동의하지 않을 수 없을 것이다. 이것이 사물의 동이가 생기는 방식이다.[281]

위의 구절은 얼핏 언어적 활동과 별개로 오관(五官)과 심(心)에 의한 실(實, 개별 사물)의 인식이 가능하다고 주장하는 것 같지만, 오히려 언어적 표현이 실의 인식에 필수적임을 명시하고 있는 것으로 보아야 한다. 따라서 실은 여기서 오관과 심과 같은 인간의 인식 기관에 의해서 다르게 판단되는 것, 즉 인간의 인식 기관으로부터 독립된 어떤 것이 될 필요는 없다. 오히려 실은 인간의 인식 기관에 의해 비로소 파악되는 것이며, 언어적 표현이 개입됨으로써만 완벽히 파악되는 것이라 할 수 있으므로 실은 인간의 인지 능력, 즉 오관, 심, 언어 능력에 의존하는 것이라고 말할 수 있다.

명(名)에는 본디 합당한 것이 없고 사람들이 서로 약정하여 명명하는 것이니 약정하는 일이 습속을 이루는 것을 합당하다 이르고 약정한 명과 다르면 합당하지 않다고 이른다. 명에는 본디 실제 사물(實)이 없고, 사람들이 서로 약정하여 명명하는 것이니 약정하는 일이 습속을 이루는 것을 실명(實名, 실제 사물의 명)이라 이른다. 명에는 본디 좋

은 것이 있으니 직접적이고 평이하여 사리를 거스르지 않는 것을 선명(善名, 좋은 명)이라고 한다.[282]

순자는 인간의 인식 능력을 넘어서 독립적인 실(實)의 존재를 부인할 뿐만 아니라, 한 걸음 더 나아가서 명이 적절한지 아닌지의 기준도 주관 독립적인 객관적 사물(實)과의 적절한 관계라기보다는 언어를 사용하는 공동체에서 정해지는 것이라 하였다. 실은 이런 의미에서 자연적 사물을 가리킨다기보다는 인위적인 것 나아가 공동체적인 것이다. 순자의 명실 이론이 소박한 실재론이나 진리의 대응설을 함축하는 의미론적인 것이라기보다는 진리의 정합설에 더 친화성이 있거나 화용론적인 것이고, 단순한 논리나 언어 이론이 아니고, 윤리, 정치적 이론을 함축한다고 주장하는 이유이다.

실이 이처럼 명에 의해서 정해진다면, 아니 명 그 자체도 공동체의 약정이라면, 모든 것은 그저 관습 체계에서 정해지는 것이 아닌가? 모든 것이 관습에서 정해진다면, 이 명의 체계는 너무나 보수적인 체계가 아닌가? 그렇다면 이 명의 관습 체계의 변화 가능성은 어떻게 적절하게 설명할 수 있는가? 흔히 기존 관습 체계의 변화는 객관적 사실의 발견에 의해 추동되어진다고 믿는다. 그런데 이처럼 객관적 사실이 명의 체계 안에 있는 것이라면 명 체계의 발전이나 변화는 객관적 사실이라는 새로운 주동력에 의해 이루어지는 것이 아니고, 그저 우연적 계기에 의해 기존의 명 체계 내의 정합성이 손상되었을 경우에 만들어지는 해프닝에 불과한 것이 되어 버린다. 그렇다면 유가의 정명론이 함축하는 실에 대한 명의 우선성은 그저 맹목적 보수주의에 불과한 것인가? 한마디로 유가, 아니 순자에게 있어서 명과 실의 관계는 어떻게 정의될 수 있는가? 나는 순자가 명에 앞서서 실의 인식론을 강조한 것에서 적어도 순자가 기존의 명에 수렴되지 않는 실의 요소를 늘 염두에 두고 있었다고 본다. 따라서 순자에게 명과 실의 관계는 단순히 음과 양처럼 대대적 관계가 아니라, 보완과 충돌의 요소가 있다고 본다. 따라서 순자의 명과 실은 차라리 아리스토텔레스의 형상과 질료, 칸트의 개념과 직관의 관계로 볼 수 있다고 생각한다. 왜냐하면 이들 철학 체계에서 우리는 질료나 직관에 대한 형상과 개념의 우선성을 확인할 수 있으면서 (다시 말해 형상과 개념이 없는 질료나 직관의 맹목성을 지적할 수 있으면서)[283] 동시에 형상이나 개념만으로는 다 커버할 수 없는 한계 개념으로서의 실재의 개념을 인정하려는 의도를 읽을 수 있기 때문이다. 이렇게 보았을 때, 순자에게 있어서의 명과 실의 관계는 단순히 두 영역의 완전 독립성을 부정함은 물론이고, 하나의 다른 것에 대한 선재성도 인정하지 않는 형식으로 제시되어야 할 것이다. 이 형식을 일종의 '서로 맞춤(fitting, coordinating)'의 관계로 생각해 볼 수 있을 것이다.

순자에게 있어서 명과 실의 이런 '서로 맞춤'의 관계는 명과 실은 어떤 특정한 주장을 하면서 똑같이 요구되는 요소라는 의미이다. 이는 순자가 어떤 주장이나 학설을 비판하면서 기준으로 삼은 변합(辨合)과 부험(符驗)의 개념을 통해 알 수 있다.

> 무릇 주장을 말함에 있어서는 분별하고 통합하는 것(辨合)과 부절과 같이 실(實)에서 징험하는 것(符驗)이 있음을 귀하게 여긴다. 그러므로 앉아서 말하고 일어나서 펼쳐서 시행할 수 있다.[284]

위에서 말하는 변합과 부험은 명과 실의 요소로 볼 수 있으나, 흔히 해석하듯이 선험적 요소인 '논리적 일관성'과 경험적 요소인 '경험적 적실성'[285]처럼 완전히 분리된 요소로 보기보다는 '쓰기(형식)'와 '생각(재료)'처럼 서로 시너지를 내는 요소로 보는 것이 더 타당할 것 같다.[286] 즉 우리는 생각이 있고 나서 그것을 글로 쓰는 것이 아니라, 종종 글을 쓰는 행위를 통해 생각을 전개한다고 볼 수 있다.[287] 명과 실이 이처럼 소박 실재론에서의 언어와 실재의 의미가 아니기에, 순자는 「정명」 편에서 그 당시의 궤변을 명과 실의 개념을 써서 구체적으로 비판할 수 있었다. 이렇게 본 『순자』와 『묵경』의 명실 개념은 각각 표상 체계 안에서의 '언어적 표현'과 '표상된 비언어적 대상'이 아니라, 기호 체계 안에서의 기호, 즉 상호 지칭의 기능을 갖는 기호들로 볼 수 있다. 이것은 다분히 상관주의 체계를 암시한다.

『묵경』에는 또 개체-속성의 틀보다는 '부분-전체'의 틀로 볼 수 있는 '체-겸(體-兼)'이라는 상관주의적 개념틀이 있고, 여기서 체는 특정한 불가분의 개체를 상정하기보다는 어떤 전체의 부분으로 볼 수가 있다.

2 (경상) 체(體, 부분)는 겸(兼, 전체)에서 나뉜 것이다.
(경설상) 체는 둘 중의 하나, 자의 끄트머리와 같다.[288]

83 (경상) 봄(見)은 '부분적인 것'일 수 있고, '모두'일 수 있다.
(경설상) 견: 특은 부분이고, 둘은 모두이다.[289]

묵가의 존재론이 겸과 체의 문제라고 할 때, 우리는 이를 다분히 상대적인 개념이라고 생각한다. 예컨대 후기 묵가가 체와 겸을 정의할 때, 그것은 일종의 부분과 전체의 개념처럼 보이기 때문이다. 부분과 전체의 관계는 상대적이어서 전체는 다시 더 커다란 부분의 부분이 된다. 마치 손이 손가락에 대해서는 전체이지만, 팔에 대해서는 부분이고, 팔이 손에 대해서는 전체일 수 있지만, 사지나 몸에 대해서는 부분인 것과 같다. 앞서 말한 명실의 실도 상대적인 방식으로 정해진다고 할 수 있다. 『묵경』, 아니 명학에서 목표로 삼는 정확한 명실의 일치가 그렇게 쉬운 것이 아닌 이유는 바로 이 상대성 때문이다. 실이라는 것이 상황에 따라 정해지는 것으로, 고정된 것이 아니기 때문이다. 실은 단순히 명과 실의 일대일 대응을 통해서 뿐만이 아니라 명과 명의 관계, 나아가 발화자의 의도와 같은 다양한 상황 파악을 통해 이루어진다.

## 통합적 해석: 과학과 형이상학

『묵경』은 처음 등장하는 고(故)의 개념이 말해 주듯이, 일종의 인과론적 과학 개념을 강력히 주장하는 것처럼 보인다. 이러한 선입견 때문인지 많은 사람들이 『묵경』의 과학이 제대로 발전했더라면, 혹은 『묵경』의 과학이 주류 학문(유학이건 도가나 불교이건)과 잘 접합이 되었더라면 중국에서 과학의 발전 양상이 사뭇 달랐을 것이라는 아쉬움을 표명하여 왔다. 하지만 앞선 절들에서 보듯이 『묵경』은 인과론과 상관주의를 다 가지고 있다. 이러한 사실이 함축하는 것은 무엇일까? 소극적으로는 상관주의와 인과론이 반드시 상충할 필요는 없다는 것이다. 상관주의와 인과론은 상호 공존하면서 경우에 따라서는 상관주의가, 경우에 따라서는 인과론이 더 잘 작동할 수 있음을 보여 준다. 따라서 상관주의를 일종의 유사 과학, 혹은 미신과 동일시하면서 상관주의로부터의 인과론에의 전향이 과학에서의 진보를 의미하는 것으로 보는 견해가 반드시 옳은 것은 아니다. 상관주의와 인과론은 그것들을 선택하고 이용하는 사람들에 의해 더 진보적인 것일 수도, 더 퇴행적인 것일 수도 있다고 생각한다. 근대 과학혁명과 연계하여 인과론적 사고가 행한 중세의 상관주의적 사고에 대한 도전은 틀림없이 어떤 측면에서(는) 과학의 발전이고 진보였지만, 모든 면에서의 진보나 발전은 아니었다. 새로운 기술이나 기구의 발명은 틀림없이 과학기술의 진보였지만, 그러한 인과적 사고에 영향을 받은 인류 문화의 관점에서는 반드시 축복만은 아니었다. 근대의 부조리를 극복하려고 노력하는 탈근대의 시대에 상관주의적 사고가 새롭게 부각된 것은 우연이 아니다. 더 나아가 이 시기의 상관주의적 사고는 전근대의 상관주의적 사고와는 다르게 새롭게 과학을 일신하는 측면을 가지고 있는 것도 사실이다. 이런 관점에서 보았을 때, 『묵경』의 과학이 인과론과 상관주의 두 측면을 가지고 있는 것은 결코 부정적인 것만은 아니고, 오히려 과학의 성격을 새롭게 인식하게 해 주는 미덕을 가지고 있다고 하겠다. 이를 더 과감하게 해석한다면 상관주의와 인과론을 적극적으로 융합해야 한다는 것이다. 이런 융합 아래에서 새로운 과학, 새로운 철학이 출현할 수 있을 것이다. 이 장에서는 『묵경』에서 나타나는 인과론과 상관주의의 공존을 긍정적으로 해석하려 한다. 이를 위해 먼저 전통적 동아시아 상관주의적 사고가 어떻게 인과론과 서로 수렴될 수 있는지를 설명하고, 그러고 나서 현대 철학과 현대 과학의 상관주의적 경향을 제시하겠다.

### 동아시아의 상관론과 인과론의 병존

동아시아 사상의 전통적 개념 쌍인 음(陰)과 양(陽), 정(靜)과 동(動), 도(道)와 기(器), 이(理)와 사(事), 체(體)와 용(用), 이(理)와 기(氣) 등은 동아시아 사유에서 흔히 발견되는 일종의 상관적 개념들인 것처럼 보인다.[290] 앞서 말했듯이 인과론이 시간상으로 떨어진 두 사건의 필연적 연결 관계에 주목하는 관점이라면, 상관론은 같은 층위에 있지 않은 사건들의 우연적인 것처럼 보이는 대응 관계에 주목하는 관점이다.[291] 다시 말해 상이한 시간상의 두 사건을 각각 독자적인 것으로 파악해서 서로 원인과 결과로 구분해서 보는 인과론과는 달리 상관론은 처음부터 다양한 힘이나 원리들의 상호 연결 내지 상호 영향을 강조하는 체계이다. 인과론이 개별자나 개별 현상과 같은 요소들의 독자성을 강조한다면, 상관론은 요소들 사이의 대응, 상보, 그리고 상호 영향을 강조한다고 할 수 있다. 앞서의 음과 양이나 오행, 즉 목, 화, 토, 금, 수의 개념들은 그것들을 각각 독자적인 것으로 바라보기보다는 관계적이고, 상호 의존적인 에너지나 힘으로 본다는 점에서 일종의 상관적 사유에 가깝다고 할 수 있다. 상관적 사유 내에서 초점은 개별자들에 있다기보다는 개별자나 개별 현상 간의 특정한 관계에 주어진다. 개별자나 개별 현상들도 독자적인 것이라기보다는 다른 개별자나 다른 개별 현상들과의 관계에서 생겨나는 것들로 이해된다. 이처럼 어떤 요소의 의미나 행동은 관계망 안에서의 위치로 정의되기에 상관적 사유는 실체론적 체계보다는 다분히 관계론적인 체계를 제시한다고 할 수 있다.

또한 이(理)의 개념을 매개로 삼아 우주 내에서의 자연과 인간, 사실과 당위의 상응을 말하는 것도 이기론의 상관주의적 측면이라고 할 수 있다. 신유학에서 이(理)의 개념은 단순히 존재의 원리만이 아니라, 당위의 원리이기도 하다. 이정과 주자에 따르면 이(理)는 소이연지고(所以然之故, 어떤 사물이나 사건이 그러한 까닭)와 소당연지칙(所當然之則, 어떤 상황에서 우리가 해야만 하는 윤리 도덕적 법칙)의 두 가지로 정의되었는데,[292] 전자인 소이연지고가 자연의 원리라면 후자인 소당연지칙은 일종의 당위적인 윤리 법칙을 가리킨다고 할 수 있다. 이(理)가 이런 두 가지 의미를 띠기에 이기론은 자연의 존재론적 원리와 현실의 당위적 법칙을 동시에 의미하며, 따라서 성리학은 자연과 인간, 사실과 가치의 상관적 관계를 중시하여 그 간극을 허물게 하는 특징을 보인다고 할 수 있다.[293]

사실 중국이나 동아시아 지성사에서 자연과 인간의 연결 고리, 즉 상관관계에 처음 주목한 것은 아마도 전국 말에서 시작되어, 한대(漢代)에 완성된 일종의 천인상응론의 우주론일 것이다.[294] 그런데 이렇게 상관론이 팽배한 한대에도 그에 대한 비판은 있었다. 예컨대 후한의 자연주의자 왕충은 천인상응론을 일종의 미신처럼 간주하였다.

> 하늘의 도(道)는 아무것도 하지 않고 만물이 저절로 그렇게 되는 것이다. 만약 하늘이 인간에게 경고를 주거나 형벌을 내린다면, 그것은 사물이 '스스로 그렇게 되는' 것이 아니라 사물이 '하는' 것이다.[295]

그런데 여기에는 자연과 당위를 이어주는 성리학의 이(理)와 같은 매개 개념은 없었다. 그저 음양오행의 상징적 기호 체계를 통하여 인간의 도덕적 세계와 자연의 물리적 세계를 대응시킴으로써 인간의 관점에서 우주를 조망하였다. 더 정확하게 말해 우주를 도덕적으로 재단한 것이었다. 그런데, 송대(宋代)의 성리학자들이 자신들도 앞서 말한 대로 상관주의를 벗어나지 못했으면서도 한대의 음양오행론의 상관주의적 사유를 '철저하지 못한, 엄밀하지 못한 사유'로 비판을 하였고, 그것을 이(理)의 결여라고 표현하였던 사실은 흥미로운 점이다. 대체로 한대 유학에 대한 송대 유학의 비판은 존재론보다는 윤리적 측면에 있었다. 성리학자들에게 한대의 상관적 우주론이 보여 주는 윤리적 함축은 상대주의, 윤리적 무질서의 상태였다. 한마디로 한대의 상관주의는 기의 유기적 운행 과정을 어떤 통제도 없이 방임하였고, 이에 따른 혼란은 객관적 당위 법칙으로서의 이(理)를 내세움으로써 해결될 수 있다고 보았던 것이다.[296]

흔히들 이(理)는 김영건의 생각과는 달리, 서양의 신 개념처럼 자연을 넘어선 어떤 초월적 원리[297]라기보다는 소이연지고나 소당연지칙과 같은 형식적 정의의 형태로 그저 현상을 가능하게 하는 이유나 원리라는 식으로 제시되었다. 김영식은 바로 이 때문에 성리학의 이(理)는 서양에서 흔히 볼 수 있는 현상의 이면에 내재한 법칙이나 원리가 아니고, 그저 현상의 긍정에 불과하다고 하였던 것이다.[298] 하지만 이(理)가 초월적인 것이건 아니건 간에 성리학자들은 이와 기의 상호불리, 상호불잡의 상관성을 말하면서도, 이(理)를 더 근본적인 것이라고 보았다는 것이 중요하다.[299] 이 근본성은 기에 대한 이의 우선성 혹은 초월성이다.[300] 이와 기의 개념쌍에서 기에 대한 이의 우선성, 초월성은 시간적 우선성이라기보다는 형이상학이나 윤리학의 영역에서의 논리적 우선성일 것이다.[301] 성리학자들이 기에 대한 이의 우선성, 혹은 그들이 합리성을 상징하는 이를 중심으로 한 이기론을 통해 앞서 말한 한대의 상관적 우주론을 극복하려 했다는 점에서 우리는 그들의 이가 상대주의를 극복하기에는 힘든 단순한 패턴만이 아니라 인과적 질서나 나아가 논리적 질서를 가리킨다고 확장해 보는 것도 좋을 것 같다. 그저 기에 따라다니는 기의 패턴으로서의 이의 의미만으로는 상대주의를 극복하기 힘들기 때문이다. 장회익은 성리학의 격물과 격물을 통해 찾는 이를 '단순한 패턴'으로 보는 김영식과는 달리, '철저한 지적 추구의 노력'과 그러한 노력들을 통해 얻을 수 있는 자연의 기본 원리들로 해석하는데,[302] 이러한 해석은 흥미롭게도 이기론의 이를 인과법칙이나 논리적 법칙으로 해석할 수 있는 여지를 준다는 점에서 이기론의 상관주의적 측면을 보완하는 역할을 할 수 있을 듯하다.[303] 다시 말해 이가 즉각적으로 인과론적 법칙이나 논리적 법칙에 해당하는 것은 아니지만,[304] 그것들을 포섭할 수 있는 가능성도 지니고 있다는 것이다. 기본적으로 상관론적 성격을 지닌 이기론은 물론 개별 실체론, 논리적 동일성과는 다른 세계관을 가지지만 이것이 인과론이나 논리적 법칙들과 상충되는 것은 아니다. 사실 상관론과 인과론 및 논리 법칙들은 얼마든지 상호 공존을 허용한다.[305] 상관적 사고가 분석적 사고보다 근본적인 인류의 보편적 사고라는 그레이엄의 주장[306]을 끌어들이지 않더라도 우리는 서구는 물론이고, 상관론이 대세적 세계관이었던 동아시아 지적 전통에서도 인과론이나 논리 법칙을 구사했던 수많은 합리주의자들을 만날 수 있다.

내가 이(理)의 초월성이 객관성을 의미해야 한다고 하는 이유는 그래야만 이기론이 단순한 상관주의를 넘어서고, 그 상관주의와 연관이 있는 윤리 상대주의를 넘어설 수 있기 때문이다.[307] 사실 이러한 해석은 이(理)를 정의하는 하나의 표현 방식, 즉 소이연지고(所以然之故)에서 보이는 고(故)의 개념이 이미 전국시대의 사상가들에게서도 인과적 법칙이나 논리적 근거의 개념이었다는 점에서 설득력이 있다. 후기 묵가는 고를 소득이후성야(所得而後成也, 이유/원인이란 그것이 갖추어져야지, 어떤 것이 이루어지는 것이다)로 정의하는데, 이는 원인이나 필요조건으로 즉 '어떤 주장이나 사건의 이유/원인'을 나타내는 것이다. 이처럼 동아시아인들은 비교적 초기부터 어떤 주장의 분명한 근거나 어떤 사건의 필연적 원인을 가리키기 위해 고라는 단어를 생각해 냈던 것이다.[308] 인과적 질서, 논리적 질서의 개념을 초기부터 가지고 있었다고 할 수 있다. 후기 묵가가 논쟁이나 논변에 관심을 가지고 있었고, 또한 실용적 도구를 만들었던 공인 출신들이었던 점을 상기하면 이들이 논리적 근거[309]나 과학적 인과성[310]의 개념을 가지고 있었다는 것은 매우 자연스러운 일이다. 그들은 또한 오행상극의 이론에 대해 오행 간에는 그러한 상극의 현상이 항상, 그리고 한 방향으로 있는 것은 아니고 오행의 양에 따라 달리 나타난다고 주장하는데,[311] 이는 오행의 각 요소를 일종의 개체처럼 취급하고, 그것들의 양을 말한다는 점에서 논리적 사고, 인과적 사유와 함께 일종의 개별 실체론의 관점도 반영하고 있다고 말할 수 있다. 후기 묵가의 논리적, 인과적 사고의 영향을 받은 맹자도 사물의 고를 이해함을 통해 현상을 보편적으로 이해하는 것이 가능하다고 말하고 있고,[312] 전국 시기의 또 다른 유가 사상가인 순자도 오행의 상관주의에 대한 비판은 물론이고, 상관주의적 사고에 입각한 기우제를 비판하였으며,[313] 한대에 들어와 더욱 성행한 상관주의에 대해, 왕충이 음양가의 천인상응주의에 대해 일정한 비판을 한 것도[314] 상당히 광범위하게 인과적 사유가 퍼져 있었던 흔적으로 받아들일 수 있다.

### 현대 과학과 현대 철학의 상관주의적 경향

이기론이 현대 과학의 핵심 가치인 물리주의 혹은 자연주의와 충돌한다는 지적은 만물 생성의 두 원리 중 하나인 이(理)가 초월적 성격을 갖고 있어서가 아니라 재료의 의미를 가지고 있는 또 다른 원리인 기(氣)를 물질만으로 보기 힘들다는 점에서 기인하는 것 같다. 이기론의 우주론은 한대의 상관적 우주론과 마찬가지로 기론(氣論)을 바탕으로 깔고 있다. 그런데 기는 서양의 비활동적인 물질의 의미보다는 일종의 활동적 에너지로 볼 수가 있다. 이러한 활동적인 에너지를 서양의 물리주의하에서의 물질, 즉 비활성의 물질과 동일시하기가 어렵기 때문에 이기론이 서양의 물리주의나 자연주의와 어울리기 힘들다고 보는 것 같다. 틀림없이 기는 물질적인 형기(形氣)도 있지만, 비물질적인 심기(心氣)도 있다.[315] 따라서 기를 단순히 서양의 비활성 물질과 동일시하기는 어렵다고 본다. 기를 'psyco-physical energy(심리적-물질적 에너지)'로 번역하는 이유가 여기에 있다. 기가 서구의 근대적 물질 개념처럼 고체적이고, 비활성적 물체라기보다 일종의 능동적 에너지이기에 물체라고 볼 수 없다는 주장이 있지만 20세기 양자역학에서 빛과 전자는 파동이면서 동시에 입자라는 사실이 밝혀지고,[316] 따라서 능동적 에너지도 물질로 간주할 수 있다는 점에 비추어 보면 활동적 에너지의 기가 물질이 아니라고 하기는 어려울 것이다. 게다가 형기와 심기를 각각 보이는 기와 보이지 않는 기로 간주한다면, 그 차이는 단순히 동일한 기의 결집된 형태와 분산된 형태의 차이로 볼 수 있기에, 심기도 눈에는 보이지 않지만 일종의 물질적 현상으로 간주할 수 있을 것이다. 사실 현대의 뇌과학자나 심신동일론을 주장하는 심리철학자들도 다양한 심리 현상을 뇌의 물질적 상태와 동일시한다. 이러한 관점들에서 바라본다면, 이기론이 그리는 기로 이루어진 세계가 근대나 현대의 물리주의와 공존하지 못할 이유는 없을 것이다. 특히 20세기 새롭게 등장한 양자역학의 세계가 인간이 확정 불가능하고, 관찰 불가능한 세계를 지칭하기에, 또한 그러한 양자의 세계는 거시세계의 인과론적 물리주의의 세계와 충돌하므로 과학적 세계관으로는 폐기되어야 한다고 주장하기보다는 여전히 이 두 세계는 우리의 통합된 설명을 기다리고 있는 과학적 세계들이라고 보는 것이 여러모로 합리적인 태도 같다.

이기론의 이에 인과론이나 논리적 근거의 개념이 있다고 해도, 여전히 이기론은 상관주의로 해석할 수 있다. 즉, 기는 재료이고, 이는 그 재료의 패턴으로 이해할 수 있다. 이는 기에 대해 그저 논리적이고 개념적인 우선성을 갖는 것으로 이해할 수 있다. 그렇다면 이와 기의 불상리와 불상잡의 원칙은 바로 이기론의 상관주의적 측면을 잘 보여 준다. 이가 기에 앞선다고 할 때는 초월성, 인과성을 가지지만, 그 둘 사이에 선후가 없다고 할 때는 상관주의의 성격을 보이는 것이다.[317] 앞서 말했듯이 인과론이 같은 차원에 있는 두 사건의 필연적 연결 관계를 주장한다면, 상관론은 다른 차원에 있는 두 사건의 우연적 연결 관계를 주장한다. 이 점은 동서 각각의 전통에 있어서 일종의 논리학과 연관이 있는 동서의 분류 체계를 살펴보았을 때 잘 알 수 있다. 예컨대 서양의 포르피리우스의 나무와 중국의 유서(類書)의 비교는 동·서의 분류 체계의 특징을 잘 보여 준다.[318] 동양의 상관론이 가정하는 동양의 분류 체계에서는 실체, 속성, 관계의 구분이 없고, 개체, 속성, 관계는 물론이고, 종류, 집합, 장소, 직책, 역할, 제도, 현상 등등의 범주들이 인간 혹은 왕을 중심으로 여러 개의 동심원상에 배열되어 있다. 이는 포르피리우스 나무에서 보이는, 개별 실체를 중심으로 상·하의 위계와 포섭, 배제의 상호 관계에 입각한 서구의 존재론적 분류틀과 차이가 난다. 동아시아의 상관주의적 세계관은 개체와 속성, 관계의 구분, 인간과 자연, 당위와 사실 사이의 구분이 불가능하다는 것을 함축한다. 인과론적 설명 방식을 통해, 환원적 방식을 통해, 개별 실체의 본성을 통해 사물의 존재론적 지위를 정하는 것이 서양적 사유, 즉 과학적 사고에 영향을 받은 것이라면, 관계와 속성의 우선성을 통해 상징적, 상관론적 배치를 통해 그런 분류의 실천적 관심을 드러내는 것이 중국적 사유, 나아가 사단칠정론의 사유이다. 이런 점에서 동아시아의 상관적 사유는 서양의 개별 실체론에 기반한 인과적 성격의 과학적 세계관과 차이가 있다. 아마도 동아시아 지적 전통에서의 주된 관심이 윤리적, 정치적인 것에 있었던 탓도 있을 것이다.

서양의 인과적 사유의 절정이라고 평가되는 근대 과학혁명 이전의 서양의 세계관에도 상관주의적 사유는 현저하였다. 그런데 근대 이후에 흔히 상관적 사유는 인과적 사유에 비해 비과학적이고, 미신적 사유로 평가되었다. 중세의 상관적 사유로부터 근대의 인과적 사유와 표상적 사유로의 전환은 일종의 획기적 발전으로 여겨졌다. 동아시아의 상관론이 근대 과학의 세계관에 비해 후진적 세계관으로 여겨지는 것은[319] 근대 과학 혁명을 통해 특정한 인과적이고, 결정론적 세계가 더 실제에 가깝다는 믿음이 생겼기 때문이다. 근대 과학 혁명을 통해 완성된 근대 과학의 세계관이 이러한 믿음을 확산시켰던 것이다. 이에 따르면 동아시아의 상관론은 사실상 세계의 실상을 보여 주는 존재론보다는 윤리적이고 정치적인 특징을 지니고 있다. 동아시아 전통 내에서도 상관주의적 세계는 종종 미신적 관념으로 비판받았다는 점을 생각하면 얼마든지 세계에 대한 정보를 주는 체계로서의 상관주의는 그 한계를 지적받을 수 있다. 상관적 사고는 그것을 실제에 적용함에 있어서 어쩔 수 없는 제한이 있다. 하지만 상관적 사유는 정말 미개한 형이상학이어서 사실에 대한 객관적 정보를 주지 못하는 형이상학에 불과한 것일까? 근대의 과학혁명은 충분히 그런 선입견을 강화하기에 충분할 정도로 서양 지성사를 좌지우지하였다. 하지만 실상이 그러한지는 의문이다. 특히나 20세기 초반 양자역학이 출현한 이래 그런 의문은 더욱 증폭되었다.

다시 말해 상관주의가 나름 타당한 것은 단순히 인과론과 공존할 수 있는 요소를 가지고 있기 때문이 아니다. 그보다는 현대의 몇몇 과학적 성과들이 근대의 인과론적인 과학적 세계관과는 다른, 오히려 그와는 이질적인 상관주의와 같은 전근대적 사유와 유사한 세계관을 제시하고 있다는 사실에 바탕한다. 즉, 현대의 과학들 중에서도 몇몇 영역, 즉 양자역학, 인지과학, 뇌과학, 컴퓨터 과학, 생물학, 환경학 등등 사물을 전체적으로 바라보려는 과학 영역에서는 기존의 기계론적 인과론이나 개별 실체론과는 다른 상관적 방식으로 사물들을 설명하고 있다. 분리된 개체의 변수 대신에 복합적 구성물들 사이의 관계, 특히 그들의 관계망과 상호작용의 패턴에 강조점이 주어진다. 예컨대, 양자역학에서는 입자들의 상태는 양자들 상호 간의 관계에 따라 이해되는데, 이것은 실제를 이해하는 상관적 방식이라는 점에서 상관적 사유와 유사성이 있다. 다시 말해서 개별 입자들의 실체론적 특성보다는 개별 입자들 간의 이중성과 상보성으로 표현되는 관계론적 특성들이 더 강조된다.[320] 인지과학에서는 인지에 있어서 거시적 기능을 강조하는 창발론과 인지가 세계에 대한 단순한 표상이 아니라는 발제주의(enactive)가 등장했다.[321] 인공지능과 관련된 기계 학습과 같은 영역에서도 알고리즘은 엄청난 양의 데이터 사이의 패턴과 상관적 관계들을 간파하고 있다. 심지어 이렇게 발견된 상관관계들은 인과적이거나 논리적 메커니즘을 완전히 이해하지 못한 상태에서도 의학적 진단, 기후 과학 및 사회과학의 탐구 영역에 있어서 예측과 의사 결정을 시도하는 데 사용된다. 아직은 이런 상관적 사유들이 과학적 탐구의 주류는 아니지만, 미래에는 좀 더 커다란 기여를 할 수도 있다. 이런 과학들과 함께 현대의 이른바 신유물론의 철학도 기존의 결정론적, 그리고 실체론적 입장에 반하는 주장들을 하는 것도 주의 깊게 보아야 한다. 이처럼 새로운 시대의 철학이나 과학들은 근대의 과학적 전통인 원자주의, 환원주의, 인과적 결정주의 등과는 다른 신유물주의, 관계론, 순환주의 등을 주장하고 있다. 더 나아가서 존재와 당위의 일치, 존재와 도덕의 융합이 더 이상 불가능한 이념이 아닐 수 있다고 말하고 있다. 이런 상황에서 보자면 어쩌면 지금의 개별 실체성에 입각한 주류적 과학들도 미래의 새로운 과학들 앞에서는 이기론이 그러했던 것처럼 일종의 형이상학으로 받아들여질 수도 있지 않을까? 이런 사실들은 사단과 칠정의 관계에 대한 이기론의 적용이 반드시 반과학적인 것은 아님을 보여 준다.

백 번 양보해서 설사 현대의 몇몇 새로운 상관론적 사유나 동아시아의 이기론이 하나의 과학 이론이 아니라고 해도, 또 미래에도 전망 있는 과학 이론이 될 가능성이 없다고 해도, 이기론은 형이상학 이론으로서 살아남을 수 있다는 희망이 있다. 즉, 설사 과거의 이기론이 과학의 체계가 아닌 일종의 형이상학 체계였다고 해도 이러한 이기론의 형이상학 체계는 과학의 발전에 따라 없어져 버리는 그런 성격을 지니는 것이 아니라, 새로운 과학과 함께 공명하는 형이상학이라고 생각할 수 있다. 신유물론 철학자로 동·서 철학을 종합하고 있는 육후이(Yuk Hui, 許煜)가 이야기하는 개념, 즉 '과학 첨단 시기의 마술적 요소'라는 개념은 과거 형이상학의 요소가 현대에도 사라지지 않고 남아 있으며, 나아가 현대에도 여전히 우리의 세계관과 존재론에 작동할 수 있는 체계임을 잘 보여 준다. 그에 의하면, 형이상학적인 것, 혹은 주술적인 것/신화적인 것은 과학에 대비해 결코 퇴보가 아니다.[322] 형이상학이 이러한 힘을 가지고 있다면, 이기론은 더욱더 그저 미신론적인 후진 세계관으로 치부될 게 아니라, 동아시아 전통의 천인상관론이나 음양오행 사상 등과의 연계 속에서 더 음미되어야 한다. 나아가 그레이엄이 지적하듯이 상관적 사고, 상징적 사유들이 그저 사라지는 일시적 사유 체계가 아니고, 인간의 근원적 사유 체계라면, 그것의 가치는 이른바 분석적 사고나 과학적 사고와의 대조 속에서 다시 음미되어야 한다. 다시 말해 상관주의는 서구의 형식논리나 과학혁명 이래 발전해 온 인과적 설명에 의해 대체되는 후진적 사유가 아니라, 인류의 보편적 사고를 담고 있다고 보아야 한다. 그것은 형식논리나 근대과학을 가능하게 한 배후적 사유로, 인류의 존속과 함께 오랜 생명력을 누리게 될 것이다. 현대의 컴퓨터 기술을 가능하게 하는 원리도 이분법이었고, 현대 과학기술의 모든 고차원적 표현이나 논리도 0과 1의 이분법에 기반해서 그것을 다양한 방식으로 배열시킴으로써 가능했다. 컴퓨터가 기본적으로는 이런 이분법적 구조를 지닌 정보들의 대규모 처리를 통해 가능하다는 점도 주목할 만하다. 더욱 고도화된 슈퍼컴퓨터의 정보처리 능력을 통해 새로운 지식이 가능하다는 것도 상관주의의 방식이 단순히 후진적이고 미신적인 사유 방식이 아님을 보여 준다고 하겠다.

# 결론

## 현상을 넘어 본질로

이제까지『묵경』을 철학적으로 이해하기 위해,『묵경』의 내용과 관련된 주요 철학적 논제들을 논리학, 윤리학, 과학이라는 범주로 나누어 살펴보았다. 일반적으로 논리학과 과학은 특별히 대표적인 이론과학이라고 할 수 있으며, 따라서 이 책은 주로 서구의 그리스 전통에서만 가능했다고 믿어지는 이론과학이 고대 중국에서도 가능했었다는 새로운 주장을 제기하는 것이고, 또한 문화를 가로지르는 보편성과 역사적이고 문화적인 특수성 사이의 문제를『묵경』이라는 고대 중국의 문헌을 매개로 하여 제기해 본 것이라 볼 수 있다.[323] 물론 논리학, 윤리학, 과학의 학적 분류나 이 각각의 영역에서 제기한 논제들이 서구의 시각, 그것도 최근의 학문적 문제의식을 많이 반영한 것들이라 이 책을 서구 편향적이라고 생각할 수 있다. 하지만 이것은 어디까지나 기우이다. 사실 반대로 이 책은 서구 편향성을 극복하려 한 것이라고 할 수 있다. 이 책은 상충하는 입장들이 통합될 수 있다는 점을 밝힘으로써 기존의 분류와 문제의식이 그렇게 보편적인 것은 아니며, 따라서 『묵경』이라는 비서구권 문헌을 이해하기 위한 새로운 틀의 필요성을 느끼게 해 준다. 이러한 점에서 이 책의 탐구는 편향적이라기보다는 공정한 평가의 목표를 성취하기 위한 실험적 성격을 지녔다고 할 수 있다.

이 책에서 살펴본 철학적 논제들은 다음과 같다. 논리학과 관련한 구체적인 논제는 『묵경』을 형식논리학의 체계를 함유한 문헌으로 볼 수 있는가, 혹은 의미론이나 언어 철학적 통찰을 담고 있는 문헌으로 볼 수 있는가였다. 윤리학과 관련해서는 『묵경』의 윤리학이 전기 묵가와 마찬가지로 공리주의 내지 결과주의의 규범윤리학적 체계인가, 아니면 행위자의 의도 내지 욕구에 주목하는 덕 윤리 체계인가였다. 과학과 관련된 논제는 『묵경』의 과학이 인과론적 체계를 기본으로 하는 것인가, 아니면 여전히 동아시아의 대표적 세계관과 형이상학 체계인 상관론에 입각한 체계인가였다.

나는 본문을 통하여 이러한 다양한 『묵경』과 관련된 논제들을 통합하기 위해 힘썼다. 내가 여기서 말하는 통합이라는 것은 그저 각각의 논제들의 주장이 관점을 달리하는 것일 뿐, 병존하는 데 아무런 갈등이 없다는 것을 확인하는 데서 그치지 않는다. 물론 그러한 측면이 전혀 없는 것은 아니지만, 나는 될 수 있는 한 우리가 다루는 논제들에는 단순한 언어적 논쟁(verbal dispute)이 아닌, 실제적 논쟁(real dispute)이 있다고 믿는다. 즉, 이 논쟁들은 단지 사용되는 언어의 의미의 차이 때문에 발생한 것이 아니라, 실제 입장의 차이 때문에 발생했다고 생각한다. 틀림없이 논제들 간에는 갈등이 있고, 따라서 동시에 다 옳은 입장이 아니고, 그렇다고 다 그른 입장도 아니라는 것이다. 맥락에 따라 그른 입장도 있고, 맥락에 따라 옳은 입장이 분명히 갈린다고 생각한다. 따라서 절대적으로 하나의 논제가 옳고 다른 상반된 논제가 틀린 것이 아니라, 맥락에 따라 옳고 그른 것이 있으며, 따라서 이러한 평가를 분명히 해 주어야 한다고 생각한다. 예컨대 나는『묵경』의 체계가 아리스토텔레스 삼단논법에서 대표적으로 타당한 삼단논법 형식인 바버라(Barbara, 예컨대 "All A are B; All B are C; Therefore, All A are C")와 같은 것을 제시하였거나 제시하려고 명시적으로 노력했다고 생각하지는 않는다. 그럼에도 불구하고, 그 삼단논법을 탄생시켰던 아리스토텔레스가 '오르가논(Organon)'에서 보여 주었던 정치한 논의들과『묵경』의 논의들을 비교해서 보았을 때, 과연『묵경』에는 타당성에 대한 관심이나 형식논리학에 대한 관심이 전무했는지 자문하게 된다. 생각보다 형식논리학의 추론 형식에 대한 논의들과 비형식논리학에서의 추론 일반에 대한 논의들이 복잡하게 얽혀 있다는 말이다. 형식논리학과 비형식논리학 사이, 그리고 기술(description)과 추론(inference) 사이에 큰 차이가 없다고 주장하는 현대의 철학적 흐름을 생각한다면 더욱 그러하다. 나아가『묵경』은 의미론보다는 화용론적 언어 사용에 주목했던 동아시아 지적 전통에서 현대의 논리철학과 언어철학의 쟁점을 다시 음미하는 기회를 줄 것이다.

마찬가지로 윤리학 부문에서 논의되었던『묵경』에서의 공리주의적 측면과 덕 윤리적 측면의 충돌에 있어서도, 우리는 후기 묵가가 물질적 이익, 특히 공동체 전체에 대한 물질적 혜택의 확보를 철학의 당면 과제로 삼는다는 점에서 전기 묵가와 마찬가지로 다분히 공리주의 윤리학의 입장을 견지한다고 생각한다. 하지만『묵경』

의 공리에 대한 논의는 그저 공리를 제시하고 그것을 확보하는 방향을 제시하는 데 그친 전기 묵가 윤리학의 논의와는 달리 행위자의 심적 상태인 의도와 욕구에 주목하고 있다. 나는 이 점에 착안해서 후기 묵가의 윤리적 입장이 전기와는 다르게 덕 윤리적 성격을 추가하게 되었다고 생각한다. 물론 의도와 욕구에 주목한다고 해서 그것이 규범윤리학의 입장이 아니라고 할 수는 없다. 대표적인 규범윤리학자인 칸트도 그의 덕 이론에서 인간의 의도와 욕구에 주목하지 않았는가?[324] 설사 행위자의 의도와 욕구의 강조가 덕 윤리적 입장을 의미한다고 해도 규범윤리학과 덕 윤리가 꼭 상충되는 입장이라고 보기도 어려울 것이고, 따라서 이런 갈등의 조성은 그저 억지로 만들어 낸 갈등 구도라 할 수도 있다. 하지만 나는 공리주의와 덕 윤리, 이 두 가지 입장에 대한 통합도 역시나 단순히 관점의 차이를 지적하는 방식이 아니라, 두 입장이 직접 부딪히는 부분을 기술하고, 그다음에 어떤 실질적 통합이 가능한지를 타진하는 방식으로 이루려 하였다. 이를테면 전기 묵가는 공익을 구체적이고 객관적인 방식으로 제시하고, 이것들을 어떻게 증진시킬 수 있는지에 관심을 가졌다. 『묵경』도 공동체에 도움이 되는 이익과 손해를 말하지만, 그것을 정의하는 방식은 대단히 개인적이고 주체적인 방식이었다. 『묵경』은 개인이 어떻게 공익을 실현시킬 수 있는지, 게다가 그것을 타인과의 관계 속에서 어떻게 실현시킬 수 있는지와 같은 구체적 문제의식에서 탐구를 진행시켰다. 어차피 공익이라는 것이 한 사람의 힘으로 얻을 수 있는 것이 아니라 다수의 사람들과 협력함으로써 확보될 수 있는 것이라면 각 개인은 어떠한 마음과 태도로 공익을 증진하는 길에서 공헌을 할 수 있는지 찾아야 했다. 『묵경』은 바로 이 길을 갔던 것이다. 한마디로 전기 묵가가 공익이 무엇이고, 그것을 어떻게 증진할까로, 즉 일종의 정치적 방식으로 옳음을 찾았다면, 『묵경』은 나는 어떻게 공익 증진의 길에서 공헌할 수 있을까를 물었고, 이는 윤리적 방식으로 옳음을 찾았다고 할 수 있다. 이러한 길에서 『묵경』이 제시한 답은 개인은 특정한 사람에 대한 사랑을 통해서도 애인(愛人) 혹은 이인(利人)에 이를 수 있고, 또 사람들의 이익이 무엇인지에 대한 고려를 통해, 참다운 겸애에 도달할 수 있다는 것이었다. 이것이 완벽하게 사람들에게 이익을 보장(利人)하지는 못하지만, 적어도 구이인(求利人, 사람들을 이롭게 하기를 구함)의 덕성에는 부합한다는 것이다. 완벽한 공리를 확보하는 객관적 목표 대신에 그러한 공리를 확보하려는 덕성에 점수를 더 주었던 것이다. 이것이 후기 묵가가 의도 공리주의를 주장하였다고 말하는 이유이다. 나는 이러한 의도 공리주의의 결론이 『묵경』 안에서 공리주의와 덕 윤리가 상호 통합하는 방식이라고 보았다. 『묵경』의 의도 공리주의의 입장이 가지는 철학적 함축은 『묵경』의 덕성과 공리의 관계가 서구 윤리 전통에서 볼 때, 아리스토텔레스의 덕 윤리에서의 덕성과 행복(*eudaimonia*)의 관계, 칸트의 의무론에서의 덕성과 최고선(the highest good)의 관계와 비견될 수 있다는 것이고, 또한 놀라울 정도로 그 간극에 대한 현실적인 대안을 제시했다는 데 있다. 그리고 그 대안은 흥미롭게도 언어 의미론과 논리학적 기술에 의해 이루어진다.

과학의 측면에서 『묵경』은 인과론적 접근과 상관주의적 접근의 결합을 보여 준다. 『묵경』의 저자인 묵가가 공인(工人), 즉 과학기술자였다는 점에서 그들의 자연 이해에는 다른 철학자들과는 달리 다분히 인과론적인 요소가 있다고 하겠다. 『묵경』에서 제시된 고(故)는 논리학적 관점에서는 이유이지만, 과학적 관점에서는 원인이라고 할 수 있다. 엄격하게 말하면 고는 그저 필요조건 혹은 확장해서 필요충분조건을 가리키는 것이므로 근대 과학의 원인 개념과는 조금 다르지만, 소고와 대고의 연계 속에서, 그리고 사건 발생의 필수적 요소를 찾는다는 점에서 『묵경』의 탐구를 폭넓게 인과론적 탐구라고 보아도 무리가 없겠다. 그럼에도 『묵경』의 과학이 탐구하는 대상인 실(實)은 표상 체계 안에서의 지시체인 비언어적 사물이라기보다는 기호 체계 안에서의 기호로 볼 수가 있을 것이다. 명(名)과 실(實)은 인과론적 세계관 안에서의 언어적 표상과 표상된 사물을 각각 가리키지 않는다. 오히려 상관주의적 세계관 안에서의 상호 기호로서 작동되는 것들이다. 따라서 『묵경』의 과학이 순수한 개체 사물 간의 인과적 관계를 지향하였다고 볼 수는 없을 것이다. 그러므로 『묵경』의 과학 부문에서 우리가 확인할 수 있는 것은 인과적 체계와 비인과적 상관 체계의 기묘한 동거다. 이러한 동거 체계에서 우리가 확인할 수 있는 통합이란 단순히 인과론이나 상관주의가 어느 것이 더 과학적이고, 어느 것이 비과학적이냐가 아니라, 어떤 선택을 통해 후기 묵가가 과학적이었는지를 물어야 한다는 것이다. 그리고 그 때의 과학의 의미가 무엇이었는지를 묻는 것이다. 후기 묵가는 여느 철학 학파의 사람들보다도 인과론적 사유의 중요성을 강조하였다는 점에서 그 당시 상관주의적 세계관의 맹점을 지적한 사람들이라고 하겠다. 하지만 이러한 점이 그들이 상관주의를 완전히 폐기했음을 의미하는 것은 아니었고, 당연히 이런 상관주의의 유지가 그들이 덜 과학적인 것을 보여 주는 것도 아니었다. 과학 부문에서 『묵경』의 공헌은 상관주의를 새롭게 조망할 기회를 주었다는 데 있다.

이제까지의 논의는 고(故)라는 개념이 『묵경』 이해에 있어서 핵심적 위치에 있음을 보여 준다. 고는 『묵경』의 제일 처음에 나오는 개념으로, 엄격하게 말하면 필요조건이고, 넓게 이해하면 필요충분조건을 의미한다. 『묵경』이 논쟁을 해결하기 위한 매뉴얼로서 생겨났다는 점을 생각해 보면, 『묵경』의 저자들은 어떤 주장의 성립을 위한 필요조건 내지 필요충분조건을 제시함으로써 주장들의 차이로 인한 갈등을 해소하려고 했던 것 같다. 이상적으로는 필요충분조건이 완벽하게 갈등 해결의 키로 작동할 수 있지만, 그것이 쉽게 제시될 수 없기에, 최소한으로는 필요조건이 제시되어야 한다고 보았다. 말하자면 한쪽이 어떤 특정 개체 x에 대해, "그것은 말(horse)이다"라고 하고, 다른 한쪽이 "그것은 말(horse)이 아니다"라고 서로 충돌하고 있다면, 그 충돌을 해소하기 위한 방식을 고민한 것이다. 여기서 일종의 기준 역할을 하는 것(예컨대 제 3의 개체)이 논쟁하는 양쪽에 의해 말(horse)로 받아들여지고, 그 기반 위에 기준이 되는 것과 문제가 되는 개체 x의 유사성 내지 비유사성을 확보할 수 있다면, 우리는 손쉽게 충돌 내지 갈등 상황을 해결할 수 있을 것이다. 여기 등장하는 '완벽한 유사성'이나 '완벽한 비유사성'이 바로 하나의 주장이 성립할 수 있는 필요충분조건이 될 수 있을 것이기 때문이다. 하지만 이러한 '완벽한 유사성'이나 '완벽한 비유사성'의 확보가 현실적으로 쉽지 않기에, 그것보다는 못하지만, 그 주장을 함에 있어서 꼭 있어야 하는 요소, 즉 필요조건을 찾는 차선책을 생각한 것이다. 예컨대 위의 특정 갈등 상황에서 '말'이 되기에 꼭 필요한 어떤 요소 성질이 x에게서 발견이 된다면, 우리는 백 퍼센트는 아니지만 상당히 높은 정도의 확률로 'x가 말이다'라고 주장함에 동의할 수 있을 것이다. 이런 필요충분조건 혹은 필요조건으로서의 고(故)의 개념을 우리는 논리학의 영역에서는 이유로, 과학의 영역에서는 원인으로, 윤리학의 영역에서는 의도로 확장해서 다루었다. 사실 필요조건이나 필요충분조건은 엄밀하게 말하면 이유, 원인, 나아가 의도의 그 어느 것과도 동치시킬 수 없는 것이지만, 이유, 원인, 의도 등이 필요조건이나 필요충분조건의 형태로 제시된다면 우리는 더욱 논리적으로 설득력 있는 이유, 더욱 과학적으로 객관적인 원인, 윤리적 평가에 매우 긴요한 의도를 확보할 수 있을 것이다. 한마디로 고는 특정 주장이나 윤리적 행동의 타당성을 평가하는 데 중요한 개념 도구가 될 것이다. 고는 이런 점에서 합리적 삶의 규범을 제시하는 개념으로 보아야 한다.

어떤 주장의 근거, 어떤 사건의 원인, 그리고 어떤 행위의 의도를 고로 통합시킴으로써 후기 묵가는 고의 개념을 통해 현상을 넘어서서 그 현상 배후의 본질을 탐구하는 길로 나아갔다. 후기 묵가의 다음과 같은 말은 묵가의 이런 태도를 잘 말해 준다.

> (사물이) 그러한 데에는 그러한 까닭이 있다. 그러하다는 것은 같지만, 그 소이연은 반드시 같은 것은 아니다. 어떤 것을 취할 때는 취하는 바의 까닭이 있다. 취하는 것은 같지만, 그 취하는 까닭은 반드시 같은 것이 아니다.[325]

모든 갈등은 주어진 현상 속에서 생기는 것이 아니다. 주어진 현상의 이면에 있는 그 본질의 차이 때문에 생기는 것이다. 후기 묵가는 이것을 꿰뚫어 보았다. 그러므로 그들은 늘 사물을 하나의 측면만 보고, 그것을 절대시 하지 않아야 한다고 하였다. 수많은 방식(多方)과 유사성(殊類)과 이유/원인(異故)을 찬찬히 살피는 가운데, 문제 해결의 싹이 있다고 보았던 것이다.

    이제 마지막으로 나의 희망을 말해 보자면, 나는 이 책에서 시도된 갈등적 논제들을 통합하려는 노력이 『묵경』이라는 텍스트의 이해를 넘어, 보편적인 철학적 문제에 대해 어떤 문제 해결 내지 문제 해소의 단초를 제시했으면 하는 바람이 있다. 그러기 위해서는 더 광범위한 문헌적 해석과 더 다양한 철학적 입장들을 도입해 『묵경』을 해석할 필요가 있다고 믿는다. 또한 다른 것과 마찬가지로 이러한 일들은 한 번에 이루어지는 것이 아니고, 한 사람에 의해 이루어지는 것도 아니며, 결국은 오랫동안 많은 사람들의 노력에 의해 이루어질 것이다.

# 주석

## 서론

1   『묵자』의 원문 인용은 원문 뒤에 편명만 표시하였다.

2   『묵변』이라는 말은 원래는 진대(晉代)의 주석가 노승(魯勝)에 의해 『묵자』 안의 40장 「경상」, 41장 「경하」, 42장 「경설상」, 43장 「경설하」 네 편을 가리키기 위해 사용되었으나 후에는 44장 「소취」와 45장 「대취」까지 포함시켜 『묵경』과 같은 의미로 쓰인다.

3   이 책은 편의상 『묵자』의 원문은 Chinese Text Project(ctext.org)를 저본으로 삼고, 그 번역이나 해석은 손이양의 『묵자간고(墨子閒詁)』, A. C. Graham의 *Later Mohist Logic, Ethics and Science*, Chris Fraser의 *The Mohist Dialectics*, Ian Johnston의 *The Mozi: A Complete Translation*, Matthias Schemmel and William G. Boltz의 *Theoretical Knowledge in the Mohist Canon* 등을 참조하였다. 특히 『묵경』 중의 「경상」, 「경하」, 「경설상」, 「경설하」 부분의 인용은 편의를 위해 Chinese Text Project(ctext.org)의 번호를 사용한다. 예컨대 1 (경상) (경설하)로 표현한다. 드물지만 만약 그레이엄의 책을 원문 인용에 사용하였다면, 그레이엄의 기호를 사용하여 원문을 표시한다. A1은 경상이나 경설상의 첫 번째 조목, B1은 경하나 경설하의 첫 번째 조목을 가리킨다.

4   *Early Chinese Texts: A Bibliographical Guide*, ed. by Michael Loewe, New Heaven: Birdtrack Press, 1993, 338 참조.

5   『묵자』의 구성에 대해서는 정재현, 『묵가 사상의 철학적 탐구』, 서강대학교 출판

6   梁啓超,『墨經校釋』,『無求備齋墨子集成』19, 嚴靈峯 編, 台北: 成文出版社有限公司, 民國 64(이하 梁啓超,『墨經校釋』로 약칭).

7   Hu Shih, *The Development of the Logical Method in Ancient China*, Shanghai: The Oriental Book Company, 1922, 85(이하 Hu Shih, *The Development*로 약칭).

8   Cf. 梁啓超,『墨經校釋』, 4.

9   A. C. Graham, *Later Mohist Logic, Ethics and Science*, Hong Kong: The Chinese University Press, 1978, xi(이하 Graham, *Later Mohist Logic* 으로 약칭).

10   Cf. Hu Shih, *The Development*, 83~85.

11   묵가 학파의 창시자로, 이름은 묵적(墨翟)이라고 하고, 공자 사후, 맹자 탄생 이전에 활동한 인물이다.

12   "夫子問於老聃曰:「有人治道若相放, 可不可, 然不然.辯者有言曰:『離堅白若縣寓.』若是, 則可謂聖人乎?」"『장자』「천지」.

13   펑유란,『중국철학사(상)』, 까치, 1999, 310. (이하 펑유란,『중국철학사』로 약칭).

14   "公孫龍問於魏牟曰:「龍少學先生之道, 長而明仁義之行, 合同異, 雜堅白, 然不然, 可不可, 困百家之知, 窮眾口之辯, 吾自以爲至達已"『장자』「추수」.

15   "桓團.公孫龍辯者之徒, 飾人之心, 易人之意, 能勝人之口, 不能服人之心, 辯者之囿也.惠施日以其知, 與人之辯, 特與天下之辯者爲怪, 此其柢也"『장자』「천하」.

16   "相里勤之弟子,五侯之徒,南方之墨子苦獲, 己齒,鄧陵子之屬,俱誦墨經,而倍譎不同, 相謂別墨. 以堅白同異之辯相訾,以觭偶不仵之辭相應,以巨子爲聖人,皆願爲之尸,冀得爲其後世,至今不決"『장자』「천하」.

17   "自墨子之死也, 有相里氏之墨, 有相夫氏之墨, 有鄧陵氏之墨"『한비자』「현학」.

18   펑유란,『중국철학사』, 403.

19   『묵자』문헌의 전승 과정에 대해서는 cf. 정재현『묵가사상』36~37 참조; cf. Joseph Needham, *Science and Civilisation in China*, Vol. 2, New York: Cambridge University Press, 1956, 171. (이하 Needham, SCC로 약칭)

20   그레이엄은『묵경』연구에 있어서의 리앙치차오의 최대 공헌은 아마도 경과 경설을 연결시키는 데 핵심적 역할을 한 경설의 표제문자(head character)의 존재를 확인한 것이라고 하였다. cf. Graham, *Later Mohist Logic*, xii.

21   "知, 聞.說.親, 名.實.合.爲"「경상」"知:傳受之, 聞也;方不廩, 說也;身觀焉, 親也.所以謂, 名也;所謂, 實也.名實耦, 合也.志行, 爲也"「경설상」.

22   펑유란도 이렇게 해석하였다. cf. 펑유란,『중국철학사』, 406.

23   「 」이 붙지 않는 "경상"은「경상」과「경설상」의 내용을 가리키고, "경하"는「경하」와

「경설하」의 내용을 가리킨다.

24 기하학이 명(개념)에 대한 지식이 아니고, 실(대상)에 대한 지식이라고 하는 것은 전통적 학문 분류에서는 받아들이기 힘든 점이 있다. 물론 기하학을 포함한 수학이 '개념들에 의한' 지식이 아닌 '개념의 구성'에 관한 지식이라는 칸트의 견해에 따르면, 기하학은 단순한 개념과 개념 사이의 관계에 의한 필연적 지식이 아니다. cf. Immanuel Kant, *Critique of Pure Reason*, trans. by Paul Guyer and Allen W. Wood, New York: Cambridge University Press, 1998. B741B766.

25 A. C. Graham, *Disputers of the Tao*, La Salle, Open Court, 1989, 139(이하 Graham, *Disputers*로 약칭).

26 Graham, *Disputers*, 263.

27 그레이엄의 저서 『후기 묵가의 논리학, 윤리학, 그리고 과학』의 체계를 따른 것이라고 할 수 있다.

28 기니는 그레이엄의 『묵경』 재구성이 너무 자의적이라고 한다. cf. Jane M. Geaney, "A Critique of A. C. Graham's Reconstruction of the 'Neo-Mohist Canons'" in *Journal of the American Oriental Society*, 1999. 119/1, 1~11(이하 Geaney, A Critique로 약칭).

29 정재현, 『고대 중국의 명학』, 서울: 서강대학교 출판부, 2012, 28~36.

30 cf. 허욱, 『중국에서의 기술에 관한 물음』, 조형준, 이철규 옮김, 새물결출판사, 2019. (허욱, 『중국에서의 기술』로 약칭)

31 「소취」.

32 "故, 所得而後成也". 「경상」 "故 : 小故, 有之不必然, 無之必不然,體也, 若有端。大故, 有之必然, 無之必不然, 若見之成見也". 「경설상」. 원래 「경설상」의 원문은 "大故 有之必無然"이었지만, 손이양의 교정에 따라 고쳐 해석한다. 이 항목의 경설은 필요조건의 의미인 소고(小故)와 필요충분조건의 의미인 대고(大故)를 나누어서 설명하는데, 경의 이 항목의 표현인 "故, 所得而後成也"가 과연 소고를 가리키는지, 혹은 대고를 가리키는지도 살펴보아야 한다. 서구의 뛰어난 중국학자 그레이엄은 위 표현을 필요조건인 소고로, 청대의 고증학자 필원은 위 표현을 필요충분조건인 대고로 해석한다. 그레이엄은 그저 한문의 문법적 의미에 충실하여 그렇게 해석한 것 같다. 반면 필원은 고(故)의 용례를 고(固)와 비슷하게 여겨 고(故)는 '이미 그렇게 이루어질 수 있었던 것(已得成也)'이라고 해석했는데, 이것은 일종의 필요충분조건으로 해석한 것이라고 할 수 있다. 그레이엄을 따르면 경의 표현인 "故, 所得而後成也"는 "어떤 일이 벌어지려면 그것이 있어야 한다"로 번역할 수 있고, 필원을 따르면 "그것이 있으면 어떤 일이 벌어진다"라고 할 수 있다. 한문의 구조상 의미로 보자면 그레이엄의 해석이 더 타당한 듯 보이지만, 필원의 해석도 그 맥락상 폭넓게 고(故)의 개념을 바라보는 것이라고 할 수 있기에 일정 부분 설득력이 있음을 알 수 있다.

33  물론 이것은 넓은 의미에서 그러하다는 것이다. 뒤에서 지적하겠지만 엄격한 의미에서 필요조건(小故)이나 필요충분조건(大故)으로서의 고(故)의 개념은 좁은 의미의 원인 개념이나 이유 개념과는 다르다. "p⊃q"에서 q가 p의 필요조건이라면, "q because p"에서 p가 q의 원인이나 이유라고 할 수 있다.

34  셰멜(Matthias Schemmel)과 볼츠(William G. Boltz)는 이러한 구조를 『묵경』이라는 '문헌의 이론적 성격을 보여 주는 체계성'이라고 말한다. Matthias Schemmel and William G. Boltz, *Theoretical Knowledge in the Mohist Canon*, Cham: Springer, 2022, 40(이하 Schemmel and Boltz, *Theoretical Knowledge*로 약칭).

35  "負而不撓, 說在勝"「경하」 "負：衡木加重焉而不撓, 極勝重也。右校交繩, 無加焉而撓, 極不勝重也。衡加重於其一旁必捶, 權重相若也。相衡則本短標長, 兩加重相若, 則標必下, 標得權也"「경설하」

36  "景不徙 說在改爲"「경하」 "景 光至景亡 若在盡古息"「경설하」

37  "倚者不可正, 說在剃"「경하」 "倚：倍,拒,堅,觸, 倚焉則不正"「경설하」

38  Cf. Schemmel and Boltz, *Theoretical Knowledge*, 154.

39  Cf. G. E. R. Lloyd, *Ancient Worlds, Modern Reflections*, New York: Oxford University Press, 2004, 1~11 (이하 Lloyd, *Ancient Worlds*로 약칭).

40  로이드가 고대 중국과 고대 그리스의 문명을 비교 연구하면서 제기하는 여러 해석의 문제들이 그러하다. cf. Lloyd, *Ancient Worlds*, 12~23; 39~51.

41  논리학을 형식에 관한 학문으로 본다면, 일종의 언어적 혹은 개념적 지식에 해당하는 명지만이 논리학에 부합하겠으나, 비형식적 논리학도 일종의 논리학이라고 본다면 사실에 대한 지식 즉 합지도 논리학과 연관이 있다고 하겠다.

42  흔히 중국의 추론을 말할 때 언급하는 유비 혹은 유비 추론은 형식논리학이 아니라 비형식논리학에 속한다. 그것은 추론보다는 기술에 더 가깝다.

43  cf. Lloyd, *Ancient Worlds*, 39~51.

44  沈有鼎, 『墨经的逻辑学』, 中國社会出版社, 1980.

45  Janusz Chmielewski, "Notes on early Chinese logic" in *Language and Logic in Ancient China: Colleced Papers on the Chinese Language and Logic*, ed. by Marek Mejor, Warszawa, 2009(이하 Chmielewski, *Notes*로 약칭).

46  Chad Hansen, *Language and Logic in Ancient China*, Ann Arbor: University of Michigan Press, 1983. (이하 Hansen, *Laguage and Logic*으로 약칭).

47  Geaney, A Critique 참조.

48  Chaehyun Chong, "Why is loving a thief not the same as loving all men for the Mohists?", *Asian Philosophy*, 28 (3), 2018. (이하 Chong, Why is loving으로 약칭).

49  Cf. Robert B. Brandom, *Making it explicit: reasoning, representing, and*

50 *discursive commitment*, Cambridge: Harvard University Press, 1994. 비슷한 생각이 이미 칸트, 헤겔, 비트겐슈타인, 그리고 셀러스(Wilfrid Sellars) 등에 의해 언급되었다.

50 타당한 추론 형식을 다루는 아리스토텔레스의 『분석론 전서』 등에서도 언어철학적 논의와 타당한 추론 형식의 논의가 분명히 구분되는 것은 아니다.

51 Byeong-uk Yi, "Two Syllogisms in the Mozi: Chinese Logic and Language", *Review of Symbolic Logic*, Vol. 12, 2019(이하 Byeong-uk Yi, Two Syllogisms로 약칭).

52 Graham, *Later Mohist Logic*, 448~449.

53 cf. Chong, Why is loving.

54 묵가가 강조하는 관습과 의의 구분은 구체적 관습과 초월적 원칙의 구분이라고 할 수 있다. "이른바 습관을 적절하다 생각하고 습속을 옳은 것으로 여기는 것이다 (此所謂便其習而義其俗者也)"(「절장하」) 참조.

55 MS는 칸트의 『윤리형이상학』을 가리킨다.

56 Schemmel and Boltz, *Theoretical Knowledge*, 37.

57 이 과학 사상의 부분은 앞의 논리학의 영역이나 윤리학의 영역처럼 첨예하게 논쟁이 되어 왔던 부분이 아니다. 즉 인과론적 접근이나 상관론적 접근 사이의 갈등은 내가 구성한 것이다.

58 시마다 겐지 島田虔次, 『주자학과 양명학』, 김석근, 이근우 옮김, 까치, 1986, 112. 에임스는 중국 문화와 사상의 특징을 서구의 인과적, 논리적 사유와 대조하여 상관적, 유비적 사유라고 한다. David L. Hall/Roger T. Ames, *Anticipating China*, Albany: State University of New York Press, 1995. 111~179(이하 Hall/Ames, *Anticipating China*로 약칭).

59 후기 묵가는 이미 기원전 3세기경에 이러한 구분을 하였던 것 같다. 그레이엄에 따르면, 후기 묵가는 과학과 논리학에서는 필연적(必) 관계를 다루고, 윤리와 기술학(discourse)에서는 적합성(宜)의 우연적 관계를 다룬다고 한다. Graham, *Later Mohist Logic*, 30~58, 329~331 참조.

## 1장 논리학

60 대표적으로 고대 중국에서 언어의 화용론적 기능에 주목해서, 고대 중국에서의 진리 개념의 존재를 의심한 사람으로는 한센(Chad Hansen)이 있다. Chad Hansen, "Chinese Language, Chinese Philosophy, and 'Truth'" *Journal of Asian Studies* 44.3, 1985, 491~519 참조.

61　Lloyd, *Ancient Worlds*, 39~51.

62　Jialong Zhang and Fenrong Liu "Some thoughts on Mohist logic" in *A Meeting of the Minds-Proceedings of the Workshop on Logic, Rationality and Interaction*, Beijing, 2007.

63　Joachim Kurtz, *The Discovery of Chinese Logic*, Leiden: Brill, 2011, 339~365.

64　정재현, 『고대 중국의 명학』, 서강대학교출판부, 2012, 11.

65　Hu Shih, *The Development*.

66　이후에 과학을 격치학(格致學)으로 번역한 것도 이런 관점의 영향이다. 김선희, 「격물궁리지학, 격치지학, 격치학 그리고 과학-서양 과학에 대한 동아시아의 지적 도전과 곤경」, 『개념과 소통』 제17호, 한림과학원, 2016 참조.

67　Hu Shih, *The Development*, 1.

68　Hu Shih, *The Development*, 2.

69　후스가 생각한 연역은 후기 묵가의 효(效) 개념이고, 귀납은 후기 묵가의 추(推) 개념이다.

70　Hu Shih, *The Development*, 61.

71　「소취」.

72　Graham, *Disputers*, 167.

73　「소취」.

74　이런 비확정적 표현을 쓴 이유는 중국어의 관용적 표현상 양마(兩馬)는 "사족야(四足也)"라는 술어를 받아들이지 못하지만, 이마(二馬)는 "사족야(四足也)"라는 술어를 받아들이지 못하거나, 혹은 양마(兩馬, 두 마리 말)의 경우에도 "사족야(四足也)"라는 술어를 받아들일 수도 있고, 받아들일 수 없을 수도 있기 때문이다.

75　Byeong-uk Yi, Two Syllogisms, 589~606.

76　「소취」.

77　唐君毅, 『中國哲學原論: 導論篇』, 北京: 中國社會科學出版社, 2005, 107.

78　혹(或)과 가(假)에 대해, 량치차오는 특칭 명제(特稱命題)와 우연 명제(偶然命題), 후스는 혹연 명제(或然命題)와 가설(假說), 펑유란은 혹연 명제(或然判斷)과 가연 명제(假然判斷) 등으로 비슷하게 해석한다.

79　Hu Shih, *The Development*, 96, 99.

80　譚戒甫, 『墨辯發微』, 『無求備齋墨子集成』 35, 嚴靈峯 編, 台北: 成文出版社有限公社, 民國 64. 武漢大學, 2006(이후 譚戒甫, 『墨辯發微』로 약칭).

81　章炳麟, 『國故論衡』, 章氏叢書, vol. 10, 1971, 178~179.

82　Hu Shih, *The Development*, 97.

83　譚戒甫, 『墨辯發微』, 214.

84　譚戒甫, 『墨辯發微』, 218.

85　譚戒甫, 『墨辯發微』, 219~220.

86　Byeong-uk Yi, Two Syllogisms 참조.

87　Chmielewski, *Notes*.

88　「소취」. 여기서의 영어 번역은 흐밀레브스키를 따른다. Chmielewski, Notes, 209.

89　H. Maspero, "Notes sur la logique de Mo-tseu et de son ecole", *T'oung Pao* XXV, 1928, 18(이하 Maspero, *Notes*로 약칭).

90　胡適, 『中國哲學史大綱』, 上海: 商務印書館, 1947, 206.

91　"Imitation consists in taking a model. What is imitated is what is taken as a model. Therefore, if it is suitable for imitation, (the reasoning) is correct; if it is not suitable for imitation, (the reasoning) is false. Such is imitation." L'imitation consiste a prendre un modele. Ce qui est imite, c'est ce quk est pris pour modele. C'est pourquoi si c'est adequat a l'imitation, (le raisonnement) est correct; si ce n'est pas adequat a l'imitation, (le raisonnement). cf. Maspero, *Notes*, 7~8.

92　The norm is what must be conformed to in order for things to be as they are. (La norme est ce a quoi il faut se conformer pour que les choses soient telles.) Maspero, *Notes*, 11 참조.

93　Chmielewski, *Notes*, 210.

94　Chmielewski, *Notes*, 210~211.

95　Chmielewski, *Notes*, 213.

96　Chmielewski, *Notes*, 213.

97　Chmielewski, *Notes*, 218.

98　J. Needham, *SCC*, 184.

99　詹劍峰, 『墨家的形式邏輯』, 武漢, 1957, 80~86.

100　Chmielewski, *Notes*, 228.

101　Chmielewski, *Notes*, 236.

102　Graham, *Disputers*, 167.

103　Graham, *Later Mohist Logic*, 44.

104　Graham, *Later Mohist Logic*, 44.

105　Hansen, *Language and Logic*, 139.

106　Chris Fraser, "Mohist Canons," 2020, in https://plato.stanford.edu/entries/mohist-canons/

107　Jane Geaney, *History of Logic in China* ed. by Fenrong Liu & Jeremy Seligman, 157.

108　ibid., 158.

109　ibid., 161.

110　「소취」.

111　梁啓超,『墨子學案』, 無求備齋墨子集成 18, 엄영봉 편집, 대만: 성문출판사, 민국 64년 참조. Hu Shih, *The Development*, 93 참조.

112　Chad Hansen의 앞의 책들과 Graham, *Later Mohist Logic* 25~44 참조.

113　『순자』「정명」.

114　이에 대해서는 정재현,「묵경의 논리학」,『철학연구』제45집, 철학연구회, 1999, 139~140 참조.

115　大濱晧,『중국 고대의 논리』, 김교빈 · 윤무학 · 안은수 옮김, 서울: 동녘출판사, 1993, 214~215 참조.

116　"其然也, 有所以然也；其然也同, 其所以然不必同.其取之也, 有所以取之.其取之也同, 其所以取之不必同...故言多方, 殊類, 異故, 則不可偏觀也"「소취」.

117　Hansen, *Language and Logic*, 139.

118　Cf. Mary Tiles and Jim Tiles, *An Introduction to Historical Epistemology*, Cambridge: Blackwell Publishers, 1993, 20~21(이하 Tiles, *Historical Epistemology*로 약칭).

119　154「경하」「경설하」.

120　Graham, *Later Mohist Logic*, 33.

121　136「경하」「경설하」.

122　'경험에 의존하지 않고, 알 수 있음'의 개념은 사실 선진 시기의 여러 문헌들에 나타나는데, 예컨대『논어』에서의 생이지지(生而知之),『맹자』에서의 양지(良知),『관자』에서의 선지(先知),『여씨춘추』에서의 선식(先識) 등이 그것이다. 후기 묵가와 그들과의 차이는 전자가 그것을 오직 논리적 문맥에서 사용한다는 것이다.

123　「대취」, 76「경상」「경설상」, 94「경상」「경설상」. 물론 그 밖에도 돌의 딱딱함이나 힘도 선험적 지식의 일종이다. 딱딱함이나 힘이 돌의 본질적 속성으로 간주되기 때문이다. cf. Graham, *Later Mohist Logic*, 189.

124　묵자의 겸애, 비공, 절용, 절장, 천지, 명귀, 비악, 비명, 상동, 상현이라는 열 개의

윤리적, 정치적 핵심 주장을 말한다.

125 "無窮不害兼 說在盈否"「경하」"無 南者有窮 則可盡 無窮則不可盡 有窮無窮未可智 則可盡不可盡不可盡 未可智 人之盈之否未可智 而必人之可盡不可盡亦未可智 而必人之可盡愛也諄 人若不盈無窮 則人有窮也 盡有窮無難 盈無窮則無窮盡也 盡無窮無難"「경설하」.

126 Cf. Graham, *Later Mohist Logic* 449; Schemmel and Boltz, *Theoretical Knowledge*, 41.

127 "洧水甚大, 鄭之富人有溺者. 人得其死者. 富人請贖之, 其人求金甚多, 以告鄧析. 鄧析曰, 安之. 人必莫之賣矣. 得死者患之, 以告鄧析. 鄧析又答之曰, 安之. 此必無所更買矣."「여씨춘추」"離謂」.

128 Irving M. Copi, *Introduction to Logic*, New York: Macmillan Publishing, 1978, 255 참조.

129 "價宜則讎 說在盡"「경하」"價 盡也者 盡去其所以不讎也 其所以不讎去則讎 正價也 宜不宜 正欲不欲 若敗邦鬻室嫁子."「경설하」.

130 신유학에서의 이(理)의 개념도 후기 묵가의 이유나 원인처럼 초월적이거나 본질적이 아닌 현상적 측면을 보여 준다. 리의 이런 성격과 관련해서는 김영식, 「이황의 이기관(理氣觀)과 신유학 전통상에서의 그 위치」, 『퇴계학보』 vol. 81, 퇴계학 연구원, 1994, 83~87 참조.

131 "知也者 所以知也而必知."「경상」.

132 "謂辯無勝 必不當 說在辯."「경하」.

133 A. C. Graham, *Two Chinese Philosophers*, London: Lewis Reprinted Ltd, 1978, 29.

134 「경상」.

135 "聞所不知若所知 則兩知之 說在告"「경하」"聞 在外者所知也 在室者所不知也 或曰 在室者之色若是其色 是所不智若所智也 猶白若黑也誰勝 是若其色也 若白者必白 今也智其色之若白也 故智其白也 夫名以所明正所不智 不以所不智疑所明 若以尺度所不智長 外親智也 室中說智也."「경설하」.

136 선지를 선험적 지식으로 해석하기를 거부하는 것은 일찍이 한센(Chad Hansen)에 의해서도 일부분 암시되었다. 한센의 선험에 대한 비판은 어디까지나 그레이엄의 선험적 입장이 언어에 대응하고, 따라서 그것은 언어의 의미 역할을 하는 '관념'의 존재를 인정하는 유심론적 플라토니즘(mentalistic Platonism)을 함축한다고 보았기 때문이다. 하지만 '선험성'이 반드시 이러한 유심론을 함축하는지는 의문이다. cf. Hansen, *Language and Logic*, 184.

137 백종현은 이것을 "… 이 선험적인 것 없이는 어떠한 (경험적) 인식도 성립할 수 없다는 것을 함의한다…"고 하였다. 따라서 선험적인 것은 바로 "형식적인 것"이 된다. 백종현 옮김, 『실천이성비판』, 아카넷, 2019, 364.

138  4 「경상」「경설상」 참조.

139  171 「경설하」에서 하얀 것과 같은 것은 이것은 **필연적으로** 하얀 것이다.

140  Graham, *Later Mohist Logic*, 268.

141  31 「경상」「경설상」, 32 「경상」「경설상」 참조.

142  오트프리트 회폐, 『임마누엘 칸트』, 이상헌 옮김, 문예출판사, 1983, 69.

143  "夫物或乃是而然. 或是而不然. 或一周而一不周. 或一是而一不是也 …… 白馬馬也. 乘白馬. 乘馬也 …… 此乃是而然者也. 獲之親. 人也. 獲事其親. 非事人也 …… 此乃是而不然者也 …… 且鬪雞, 非雞也, 好鬪雞, 好雞也…… 此乃不是而然者也."「소취」.

144  "行而異, 轉而危, 遠而失, 流而離本, 則不可不審也, 不可常用也. 故言多方, 殊類異故, 則不可偏觀也."「소취」.

145  시이연(是而然), 시이불연(是而不然), 불시이연(不是而然) 등이 추론의 과정이라면 '이(而)' 앞의 전건을 전제로 삼아, '이(而)' 후의 후건의 결론이 도출되는 구조라야 한다.

## 2장 윤리학

146  Graham, *Disputers*, 41~45.

147  물론 이제까지 공리와 천지 중에서 과연 무엇이 최상의 원리인지에 대한 수많은 논의가 있었다. 또 학자들 사이에 묵가의 입장을 이 둘 중의 하나로 정리하려는 시도가 대다수였지만, 사실 이 두 가지는 한 입장의 다른 측면으로 볼 수 있다고 하는 견해도 있다.

148  "仁, 體愛也"「경상」"仁 : 愛己者, 非為用己也。不若愛馬"「경설상」.

149  "體, 分於兼也"「경상」"體 : 若二之一, 尺之端也"「경설상」.

150  "見, 體盡"「경상」"見 : 時者, 體也 ; 二者, 盡也"「경설상」.

151  「겸애중」편에서는 성인(聖人) 대신에 인인(仁人)이라는 말이 쓰이기도 한다.

152  "殺一人以存天下, 非殺一人以利天下也。殺己以存天下, 是殺己以利天下"「대취」.

153  "而愛臧之愛人也, 乃愛獲之愛人也。去其愛而天下利, 弗能去也"「대취」.

154  Chong, Why is loving, 215~216.

155  "今王公大人亦欲效人以尚賢使能為政, 高子之爵, 而祿不從也。夫高爵而無祿, 民不信也。曰 :『此非中實愛我也, 假藉而用我也』夫假藉之民, 將豈能親其上哉 ! '"「상현상」.

156  "世俗之君子, 視義士不若負粟者。今有人於此, 負粟息於路側, 欲起而不能, 君子見

之, 無長少貴賤, 必起之。何故也?曰義也。今為義之君子, 奉承先王之道以語之, 縱不說而行, 又從而非毀之, 則是世俗之君子之視義士也, 不若視負粟者也。「귀의」.

157 묵가의 다양한 도덕적 행위의 비이기적 동기들에 대해서는 다음을 참고하라. 김명석, 「『묵자』에 보이는 도덕적 행위의 비이기적 동기들이 지닌 함축에 관하여: 자기 이익 논제와 공리주의적 도덕의 실천 문제를 중심으로」, 『철학연구』, 제129집, 2020.

158 칸트는 궁극적으로 법의 정당성과 구속력이 도덕적 원칙, 즉 "자유의 외적 조건의 조화"를 보장하는 데 있다고 본다. 법은 사람들이 서로의 자유를 침해하지 않도록 하기 위해 존재하며, 이는 도덕적으로 필연적인 원칙이다. 칸트, 『윤리형이상학』 참조.

159 愛之相若, 擇而殺其一人 (「대취」).

160 "義, 利也."「경상」.

161 "孝, 利親也."「경상」.

162 "功, 利民也."「경상」. "功 : 不待時, 若衣裘."「경설상」.

163 "義, 利也."「경상」. "義 : 志以天下為芬, 而能能利之, 不必用."「경설상」.

164 "孝, 利親也."「경상」. "孝 : 以親為芬, 而能能利親, 不必得."「경설상」.

165 "勇, 志之所以敢也."「경상」. "勇 : 以其敢於是也, 命之 ; 不以其不敢於彼也, 害之".「경설상」.

166 "옛날의 왕공대인은 국가를 다스리는 자들인데, 그들은 모두 국가의 부유함, 백성이 많음, 그리고 형정의 질서를 원했다.(古者王公大人, 為政國家者, 皆欲國家之富, 人民之眾, 刑政之治)"「비명상」.

167 "利, 所得而喜也."「경상」. "利 : 得是而喜, 則是利也。其害也, 非是也."「경설상」.

168 "害, 所得而惡也."「경상」. "害 : 得是而惡, 則是害也。其利也, 非是也."「경설상」.

169 "為, 窮知而縣於欲也."「경상」. "為 : 欲離其指, 智不知其害, 是智之罪也。若智之慎文也無遺, 於其害也, 而猶欲離之, 則離之 是猶食脯也。騷之利害, 未知也, 欲而騷, 是不以所疑止所欲也。廡外之利害, 未可知也, 趨之而得力, 則弗趨也, 是以所疑止所欲也觀 為, 窮知而縣於欲之理, 離脯而非恕也, 離指而非愚也, 所為與不所與為相疑也, 非謀也."「경설상」.

170 "欲正權利, 且惡正權害"「경상」.

171 聖人惡疾病, 不惡危難。正體不動, 欲人之利也, 非惡人之害也.(「대취」).

172 "無欲惡之為益損也, 說在宜."「경하」. "無 : 欲惡傷生損壽, 說以少連。是誰愛也, 嘗多粟。或者欲不有能傷也, 若酒之於人也。且恕人利人, 愛也, 則唯恕弗治也."「경설하」.

173 "任, 士損己而益所為也."「경상」. "任 : 為身之所惡, 以成人之所急."「경설상」.

174 "天之愛人也, 薄於聖人之愛人也 ; 其利人也, 厚於聖人之利人也。大人之愛小人也, 薄於小人之愛大人也 ; 其利小人也, 厚於小人之利大人也."「대취」.

175 吳毓江, 譚戒甫, 王讚源 등이 이렇게 교정하여 해석하였다. 譚戒甫『墨辯發微』; 王讚源,『墨經正讀』, 上海: 上海科學技術文獻出版社, 2011 참조.

176 "以臧為其親也, 而愛之, 非愛其親也; 以臧為其親也, 而利之, 非利其親也.以樂為利其子, 而為其子欲之, 愛其子也; 以樂為利其子, 而為其子求之, 非利其子也."「대취」

177 "臧人也 愛臧愛人也 盜人人也 殺盜人非殺人也"「소취」.

178 그레이엄은 이것을 묵가는 비천한 노예에게서 인간성을 보았기 때문에 노예를 사랑하는 것이 사람을 사랑하는 것이 되는 것이라고 했는데, 묵가가 과연 비천한 인간에게서 '목적으로서의 인간성'을 발견했는지는 의문이다. '장을 다른 사람처럼 사랑하라'는 것이 '장을 인간으로서 사랑하라'는 것은 아니다.

179 "慮, 求也."「경상」. "慮: 慮也者, 以其知有求也, 而不必得之.若睨."「경설상」.

180 "於事為之中而權輕重之謂求, 求為之, 非也, 害之中取小, 求為義非為義也"「대취」.

181 "聖人之附濆也, 仁而無利愛.利愛生於慮.昔者之慮也"「대취」.

182 라일(Gilbert Ryle)은 과제 동사(task verb)와 성취 동사(achievement verb)을 구분한다. "look at," "listen to"가 과제 동사라면 "see," "hear"는 성취 동사이다. Gilbert Ryle, *The Concept of Mind*, Barnes &Noble Books, 1905 참조.

183 나는 여기서 '그냥 겸애'와 '진정한 의미의 겸애'를 구분하고 있다.

184 "愛獲之愛人也, 生於慮獲之利, 非慮臧之利也; 而愛臧之愛人也, 乃愛獲之愛人也".「대취」.

185 "愛人之親, 若愛其親, 其類在官苟"「대취」.

186 "〔凡學愛人〕愛眾眾世與愛寡世相若, 兼愛之, 有相若.愛尚世與愛後世, 一若今之世人也 44.21.5愛二世有厚薄, 而愛二世相若"「대취」.

187 "義可厚, 厚之; 義可薄, 薄之.謂倫列.德行.君上.老長.親戚, 此皆所厚也.為長厚, 不為幼薄.親厚, 厚; 親薄, 薄.親至薄 不至義. 厚親, 不稱行而顧行"「대취」.

188 Dan Robins, "Mohist Care," *Philosophy East and West*, 62/1, January 2012, 64 참조.

189 『맹자』,「등문공상」.

190 사실 엄밀히 말해서『묵자』내에서 효는 다른 것에 의해 정당화되는 미덕이 아니다. 그 자체가 '다스려짐(治)'을 구성하는 요소이다. 효가 편의성 때문에 묵가에게 중요한 의무가 되었다는 주장은 좀 더 논의되어야 할 하나의 가설이다.

191 백영선은 묵가의 입장이 '차별적 베풂의 실행'에 머물 수 없고, 결국 '무차별적 실행'을 지향하고 있는 것은 아닌가하고 지적한다. 틀림없이 의도의 차원에서 보자면, '차별적 실행'은 무차별을 지향한다. 그러나 '의도에 있어서의 무차별에 대한 지향'이 '무차별적 실행'의 지향을 의미하지는 않는다고 생각한다. Youngsun Back, "Rethinking Mozi's *Jian'ai*: The Rule to Care," *Dao: A Journal of Comparative Philosophy* 18/4, 2019 참조.

192 "不知其數而知其盡也, 說在明者."「경하」"不二智其數, 惡智愛民之盡文也？ 或者 遺乎其問也？ 盡問人則盡愛其所問, 若不智其數而智愛之盡文也, 無難."「경설하」

193 "不知其所處, 不害愛之, 說在喪子者."「경하」.

194 "愛人, 待周愛人而後為愛人。不愛人, 不待周不愛人；不周愛, 因為不愛人矣。乘馬, 不待周乘馬然後為乘馬也；有乘於馬, 因為乘馬矣。逮至不乘馬, 待周不乘馬而後不乘馬。此一周而一不周者也"「소취」.

195 Chong, "Why is loving", 219~220 참조. 나는 이 논문에서 애인에서 인은 '모든 사람(all men)'이 아니라 '총칭적 사람(generic man)'을 가리킨다고 하였다.

196 "獲之親, 人也；獲事其親, 非事人也。其弟, 美人也；愛弟, 非愛美人也。車, 木也；乘車, 非乘木也。船, 木也；入船, 非入木也。盜人, 人也, 多盜, 非多人也, 無盜非無人也。奚以明之？惡多盜, 非惡多人也；欲無盜, 非欲無人也。世相與共之。若若是, 則雖盜人人也, 愛盜非愛人也；不愛盜非不愛人也；殺盜人非殺人也, 無難矣"「소취」.

197 "為天下厚禹, 為禹也。為天下厚愛禹, 乃為禹之人愛也。厚禹之加於天下, 而厚禹不加於天下。若惡盜之為加於天下, 而惡盜不加於天下。愛人不外己, 己在所愛之中。己在所愛, 愛加於己"「대취」.

198 시발점은 아마도 1958년에 나온 앤스콤(Anscombe, G. E. M.)의 논문, "Modern Moral Philosophy"일 것이다.

199 William K. Frankena, *Ethics*, Englewood Cliffs: Prentice-Hall, INC., 1973, 63~64 참조.

200 "仁義之為內外也, 內, 說在仵顏"「경하」"仁：仁, 愛也；義, 利也。愛利, 此也, 所愛所利, 彼也。愛利不相為內外, 所愛利亦不相為內外。其為仁, 內也, 義, 外也, 舉愛與所利也, 是狂舉也。若左目出, 右目入"「경설하」.

201 이 인내의외설(仁內義外說)은 맹자에 의해서도 거부된다.『맹자』「고자상」참조.

202 정치와 윤리의 구분은 얼핏 칸트가『윤리형이상학』에서 법과 도덕 혹은 법 의무와 덕 의무를 나눈 것을 상기하게 한다. 물론『묵경』의 윤리가 칸트적 의미의 의무론임을 말하는 것은 아니다.

203 Paul Guyer, *The Moral Foundation of Right*, New York: Cambridge University Press, 2024, p. 9.

# 3장 과학

204 Lloyd, *Ancient Worlds*, 12~13.

205 Joseph Needham, *Science And Civilisation in China*, vol. 5, pt. II, New York: Cambridge University Press, 1974, xxi.

206  예컨대 헨더슨(John B. Henderson)은 중국의 우주론자들에게서 우주의 질서를 이해하는 주요 요소가 상관적 사고였다고 한다. John B. Henderson, "Cosmology and Concepts of Nature in Traditional China", in *Concepts of Nature*, ed. by Hans Ulrich Vogel and Gunter Dux, Leiden: Brill, 2010, 181 참조.

207  한센의 부분론(mereology)에 기반한 고대 중국철학 해석이 이에 해당할 것이다. Hansen, *Logic and Language* 참조.

208  체(體)와 겸(兼)은 고(故)를 이어 경과 경설의 두 번째 항목에서 보이는 핵심 개념들이다. "體, 分於兼也(체는 겸의 부분이다)"(「경상」). "體: 若二之一, 尺之端也(둘 중의 하나이고, 자의 끄트머리이다)"(「경설상」).

209  김영식, 『주희의 자연철학』, 예문서원, 2005, 537~538(이하 김영식, 『주희의 자연철학』으로 약칭).

210  허욱, 『중국에서의 기술』, 210~220 참조. 중국에서와는 달리 서양에서는 고대 이래로 늘 기술이나 과학이 주류 학문, 즉 철학이나 신학과 함께 학문의 중심에 있었다.

211  Lloyd, *Ancient Worlds*, 12~23.

212  Tiles, *Historical Epistemology*, 142.

213  프레이저(Chris Fraser)는 「경설상」의 원문인 "有之必無然"을 "有之必然"으로 교정해서, 대고를 충분조건이라고 한다. 하지만 충분조건은 필요조건을 포섭하지 못하므로, 대고, 소고의 명칭의 의의에 부합하지 못하는 듯하다. Chris Fraser, *The Mohist Dialectics*, digital supplement to part IV of *The Essential Mozi*(Oxford: Oxford University Press, 2020), 1 참조(이후 Fraser, *The Mohist Dialectics*로 약칭).

214  Graham, *Later Mohist Logic*, 263~264; Fraser, *The Mohist Dialectics*, 1.

215  "使, 謂故".「경상」 "使: 令, 謂謂也, 不必成濕, 故也, 必待所為之成也".「경설상」.

216  "鬥者之敝也, 以飲酒, 若以日中, 是不可智也, 愚也".「경설하」.

217  "五行毋常勝, 說在宜".「경하」 "……然火鑠金, 火多也. 金靡炭, 金多也".「경설하」.

218  "合, 正.宜.必".「경상」.

219  기하학은 주로 공간의 성질에 대한 탐구이지만, 시간도 공간과 유사한 방식으로 다룰 수 있을 것이다.

220  "體 分於兼也"「경상」"體 若二之一 尺之端也"「경설상」.

221  "端, 體之無厚而最前者也".「경상」"端: 是無間也".「경설상」.

222  "지극히 큰 것(至大)은 밖이 없으니 대일(大一)이라 하고, 지극히 작은 것(至小)은 안이 없으니 소일(小一)이라 한다.(至大无外 謂之大一 至小无內 謂之小一)"「장자」「천하」.

223  "久 彌異時也"「경상」"久 古今旦莫"「경설상」.

224 "宇 彌異所也"「경상」"宇 東西家南北"「경설상」.

225 "行循以久, 說在先後"。「경하」"行: 者行者必先近而後遠。遠修近修也, 先後久也。民行修必以久也"「경설하」.

226 "宇久 不堅白, 說在「경하」宇南北, 在且有在莫, 宇徙久"「경설하」.

227 "無久與宇堅白, 說在因"「경하」"無 堅得白相盈也"「경설하」.

228 "在諸其所然未者然, 說在於是"「경하」"在: 堯善治, 自今在諸古也。自古在之今, 則堯不能治也"「경설하」.

229 "堯之義也, 生於今而處於古, 而異時, 說在所義二"「경하」"堯: 霍, 或以名視人, 或以實視人。舉友富商也, 是以名視人也, 指是臞也, 是以實視人也, 堯之義也, 是聲也於今, 所義之實處於古, 若殆於城門與於臧也"「경설하」.

230 "始 當時也"「경상」"始 時或有久 或無久 始當無久"「경설상」.

231 "止 以久也"「경상」"止 無久之不止 當牛非馬 若矢過楹 有久之不止 當馬非馬 若人過梁."「경설상」.

232 "倍, 為二也"。「경상」"倍: 二尺與尺但去一"「경설상」.

233 "偏宇不可偏舉 宇也 進行者先敷近 後敷遠"「경설하」.

234 "宇: 或徙, 說在長"「경하」"長宇: 徙而有處, 宇"。「경설하」.

235 "次, 無間而不攖攖也"「경상」"次: 無厚而后可"「경설상」.

236 "有間, 中也"「경상」"有間: 謂夾之者也"「경설상」.

237 "間, 不及旁也"「경상」"間: 謂夾者也。尺前於區穴而後於端, 不夾於端與區內。及及非齊之, 及也"「경설상」.

238 "宇進無近 說在敷"「경하」"偏宇不可偏舉 宇也 進行者先敷近 後敷遠 行者行者 必先近而後遠"「경설하」.

239 "窮 或有前 不容尺也"「경상」"窮 或不容尺 有窮 莫不容尺 無窮"「경설상」.

240 "盡, 莫不然也"「경상」"盡: 俱止動"「경설상」.

241 "可無也, 有之而不可去, 說在嘗然"「경하」"可無也: 已給則當給, 不可無也。久有窮無窮"「경설하」.

242 "無窮不害兼 說在盈否"「경하」"無 南者有窮 則可盡 無窮則不可盡 有窮無窮未智 則可盡不可盡亦可盡 未可智 人之盈之否未可智 而必人之可盡不可盡亦未可智 而必人之可盡愛也諄 人若不盈無窮 則人有窮也 盡有窮無難 盈無窮則無窮盡也 盡無窮無難也"「경설하」.

243 "지극히 큰 것은 밖이 없으니 대일(大一)이라 하고, 지극히 작은 것은 안이 없으니 소일(小一)이라 한다. (至大无外 謂之大一 至小无內 謂之小一)"『장자』「천하」.

244 "厚 有所大也"「경상」 "厚 惟無所大"「경설상」.

245 "非半弗斱則不動, 說在端"「경하」 "非 斱半 進前取也 前 則中無爲半 猶端也 前後 取則端中也 斱必半 毋與非半 不可斱也"「경설하」. Graham, *Later Mohist Logic*, 432~433 참조.

246 『장자』「천하」.

247 "圜：規寫攴也"「경설상」.

248 "方：矩見攴也"「경설상」.

249 "直, 參也"「경상」.

250 "同長, 以正相盡也"「경상」 "同：楗與狂之同長也"「경설상」.

251 "中, 同長也"「경상」 "心中：自是往相若也"「경설상」.

252 "圜, 一中同長也"「경상」.

253 『묵경』의「경」하와「경설」하에는 모두 여덟 개 조의 그림자의 정의와 생성 원인, 본 그림자와 반그림자 현상과 생성 원인, 빛의 직진 원리의 증명, 평면 반사면과 오목 반사면, 볼록 반사면 등의 공통점과 특징 등 광학의 기본 문제를 다루고 있다. 황성규, 『묵경』광학 이론에 내재된 교육적 함의,「온지논총」39, 2014. 127 참조.

254 Schemmel and Boltz, *Theoretical Knowledge*, 130 참조.

255 "知 材也"「경상」 "知 材 知也者 所以知也而必知 若明"「경설상」.

256 "知而不以五路 說在久"「경하」 "智 以目見 而目以火見 而火不見 惟以五路智 久不當 以目見若以火見"「경설하」.

257 "景不徙 說在改爲"「경하」 "景 光至景亡 若在盡古息."「경설하」.

258 사마표, 『경전석문』. 鳥之蔽光猶魚之蔽水。魚動蔽水而水不動。鳥動影生, 影生光亡。亡非往, 生非來。墨子曰影不徙也

259 Schemmel and Boltz, *Theoretical Knowledge*, 134.

260 Schemmel and Boltz, *Theoretical Knowledge*, 134.

261 "景二, 說在重"「경하」 "景：二光夾一光, 一光者景也"「경설하」.

262 Schemmel and Boltz, *Theoretical Knowledge*, 134 참조.

263 "景到, 在午有端與景長, 說在端"「경하」 "景：光之人煦若射。下者之人也高, 高者之人也下。足敝下光, 故成景於上, 首敝上光, 故成景於下。在遠近有端, 與於光, 故景庫內也."「경설하」.

264 譚戒甫, 『墨辯發微』, 252.

265 "臨鑒而立, 景到。多而若少, 說在寡區."「경하」 "臨：正鑒景寡, 貌能。白黑, 遠近, 柂正, 異於光。鑒景當俱, 就, 去亦1當俱, 俱用北。鑒者之臭於鑒, 無所不鑒。景之臭無數而必

過, 正故同處, 其體俱然, 鑒分"「경설하」. 이 구절의 번역은 그레이엄을 따른다.

266  譚戒甫, 『墨辯發微』, 264.

267  譚戒甫, 『墨辯發微』, 264.

268  "鑒位, 景一小而易, 一大而正, 說在中之外內"「경하」 "鑒：中之內, 鑒者近中, 則所鑒大, 景亦大；遠中, 則所鑒小, 景亦小, 而必正.起於中緣正而長其直也.中之外, 鑒者近中, 則所鑒大, 景亦大；遠中, 則所鑒小, 景亦小, 而必易.合於而長其直也"「경설하」.

269  Graham, *Later Mohist Logic*, 383.

270  초점은 거울의 반사면에 평행하게 들어온 빛이 반사된 후 모이는 점이고, 중심은 거울의 곡면을 원으로 간주했을 때, 그 원의 중심에 해당하는 점이다.

271  "鑑團, 景一天, 而必正, 說在得"「경하」 "鑒：鑒者近則所鑒大, 景亦大；亓遠, 所鑒小, 景亦小, 而必正.景過正故招"「경설하」.

272  Graham, *Later Mohist Logic*, 385.

273  "力, 刑之所以奮也"「경상」 "力：重之謂, 下與重, 奮也"「경설상」.

274  "負而不撓, 說在勝"「경하」 "負：衡木加重焉而不撓, 極勝重也.右校交繩, 無加焉而撓, 極不勝重也.衡加重於其一旁必捶, 權重相若也.相衡則本短標長, 兩加焉重相若, 則標必下, 標得權也"「경설하」.

275  "契與枝板, 說在薄"「경하」 "挈：有力也, 引 無力也.不正所挈之止於施也, 繩制挈之也, 若以錐刺之.挈, 長重者下, 短輕者上, 上者愈得, 下下者愈亡.繩直權重相若, 則正矣.收, 上者愈喪, 下者愈得, 上者權中盡, 則逐"「경설하」.

276  Graham, *Later Mohist Logic*, 394.

277  "挈：兩輪高, 兩輪為輲, 車梯也.重其前, 弦其前, 載弦其前, 載弦其軲, 而縣重於其前.是梯挈且挈則行.凡重, 上榜挈, 下弗收, 旁弗劫, 則下直柂, 或害之也流.梯者不得流直也.今也廢尺於平地, 重不下, 無旁也.若夫繩之引軲也, 是猶自舟中引橫也"「경설하」.

278  "推之必往, 說在廢材"「경하」 "誰：拼石, 壘石耳.夾寄者法也.方石去地尺, 關石於其下, 縣絲於其上, 使適至方石.不下, 柱也.膠絲去石, 挈也；絲絶, 引也.木變而名易, 收也"「경설하」.

279  인신세에서의 상관주의적 세계관의 의의와 중요성에 대해서는 허욱, 『중국에서의 기술』, 369~392 참조.

280  그레이엄은 묵가의 실(實)을 개별자(a particular)로 보고, 위의 이명거실의 의미론을 유명론적 원리로 해명하였다. Graham, *Later Mohist Logic*, 325~326 참조.

281  "然則何緣而以同異？曰：緣天官.凡同類同情者, 其天官之意物也同, 故比方之疑似而通, 是所以共其約名以相期也.形體、色理以目異；聲音清濁、調竽、奇聲以耳異；

甘、苦、鹹、淡、辛、酸、奇味以口異；香、臭、芬、鬱、腥、臊、漏庮、奇臭以鼻異；疾、癢、凔、熱、滑、鈹、輕、重以形體異；說、故、喜、怒、哀、樂、愛、惡、欲以心異。心有徵知。徵知，則緣耳而知聲可也，緣目而知形可也。然而徵知必將待天官之當簿其類，然後可也。五官簿之而不知，心徵知而無說，則人莫不然謂之不知。此所緣而以同異也"。『순자』「정명」.

282 "名無固宜，約之以命，約定俗成謂之宜，異於約則謂之不宜。名無固實，約之以命實，約定俗成，謂之實名。名有固善，徑易而不拂，謂之善名"。『순자』「정명」.

283 이와 유사한 관점에서 유가 정명론에서의 실에 대한 명의 우선성을 강조한 글로는 Chaehyun Chong, "Rectification of Names to Secure Ethico-Political Truth: A Confucian Case", *Universitas-Monthly Review of Philosophy and Culture*, 44/12, 2017이 있다.

284 "凡論者貴其 有辨合, 有符驗. 故坐而言之, 起而可設, 張而可施行."『순자』「성악」.

285 John Knoblock, *Xunzi* Vol. III, Stanford: Stanford University Press, 1994, p. 156 참조.

286 예컨대, 양경은 변합과 부험의 의미가 둘 다 다 마치 부절을 나누어 하나씩 가진 뒤에 후에 맞추어보는 과정을 가리킨다고 보았다. 王先謙, 『순자집해 6』, 송기채 역, 서울: 전통문화연구회, 2018, 45~46 참조.

287 순자의 명과 실의 구분과 마찬가지로, 순자의 인위[인(人)과 위(僞)]와 자연[천(天)과 성(性)]의 구분도 사실 이런 측면이 있다. 순자에게 있어서 천과 성은 처음에는 그저 '주어진 것'으로 어떤 도덕적 가치도 함유되지 않은 재료와 같은 의미이지만 [즉 천인(天人)과 성위(性僞)의 분리], 그것은 인위를 통해 천생인성(天生人成, 천이 낳고 인이 완성한다), 화성기위(化性起僞, 성을 변화시켜 인위를 일으킨다)로 발전하여 천성과 연결된다.

288 "體, 分於兼也"。「경상」 "體：若二之一, 尺之端也"。「경설상」.

289 "見, 體盡"。「경상」 "見：時者, 體也；二者, 盡也"。「경설상」.

290 시마다 겐지(島田虔次), 『주자학과 양명학』, 김석근/이근우 옮김, 까치, 1986, 112. 에임스는 중국 문화와 사상의 특징을 서구의 인과적, 논리적 사유와 대조하여 상관적, 유비적 사유라고 한다. Hall/Ames, *Anticipating China*, 111~179 참조.

291 앞서 말했듯이 후기 묵가는 이미 기원전 3세기경에 이러한 구분을 하였던 것 같다. 특히 그레이엄에 따르면, 후기 묵가는 과학과 논리학에서는 필연적(必) 관계를 다루고, 윤리와 기술학(discourse)에서는 적합성(宜)의 우연적 관계를 다룬다고 한다. Graham, *Later Mohist Logic* 30~58, 329~331 참조.

292 정이/정호, 『하남정씨유서』, 『이정집』, 중화서국, 1981, 247; 진순, 『북계자의』, 김영민 옮김, 예문서원, 1993, 180~181.

293 흄은 사실 당위와 사실의 엄격한 분리를 강조하는데, 뒤에서도 보듯이 현대 분석 철학에서 윤리적 규범이 존재론적 사실을 침범(encroach)하는 것은 더 이상 이상

한 일이 아니다. 즉 실천적 고려가 지식을 침범할 수 있다. M. McGrath, *Practical Magickal Evocation*, Finbarr International, 1994 참조.

294　Graham, *Disputers*, 319~325 참조.

295　"夫天道,自然也, 無為。如譴告人, 是有為, 非自然也"『論衡』「譴告」.

296　Peter K. Bol, 『역사 속의 성리학』, 김영민 옮김, 예문서원, 2010, 259~271.

297　에임스와 홀은 천리와 태극의 내재성을 강조한다. Hall, David/Ames, Roger T., *Thinking Through Confucius*, Albany: State University of New York, 1987, 13.

298　김영식, 『주희의 자연철학』, 60.

299　朱熹, 『朱子語類』, 114~116.

300　기에 대한 이의 논리적, 인식론적 우선성, 그리고 태극이라고 불리는 이의 기에 대한 형이상학적 초월성을 합쳐서 우선성과 초월성이라고 한다. 주희, 朱熹, 『朱子語類』, 113~116; 한형조, 『주희에서 정약용으로』, 서울: 세계사, 1996, 30~36.

301　주자에 있어서의 이의 초월성에 대해서는 임헌규, 「朱子의 理와 그에 대한 몇 가지 해석: 비판적 고찰」, 『온지논총』, 제18집, 271~302 참조.

302　장회익, 『장회익의 자연철학 강의』, 추수밭, 2019, 485~486 참조. (이하 장회익, 『자연철학』으로 약칭). 사실 왕양명이 주희의 격물을 수행하기 위해 정원의 대나무에 대해 관찰을 하였다는 일화는 양명의 격물이해가 잘못되었다고 볼 수도 있겠지만, 기본적으로 격물에서 구하는 이가 자연 사물의 원리일 수 있음을 역설적으로 보여 주는 사례이기도 할 것이다. 왕양명, 『왕양명전집』, 상해고적출판사, 1992, 120.

303　과학을 동아시아 근대 시기에 한동안 '격물치지학' 내지 '격치학'으로 번역한 것은 나름 일리가 있다. 김선희, 「격물궁리지학, 격치지학, 격치학 그리고 과학—서양 과학에 대한 동아시아의 지적 도전과 곤경—」, 『개념과 소통』 제17호, 한림과학원, 2016, 119-157.

304　인과적 법칙이나 논리적 법칙에는 수학에 대한 지식이 중요하다. 장회익, 『자연철학』, 77, 86.

305　김영건은 이를 "심미적 질서와 논리적 질서가 지역적, 국부적인 것이 아니라 보편적이다. 따라서 이 두 질서의 구분은 동양과 서양의 지역적 구분이 아니다"라고 표현한다. 김영건, 「상관적 사유와 심미적 질서」, 『철학논집』 제26집, 서강대학교 철학연구소, 2011, 165.

306　Graham, *Disputers*, 319~325 참조. 그러나, 김영건은 이 우선성을 그저 기원적 우선성일 뿐이라고 본다. 김영건, 「상관적 사유」, 165.

307　이의 의미 중의 하나인 소이연지고의 고가 인과 법칙, 논리 법칙이라면, 이의 또 다른 의미인 소당연지칙의 칙은 윤리 법칙일 것이다.

308　물론 고가 단순히 '연고,' '과거의 자취'라는 뜻으로도 쓰였다. 맹자, 『맹자』「이루

하」참조.

309 후기 묵가에는 논리학에 속하는 것이 없고, 단지 상관적이거나 유비 논리만 있다는 그레이엄과는 달리, 이병욱은 후기 묵가가 유비 논리만이 아니라 엄격한 형식 논리 체계를 제시한다고 주장한다. Graham, *Disputers*, 322-323; Byeong-uk Yi, Two Syllogisms 589~606 참조.

310 어떤 사건을 불러오는 작용 원인을 생각게 하는 인과성이다.

311 Graham, *Later Mohist Logic*, 411-412.

312 『맹자』「이루하」참조.

313 『순자』「천론」, 「비십이자」참조.

314 풍우란, 『중국철학사 하』, 박성규 옮김, 까치, 1999, 126~133.

315 야마다 케이지, 『주자의 자연학』, 김석근 옮김, 통나무, 1991, 348~349.

316 김상욱, 『떨림과 울림』, 동아시아, 2018, 128~138.

317 미우라 구니오, 『주자어류선집』, 이승연 옮김, 예문서원, 2012, 286~289.

318 Hall/Ames, *Anticipating China*, 246~256 참조. 이하 본문의 포르피리우스와 유서의 분류 체계에 대한 묘사는 이 책에 근거한다.

319 그레이엄은 이를 원시과학(proto-science)이라고 한다. Graham, *Disputers*, 315~319 참조.

320 김상욱, 『떨림과 울림』, 135.

321 F. 바렐라 외 지음, 『몸의 인지과학』, 석봉래 옮김, 김영사, 2013, 35~42.

322 허욱, 『중국에서의 기술』, 87~90.

## 결론

323 Schemmel and Boltz, *Theoretical Knowledge*, 37 참조.

324 덕 이론이 있다고 바로 덕 윤리라고 할 수는 없다. 칸트는 분명히 덕 이론을 가지고 있지만, 그의 윤리학을 덕 윤리라고 할 수는 없다. 칸트의 덕 이론에 대해서는 이마누엘 칸트, 『윤리형이상학』, 백종현 옮김, 아카넷, 2012, 449~616 참조.

325 "其然也, 有所以然也；其然也同, 其所以然不必同。其取之也, 有所以取之。其取之也同, 其所以取之不必同"「소취」.

## 참고 문헌

### 1차 자료

孟子, 『孟子』
墨子, 『無求備齋墨子集成』共46册, 嚴靈峰 主編, 成文出版社, 2010.
荀子, 『荀子』
呂不韋, 『呂氏春秋』
王充, 『論衡』
王陽明, 『王陽明全集』, 上海古籍出版社, 1992.
朱熹, 『朱子語類』

### 2차 중국 자료

簡松興, 「孔子「正名」觀念析探」, 『孔孟月刊』第19卷 第5期, 臺北: 中華民國孔孟學會, 民國 70.
憨山大師, 『老子道德經憨山註・莊子內篇憨山註』, 臺北: 新文豐出版公司, 民國85.

姜鐵軍,「論『公孫龍子』中的'指'」,『中國哲學史研究』, 總第二十七期, 北京: 中國社會科學出版社, 1987. 4.

高師明,「孔子的春秋教」,『春秋三傳研究論集』, 戴君仁 등, 臺北: 黎明文化事業, 1981.

高亨 撰,『墨經校詮』, 排印本影印, 民國47.

郭慶藩 撰,『莊子集釋』, 北京: 中華書局, 1997.

郭湛波,『先秦辯學史』, 北京: 中華印書局, 1932.

屈志清,『公孫龍子新注』, 湖北: 人民出版社, 1981.

魯勝,「墨辯注序」,『晉書』「列傳 · 隱逸 · 魯勝」.

詹劍峯,『墨家的形式邏輯』, 湖南人民出版社, 1956.

譚戒甫 撰,『公孫龍子形名發微』, 北京: 中華書局, 1996.

_____, 撰,『墨辯發微』, 北京: 中華書局, 1996.

_____, 校釋,『莊子天下篇校釋』, 臺北: 新文豊出版公司, 民國68.

唐君毅,「荀子正名與先秦名學三宗」,『新亞學報』第5卷 第2期, 香港: 新亞研究所, 1963.

_____,『中國哲學原論: 導論篇』, 北京: 中國社會科學出版社, 2005.

杜国庠,「该怎样看待墨家逻辑」,『哲学研究』(第10期), 1959.

杜音,「論公孫龍與後期墨家的正名學說」, 長沙大學學報 1997.

牟宗三,『名家與荀子』, 臺北: 臺灣學生書局, 1985.

文海鴻 · 张利芳,「先秦逻辑意识何以没有发展成中国逻辑学」, 九江师专学报(哲学社会科学版) 第2期, 2004.

龐樸,『公孫龍子研究』, 北京: 中華書局, 1972.

_____,『公孫龍子今譯』, 成都: 巴蜀書社, 1990.

方立天,「再论墨子'三表'说的性质問題」,『教学研究』(第1期), 1980.

山田琢,「墨子(上)」,『新釋漢文大系』第50卷, 東京: 明治書院, 1975.

徐復觀,『公孫龍子講疏』, 臺北, 學生書局, 1982.

徐陽春,「名家的論辯實踐與中國古代辯學」, 紹興文理學院學報 第16卷 第2期.

蕭登福,『公孫龍子與名家』, 臺北, 文津出版社, 1984.

孫詒讓,『墨子閒詁』, 臺北, 華正書局, 1987.

孫長祥, 『思維 語言 行動-現代學術視野中的墨辯』, 臺北, 文津出版社, 2005.
孫中原, 「中國古代的言語邏輯」, 『邏輯言語寫作論叢』, 第2輯, 天津: 南開大學出版社, 1986.
_____, 『中國邏輯史(先秦)』, 北京: 中國人民大學出版社, 1987.
_____, 「墨經的邏輯成就」, 『中國人民大學報』, 1990.
_____, 「墨家逻辑研究的回顾和展望」, 『武汉科技大学学报』(第2卷第1期), 2000.
_____, 「沈有鼎的墨家逻辑研究」, 『哲学研究』(第2期), 2001.
沈有鼎, 「评'墨家的形式逻辑'」, 『人民日报』, 1957.
_____, 『墨经的逻辑学』, 中国社会出版社, 1980.
顔文皎, 「公孫龍的名實觀」, 玉林師專學報, 1999.
梁啓超, 「墨經校釋」, 『無求備齋墨子集成』19, 嚴靈峯 編, 台北: 成文出版社有限公社, 民國 64.
楊武金, 『墨經邏輯研究』, 北京, 中國社會科學出版社, 2004.
_____, 「论梁启超,胡适,沈有鼎对墨家逻辑的开拓性的研究」, 『贵州师範大学学报』(第1期), 2006.
楊儒賓, 黃俊傑(編), 『中國古代思惟方式探索』, 臺北, 正中書局, 1996.
杨荣国, 『简明中国思想史』(修订版), 人民出版社出版, 1975.
楊俊光, 『公孫龍子蠡測』, 山東: 齊魯書社, 1986.
_____, 『惠學錐指-惠施及其思想』, 南京, 南京大學出版社, 1991.
楊沛蓀, 『中國邏輯思想史教程』, 甘肅: 甘肅人民出版社, 1988.
伍非百, 『先秦名學七書』, 臺北: 洪氏出版社, 民國 73.
吳晉生, 黃曆鴻, 吳薇薇, 『墨學與當代政治』, 中國書店出版, 1997.
溫公頤, 『先秦邏輯史』, 上海: 人民出版社, 1983.
王琯, 『公孫龍子懸解』, 北京: 中華書局, 1996.
王叔岷, 『莊子校詮』, 臺北: 樂學書局, 民國88.
王又今, 「沈有鼎先生與'墨经的逻辑学'」, 『逻辑與语言学习』(第5期), 1984.
汪奠基, 『中國邏輯思想史』, 臺北, 明文書局, 1993.
王讚源, 『墨經正讀』, 上海: 上海科學技術文獻出版社, 2011.

王学典, 『二十世纪後半期中国史学主潮』, 山东大学出版社, 1996.

俞樾, 『諸子平議補錄』(卷1-20), 李天根(淸) 校刊. 活版本. 雙流: 念劬堂, 1924.

喻中, 「毛泽东的法家观」, 『理论探索』(第1期), 2017.

李匡武 主編, 『中國邏輯史(先秦)』, 甘肅: 人民出版社, 1989.

李滌生, 『荀子集釋』, 臺北: 學生書局, 1988.

李哲賢, 『荀子之名學』, 臺北, 文津出版社, 2005.

李春勇, 「先秦概念之'名'的確立」, 華東師範大學學報 第6期, 1999.

李泽厚, 『中国古代思想史论』, 人民出版社, 1985.

李賢中, 『先秦名家名實思想探析』, 臺北, 文史哲出版社, 1992.

任繼愈, 『墨子』, 上海人民出版社, 1956.

_____, 『中國哲學發展史(先秦)』, 北京: 人民出版社, 1983.

蒋孔阳,, 「评墨子'非乐'思想」, 『学术期刊』(第2期), 1979.

張吉良, 「戰國名家的哲學思想」, 『中國哲學史研究』, 第二期, 北京: 中國社會科學出版社, 1984.

张力文, 「略论墨子以'三表'为核心的认识论」, 『哲学研究』(第10期), 1978.

张茂泽, 「先秦'名'学派别及发展阶段」, 人文杂志 第4期, 2006.

章炳麟, 『國故論衡』, 章氏叢書, vol. 10, 1971.

張立文, 『中國哲學邏輯結構論』, 北京, 中國社會科學出版社, 1989.

張俊翚, 「五十年来墨学研究综述」, 『四川师范大学学报(社会科学版)』, 第29卷第4期, 2007.

張春波·張家龍, 「中國哲學中的邏輯和語言」, 『吉林大學社會科學學報』, 第3期, 吉林市: 吉林大學, 1990.

錢穆 纂註, 『莊子纂箋』, 臺北: 三民書局有限公司, 民國58.

程孟辉, 「浅论墨翟的反孔思想」, 『中山大学学报(社会科学版)』(第1期), 1975.

鄭傑文, 『20世紀墨学研究史』, 清華大學清出版社, 2002.

趙紀彬, 『趙紀彬文集3』, 河南, 人民出版社, 1991.

曹春秀, 『先秦典籍中演繹邏輯之運用』, 臺北, 黎明文化出版公司, 1986.

鐘友聯, 『墨家的哲學方法』, 臺北, 東大圖書公司, 1976.

周山,「關於名家的兩個問題」,『中國哲學史研究』, 總第三十一期, 北京: 中國社會科學出版社, 1988.

朱云之,「對先秦名家分爲兩個詭辯學派的異議」,『哲學研究』, 第2期, 北京: 人民出版社, 1997.

_____,「白馬非馬決不是詭辯命題」,『中國哲學史研究』, 第二期, 北京: 中國社會科學出版社, 1987.

周云之,『先秦邏輯史』, 北京: 中國社會科學出版社, 1984.

_____,『墨經校注今譯研究』, 甘肅, 人民出版社, 1993.

_____,『先秦名辯邏輯指要』, 四川, 教育出版社, 1993.

_____,『公孫龍子正名學說研究』, 北京, 社會科學文獻出版社, 1994.

_____,『名辯學論』, 沈陽: 遼寧教育出版社, 1996.

朱志凱,「墨經中邏輯學說特徵」,『哲學研究』, 第7期, 北京: 人民出版社, 1984.

_____,『墨經中的邏輯學說』, 四川, 四川人民出版社, 1988.

周昌忠,『公孫龍子新論』, 上海, 上海社會科學院出版社, 1991.

陳癸淼,『墨辯研究』, 臺北, 學生書局, 1977.

陳孟麟,『墨辯邏輯學(修訂本)』, 濟南: 齊魯書社, 1983.

_____,『墨辯邏輯範疇三題議』,『哲學研究』, 第11期, 北京: 人民出版社, 1987.

_____,『先秦名家與先秦名學』, 臺北, 水牛出版社, 1998.

陳問梅,『墨學之省察』, 臺北, 學生書局, 1988.

蔡仁厚,『墨家哲學』, 臺北, 東大圖書公司, 1983.

馮契,『中國古代哲學的邏輯發展(上冊)』, 上海: 人民出版社, 1987.

馮友蘭,『中國哲學史新編(第二冊)』, 北京: 人民出版社, 1995.

何啓民,『公孫龍與公孫龍子』, 臺北: 學生書局, 民國77.

夏甄陶,『中國認識論思想史稿』, 北京, 中國人民大學出版社, 1992.

許抗生,「惠施思想研究」,『中國哲學史研究』, 總第十一期, 中國社會科學出版社, 1983. 4.

邢贲思, 杨春贵,『中国哲学四十年』(序), 中共中央黨校出版社出版, 1989.

胡道靜,『公孫龍子考』, 臺北, 常務印書館, 1990.

胡適,『中國哲學史大綱』, 上海: 商務印書館, 1947.
候外廬 外,『中國思想通史(第一卷)』, 北京: 人民出版社, 1961.

**2차 한국 자료**

加地伸行, 윤무학 譯,『중국인의 논리학』, 서울: 법인문화사, 1998.
郭沫若,『中國古代思想史』, 조성을 譯, 서울: 도서출판 까치, 1991.
김명석,「『묵자』에 보이는 도덕적 행위의 비이기적 동기들이 지닌 함축에 관하여: 자기 이익 논제와 공리주의적 도덕의 실천 문제를 중심으로」,『철학연구』, 제129집, 2020.
김상욱,『떨림과 울림』, 서울: 동아시아, 2018.
김선희,「격물궁리지학, 격치지학, 격치학 그리고 과학―서양 과학에 대한 동아시아의 지적 도전과 곤경―」,『개념과 소통』제17호, 한림과학원, 2016.
김영건,「상관적 사유와 심미적 질서」,『철학논집』제26집, 서강대학교 철학연구소, 2011
김영식,「이황의 이기관 (理氣觀)과 신유학 전통상에서의 그 위치」,『퇴계학보』vol. 81, 1994.
_____,『주희의 자연철학』, 예문서원, 2005
김철신,「공손룡과 후기 묵가의 정명론 비교 연구」,『동서비교문학저널』제10집, 2004.
_____,「후기묵가의 공손룡 비판 고찰–사물과 인식의 문제를 중심으로」,『철학연구』제82집, 2008.
大濱晧,『중국 고대의 논리』, 김교빈 外 譯, 서울: 동녘, 1993.
묵자,『묵경』1, 2, 염정삼 주해, 한길사, 2012.
미우라 구니오 三浦國雄,『주자어류선집』, 이승연 옮김, 예문서원, 2012.
바렐라, F. 외 지음,『몸의 인지과학』, 석봉래 옮김, 김영사, 2013.
박원재,「名辯 논쟁을 통해 본 諸者의 사상적 갈래」,『중국철학』제4집, 중국철학회, 1994.

손이양 교주,『묵자간고 3』, 이상하, 김태년 공역, 전통문화연구회, 2021.
손이양 교주,『묵자간고 4』, 이상하, 변구일 공역, 전통문화연구회, 2021.
시마다 겐지 島田虔次,『주자학과 양명학』, 김석근/이근우 옮김, 까치, 1986.
야마다 케이지,『주자의 자연학』, 김석근 옮김, 통나무, 1991
오트프리트 회페,『임마누엘 칸트』, 이상헌 옮김, 문예출판사, 1983.
王先謙,『순자집해 6』, 송기채 역, 서울: 전통문화연구회, 2018.
윤무학,「묵자의 명학에 대하여-후기 묵가와의 상관성을 중심으로」,『동양철학연구』제11집, 1990.
_____,『中國哲學 方法論: 고대철학의 名實論的 조명』, 서울: 한울 아카데미, 1999.
_____,「묵가의 역사의식-유가 비판을 중심으로」,『동양철학연구』제36집, 2004.
_____,「묵변(墨辯)의 변학(辯學)과 도가(道家)의 인식론 비판」,『동양철학연구』제42집, 2005.
이강수,『중국 고대철학의 이해』, 서울: 지식산업사, 1999.
이권,「『荀子』「正名」편의 共名과 別名에 대한 고찰」,『中國學報』제 52집, 2003.
任繼愈 主編,『中國哲學史(Ⅰ)』, 이문주·최일범 譯, 서울: 도서출판 청년사, 1989.
임마누엘 칸트,『실천이성비판』, 백종현 옮김, 아카넷, 2019.
_____,『윤리형이상학』, 백종현 옮김, 아카넷, 2012.
임헌규,「朱子의 理와 그에 대한 몇 가지 해석: 비판적 고찰」,『온지논총』, 제18집.
장회익,『장회익의 자연철학 강의』, 추수밭, 2019
정이/정호,『하남정씨유서』,『이정집』, 중화서국, 1981.
정인재,「순자의 정명론」,『철학회지』제9집, 1982.
정재현,「후기묵가의 유비논리와 장자의 직각논리에 나타난 비추상주의와 합리주의」,『철학』제60집, 1999.

_____, 「묵가의 실용주의와 논리주의」, 『중국철학』 제6집, 중국철학회, 1999.

_____, 「묵경의 논리학」, 『철학연구』 제45집, 철학연구회, 1999.

_____, 「後期 墨家의 名學 연구」, 『철학적 분석』 제3집, 2001.

_____, 「도의 철학과 도의 언어학-고대 중국의 철학과 언어」, 『양명학』 제10집, 한국양명학회, 2003.

_____, 『묵가사상의 철학적 탐구』, 서강대학교 출판부, 2012.

_____, 『차별적 사랑과 무차별적 사랑』, 파라아카데미, 2019.

_____, 『덕으로 본 제자백가사상』, 서강대학교출판부, 2020.

진순, 『북계자의』, 김영민 옮김, 예문서원, 1993.

풍우란, 『중국철학사·상』, 박성규 옮김, 까치, 2002.

풍우란, 『중국철학사 하』, 박성규 옮김, 까치, 1999.

피터 볼 Peter K. Bol, 『역사 속의 성리학』, 김영민 옮김, 예문서원, 2010.

한형조, 『주희에서 정약용으로』, 서울: 세계사, 1996.

허욱, 『중국에서의 기술에 관한 물음』, 조형준, 이철규 옮김, 새물결출판사, 2019.

胡適, 『中國古代哲學史』, 송긍섭 外 譯, 서울: 대한교과서주식회사, 1990.

황성규, 「『묵경』 광학 이론에 내재된 교육적 함의」, 『온지논총』 39, 2014.

**2차 영문 자료**

Aikhenvald, A. Y., *Classifiers: A Typology of Noun Categorization Devices*, Oxford: Oxford University Press, 2003.

Allan, K., "Classifiers," *Language* 53, 1977.

Anscombe, G. E. M., "Modern Moral Philosophy," *Philosophy*, 33/124, 1958.

Back, Youngsun, "Rethinking Mozi's Jian'ai: The Rule to Care," *Dao: A Journal of Comparative Philosophy* 18/4, 2019.

Borer, H., *In Name Only*, New York: Oxford University Press, 2005.

Brandom, Robert B., *Making it explicit: reasoning, representing, and discursive commitment*, Cambridge : Harvard University Press, 1994.

Bunt, H. C., *Mass Terms and Model-Theoretic Semantics*, Cambridge: Cambridge University Press, 1985.

Chao, Y. R., *A Grammar of Spoken Chinese*, Berkeley, CA: University of California Press, 1968.

Cheng, L. L.-S. & R. Sybesma, "Yi-wan Tang, Yi-ge Tang: classifiers and massifiers", *The Tsing Hua Journal of Chinese Studies, New Series* 28, 1998.

Chierchia, G., "Reference to kinds across languages," *Natural Language Semantics* 6, 1998.

Chmielewski, Janusz, "Notes on early Chinese logic" in *Language and Logic in Ancient China: Colleced Papers on the Chinese Language and Logic*, ed. by Marek Mejor, Warszawa, 2009.

Chong, Chaehyun, "Rectification of Names to Secure Ethico-Political Truth: A Confucian Case" *Universitas-Monthly Review of Philosophy and Culture*, 44/12, 2017.

_____, "Why is loving a thief not the same as loving all men for the Mohists?", *Asian Philosophy*, 28 (3), 2018.

Copi, Irving M., *Introduction to Logic*, New York: Macmillan Publishing, 1978

Cua, A. S., *Ethical Argumentation*, Honolulu: University of Hawaii Press, 1985.

Dehaene, S., *The Number Sense: How the Mind Creates Mathematics*, Oxford: Oxford University Press, 1997.

Frankena, William K., *Ethics*, Englewood Cliffs: Prentice-Hall, INC., 1973

Fraser, Chris., "Language and Ontology in Early Chinese Thought",

*Philosophy East & West*, 57, 2007.

_____, (2015). Mohism. In Zalta, E. N., ed., *The Stanford Encyclopedia of Philosophy*, 2015. Available online at https://plato.stanford.edu/archives/win2015/entries/mohism/, winter 2015 edition.

_____, "Mohist Canons," 2020, in https://plato.stanford.edu/entries/mohist-canons/

_____, *The Philosophy of Mozi*, New York: Columbia University Press, 2016.

_____, *The Mohist Dialectics, digital supplement to part IV of The Essential Mozi*, Oxford: Oxford University Press, 2020.

Fung, Y.-L., *A History of Chinese Philosophy* Vol. I, trans. by D. Bode, London: George Allen Uniwin Ltd., 1952.

Fung, Yiu-ming, *Dao Companion to Chinese Philosophy of Logic*, Springer, 2020.

Geaney, Jane, "Critique of A. C. Graham's reconstruction of the Neo-Mohist Canons", *Journal of the American Oriental Society* 119/1, 1999.

Jane Geaney, *History of Logic in China* ed. by Fenrong Liu & Jeremy Seligman,

Gil, D., "Scopal quantifiers: Some universals of lexical effability", in M. Kefer & J. van der Auwera (eds.), *Meaning and Grammar: Cross-Linguistic Perspectives*, Berlin: Mouton de Gruyter, 1992.

Graham, A. C., *Two Chinese Philosophers*, London: Lewis Reprinted Ltd, 1978

_____, *Later Mohist Logic, Ethics and Science*, Hong Kong: The Chinese University Press, 1978.

_____, "The disputation of Kung-sun Lung as argument about whole and part," *Philosophy East & West* 36, 1986.

_____, *Disputers of the Tao,* La Salle, Open Court, 1989.

Guyer, Paul, *The Moral Foundation of Right,* New York: Cambridge University Press, 2024.

Hall, David L. and Ames, Roger T., *Anticipating China,* Albany: State University of New York Press, 1995.

_____, *Thinking Through Confucius,* Albany: State Univeristy of New York, 1987.

Hansen, Chad, "Mass nouns and 'A white horse is not a horse'", *Philosophy East & West* 26, 1976.

_____, *Language and Logic in Ancient China,* Ann Arbor: University of Michigan Press, 1983.

_____, "Chinese Language, Chinese Philosophy, and 'Truth'" *Journal of Asian Studies* 44.3, 1985.

_____, *A Daoist Theory of Chinese Thought,* New York: Oxford University Press, 1992.

Harbsmeier, Christoph., *Science and Civilization in China,* Vol. 7, Pt. 1: Language and Logic, New York: Cambridge University Press, 1998.

Henderson, John B., "Cosmology and Concepts of Nature in Traditional China", in *Concepts of Nature,* ed. by Hans Ulrich Vogel and Gunter Dux, Leiden: Brill, 2010.

Hu Shih, *The Development of the Logical Method in Ancient China,* Shanghai: The Oriental Book Company, 1922.

Imai, M. and D. Gentner, "A cross-linguistic study of early word meaning: universal ontology and linguistic influence", *Cognition* 62, 1997.

Johnston, Ian., "Choosing the Greater and Choosing the Lesser: A Translation and Analysis of the Daqu and Xiaoqu Chapters of the Mozi", *Journal of Chinese Philosophy,* 27, 2000.

_____, *The Mozi: A Complete Translation*, New York: Columbia Universtiy Press, 2010.

Ju, Shier, eds., *Cultures of Mathematics and Logic*, Birkhauser, 2012.

Kant, Immanuel, *Critique of Pure Reason*, trans. by Paul Guyer and Allen W. Wood, New York: Cambridge University Press, 1998.

Knoblock, John, *Xunzi* Vol. I, II, and III, Stanford: Stanford University Press, 1994.

Krifka, M., "Common nouns: a contrastive analysis of Chinese and English", in G. Carlson & F. Pelletier (eds.), *The Generic Book*, Chicago: The University of Chicago Press, 1995.

Kurtz, Joachim, *The Discovery of Chinese Logic*, Leiden: Brill, 2011

Link, G., *Algebraic Semantics in Language and Philosophy*, Stanford, CA.: CSLI, 1998.

Liu, Fenrong & Seligman, Jeremy eds., History of Logic in China, Automatic Press, 2015.

Lloyd, G. E. R., *Ancient Worlds, Modern Reflections*, New York: Oxford University Press, 2004,

Loewe Michael ed., *Early Chinese Texts: A Bibliographical Guide*, New Heaven: Birdtrack Press, 1993.

Lucy, J. A., *Grammatical Categories and Cognition: A Case Study of the Linguistic Relativity Hypothesis*, Cambridge: Cambridge University Press, 1992.

Maspero, H., "Notes sur la logique de Mo-tseu et de son ecole", *T'oung Pao* XXV, 1928.

McGrath, M., *Practical Magickal Evocation*, Finbarr International, 1994.

Munro, D. J.(ed), *Individualism and Holism*, The University of Michigan, 1985.

Needham, Joseph, *Science and Civilisation in China*, Vol. 2, New York: Cambridge University Press, 1956.

_____, *Science And Civilisation in China*, vol. 5, pt. II, New York: Cambridge University Press, 1974.

Nivison, D., *The Ways of Confucianism*, Chicago: Open Court, 1996.

Pelletier, F. J. & Schubert, L. K., "Mass expressions", in D. Gabbay & F. Guenthner(eds.), *Handbook of Philosophical Logic*, 2nd ed., Vol. 10, Dordrecht: Reidel, 2003.

Quine, W. V., *Ontological Relativity & Other Essays*, New York: Columbia University Press, 1969.

Ryle, Gilbert, *The Concept of Mind*, Barnes &Noble Books, 1905.

Schemmel, Matthias and Boltz, William G., *Theoretical Knowledge in the Mohist Canon*, Cham:Springer, 2022.

Sharvy, R., "Maybe English has no count nouns: notes on Chinese semantics", *Studies in Language* 2, 1978.

Shun, K.-L., *Mencius and Early Chinese Thought*, Stanford: Stanford University Press, 1997.

Soja, N. N., Carey, S. and Spelke, E., "Ontological categories guide young children's inductions of word meaning: Object terms and substance terms", *Cognition* 38, 1991.

Tiles, Mary and Jim, *An Introduction to Historical Epistemology*, Cambridge: Blackwell Publishers, 1993.

Yi, Byeong-uk, "Is Two a Property?", *Journal of Philosophy* 96(4), 1999.

_____, *Understanding the Many*, New York & London: Routledge, 2002.

_____, "The Logic and Meaning of Plurals. Part I", *Journal of Philosophical Logic* 34(5-6), 2005.

_____, "The Logic and Meaning of Plurals. Part II", *Journal of Philosophical Logic* 35(3), 2006.

_____, "Chinese classifiers and count nouns", *Journal of Cognitive*

*Science* 10, 2009.

_____, "Classifiers and count nouns of Korean", *Proceedings of the 2009 Summer Conference of the International Society for Chomskyan Studies*, 2009.

_____, "Two syllogisms in the Mozi: Chinese logic and language", *The Review of Symbolic Logic*, 12/3, 2019.

_____, "White Horse Paradox and Semantics of Chinese Nouns", Bo Mou (ed.), *Philosophy of Language, Chinese Language, Chinese Philosophy: Constructive Engagement*, Leiden: Brill.

Zhang, Jialong and Liu, Fenrong, "Some thoughts on Mohist logic" in *A Meeting of the Minds--Proceedings of the Workshop on Logic, Rationality and Interaction*, Beijing, 2007.

# 찾아보기

ㄱ

가설 연역적 133, 141
거울 164~165, 167~171
견백 13
결과주의 92~94, 198
겸(兼) 73, 95~96, 135, 147~148, 152~153, 155, 179~180
겸애 32~35, 74~75, 91~96, 100, 106, 113, 115~118, 122, 126, 147, 201
경과 경설 10, 15~16, 22, 32, 51~53, 66, 70, 73, 76, 78, 80, 103, 118, 122, 144, 163
고(故) 21~23, 52~53, 57, 60, 66, 68, 78, 143~145, 161, 180, 186, 202~204

공(功) 34, 92
공리주의 33~35, 92~94, 99~100, 121~127, 198~199, 201
공손룡 12~13, 20, 47, 88
과제 동사(task verb) 218
과학혁명 64, 131~133, 140~142, 181, 189~190, 193
광학 10, 15, 35~37, 134, 146, 159, 163
구(久) 149~151
구(求) 112
구이인(求利人) 113, 123, 201
권(權) 172
귀납 46, 50, 86~87
규범윤리 92, 94, 121~122
규준(囚) 99, 134, 150

241

그레이엄(Graham, Augus C.)
   14~18, 20~21, 25, 29~31,
   33, 46~47, 63~64, 66,
   69~77, 79~81, 108, 135,
   144, 158, 185, 192
근대과학 35, 132, 141, 174, 193
기(氣) 37, 137, 182, 187
기니(Geaney, Jane M.) 17, 30,
   65~66
기하학 10, 15, 35~37, 75~77,
   134, 146~147, 158~159

**ㄴ**

논(論) 16~17, 47, 63
니덤(Needham, Joseph) 60,
   132~133

**ㄷ**

단(端) 96, 147~149, 156, 159
대고 22, 47, 51, 143~144, 202
대취 9~10, 97, 100
덕성 34, 92~96, 101~103, 111,
   113, 121~123, 125~126, 201
덕윤리 94
도기론 18~19,
『도장경(道藏經)』 9, 13

**ㄹ**

라일(Ryle, Gilbert) 64

량치차오(梁啓超) 10, 14, 29~30,
   45, 66
려(慮) 81, 112
로이드(Lloyd, G. E. R.) 43

**ㅁ**

마스페로(Maspero, Henri) 57~58, 60
명가 11~13, 18, 38, 47, 74, 136,
   147, 157
명실 63, 65, 71, 137, 177, 179~180
명지 16, 28, 47, 69~70, 72, 145,
   158
명학 16, 18, 21, 45~46, 180
모(侔) 49~53
무구 150~152
무후(無厚) 152
『묵자간고』 14
물리주의 187~188

**ㅂ**

법(法) 57~60
변(辯) 16, 21, 46~47, 50~51, 56,
   63~65, 67, 78~79, 87~88
변자 11~13, 18, 21, 44, 46, 49,
   74
비(辟) 49~52
비트겐슈타인(Wittgenstein, Ludwig)
   64

## ㅅ

사(辭) 49, 52, 65~67, 83
사랑함(愛) 95, 107~109,
　　113~114, 116~118, 120, 124
살도(殺盜) 13, 110~111
살인(殺人) 13, 110~111, 120
삼단논법 30, 32, 48, 51~55, 60,
　　64, 87~88, 199
상관주의 134, 136~137,
　　174~175, 179~190, 193,
　　201~203
선유딩(沈有鼎) 29, 31
선지(先知) 72~73, 80~81, 84~86,
　　135
성취 동사(achievement verb) 113
소고 22, 51, 143~144, 202
「소취」 9, 11, 31~32, 47, 49,
　　52~53, 56, 63, 65, 67~68,
　　70, 81, 86~88
손이양(孫詒讓) 14, 45, 108
손해 35, 75, 104~106, 125, 200
시비(是非) 86
실지 16, 35~36, 72, 158~159

## ㅇ

아리스토텔레스(Aristoteles) 21, 29,
　　71, 87, 178, 199
애인(愛人) 34, 92~93, 107~111,
　　113~116, 118~120, 122,
　　126, 201
애장(愛臧) 109~112, 114
언어철학 30~32, 44~46, 63, 65,
　　70, 199
역학 10, 15, 35~37, 134, 146, 171
연역 46, 50~51, 57, 60, 65, 76,
　　86~87
영(影) 160
에너지 37, 182, 187
오(惡) 93
오행(五行) 36~37, 134~135, 137,
　　182, 186
왕염손(王念孫) 14
왕인지(王引之) 14
욕(欲) 62, 75~76
우(宇) 149~150
원(員) 58, 79
원(援) 49~52
원인 21~25, 32, 37, 51, 77~78,
　　143~146, 161, 182, 186,
　　202, 204~205
위지 16, 32
유(類) 65, 68, 77
유기체론 35, 135
유월(俞樾) 14
의(宜) 69, 146
의(意) 58, 66, 73, 79
음양 136~137, 142, 145
의도 공리주의 34~35, 92, 94, 126,

201
의로움 61, 98~100, 102, 104
의무론 94, 97, 99~100, 126~127
의미론 29~31, 33, 43~46, 69, 159, 177, 198~199, 201
이(理) 37, 137, 182~187
이기론 136~138, 183, 185~188, 192
이로움 100~101, 104, 113, 123
이병욱 32, 48~49, 53, 55~56, 70, 84
이애(利愛) 112~113, 122, 126
이인(利人) 34, 91~92, 107~109, 113, 122~123, 201
인(仁) 20, 76, 91, 94, 109, 112~113, 123
인과론 35~37, 134~135~137, 141~142, 146~147, 161, 174~175, 180~182, 185, 188~191, 198, 201~202

## ㅈ

장(臧) 97~98, 108~110
장혜언(張惠言) 14
장빙린(章炳麟) 14, 51
전체-부분 135
정명 18~20, 63
중국 논리학 44~45, 63, 131
지(志) 34, 92~93, 102

지(止) 30, 72, 151
지성 81, 86, 112, 160

## ㅊ

차별적 115~117
척(尺) 96, 147~148, 154, 159, 174
천지 93
체(體) 37, 76, 95, 135, 147~148, 179, 182
체애 94~96
총칭적(generic) 33
추(推) 49~53
추론 30~32, 41~42, 46~51, 57~58, 60~61, 64~65, 68, 81~88, 142~143, 199

## ㅋ

칸트(Kant, Immanuel) 34, 99, 126, 178, 200~201,
쾌락 33, 93, 106~107

## ㅌ

탄졔푸((譚戒甫) 51~53, 56, 87
탕쥔이(唐君毅) 50

## ㅍ

펑유란(馮友蘭) 13, 29, 45
프레이저(Fraser, Chris) 14, 30, 65, 108, 144

필(必) 69, 72, 74~75, 84, 146
필요조건 22~23, 78, 100, 103, 141, 144~145, 147, 186, 202~204
필요충분조건 78, 103, 144, 202~204
필원(畢沅), 14

## ㅎ

한센(Hansen, Chad) 30, 64~66, 69, 87
합지 16, 28, 47, 69~70
행복 33, 106, 201
형식논리학 29~32, 43~44, 49, 63~65, 69~70, 87, 198~199
형이상학 30, 36, 134~135, 137, 174~175, 180, 184, 190, 192, 198
혜시 12~13, 20, 147~148, 152~153, 156
획(獲) 97~98
효(孝) 34, 76, 100~102, 117, 123
효(效) 49~51, 57~60, 87
후스(胡適) 10, 14, 29~30, 45~46, 49~51, 56~57, 87
흐밀레브스키(Chmielewski, Janusz) 30, 56, 58~59, 60, 87~88

이 책은 대우재단의 지원을 받아 연구 및 출간되었습니다.

# 묵경에 대한 철학적 이해

**대우학술총서 653**

1판 1쇄 찍음 | 2025년 9월 25일
1판 1쇄 펴냄 | 2025년 10월 24일

지은이 | 정재현
펴낸이 | 김정호

책임편집 | 임정우
디자인 | THISCOVER, 이대웅

펴낸곳 | 아카넷
출판등록 | 2000년 1월 24일(제406-2000-000012호)
주소 | 10881 경기도 파주시 회동길 445-3
전화 | 031-955-9510 (편집) · 031-955-9514 (주문)
팩시밀리 | 031-955-9519
www.acanet.co.kr

ⓒ 정재현, 2025

Printed in Paju, Korea.

ISBN 979-11-7559-000-7 94150
ISBN 978-89-89103-00-4 (세트)